JN270017

近代武道の系譜

国際武道大学　同朋大学
大道　等・頼住　一昭
編著

株式会社 杏林書院

はじめに

　編著者の一人である頼住は，大学院の修士論文においてスウェーデン体操のわが国への受容過程に関して考察した．その過程において明治黎明期におけるわが国の武道や西洋スポーツ全般についても考察を深める必要性を痛感し，ここ数年は伝統武道としての剣術・柔術がこの時代どのような取り扱いをされてきたのかに興味を抱くこととなった．なかでも，重要視せざるをえなかったのは1883（明治16）年に行なわれた「剣術柔術調査」というものであった（本文2章）．この調査は，わが国の剣術・柔術が学校教育の教材として採用できるか否を文部省がはじめて具体的に問題とし当時東京大学医学部最高首脳陣であった三名を調査委員として招き調査したものであった．結論は，翌年に復申され「武術の正課採用は不適当」であった．その後，剣術・柔術が学校教育における体操科に加えられるようになるのは1911（明治44）年7月31日の中学校令以後のこととなる．しかし，その不可とした根拠を彼らがどの程度示していたか等その詳細は未だ不明のままとなっている．

　さらに，歴史研究の末席を汚すものとして最も興奮したのは，私が東京大学に保存されていた庶務系列の書簡の中の「文部省往復」なる書類（図1）を発見した時であった．これはその調査委員の人選，さらにはその公表までの経緯について不明を明示するものであって，ここで詳しく述べられないが重要なのは，選考された人事の変更を示す図1左であって，この事実の重要性については日本体育学会体育史分科会で口頭発表（1998年）し，現在も5年にわたって論文を執筆中である．

　近代国家として遅れて出発したわが国は，欧米先進諸国から大量の「お雇い外国人」を雇い入れることによりその解決策を図っていった．しかし，その過程では西洋化を邁進するあまり，時として日本の伝統文化をも軽視してしまうことがあった．

　国際化が進む現在，教育現場でも社会の変化に応じた改革が進められている．そのような中で，学習指導要領の内容も時代とともに変更され，平成元年には「格技」の名称があえて「武道」と改称されたことは注目に値しよう．しかし，教

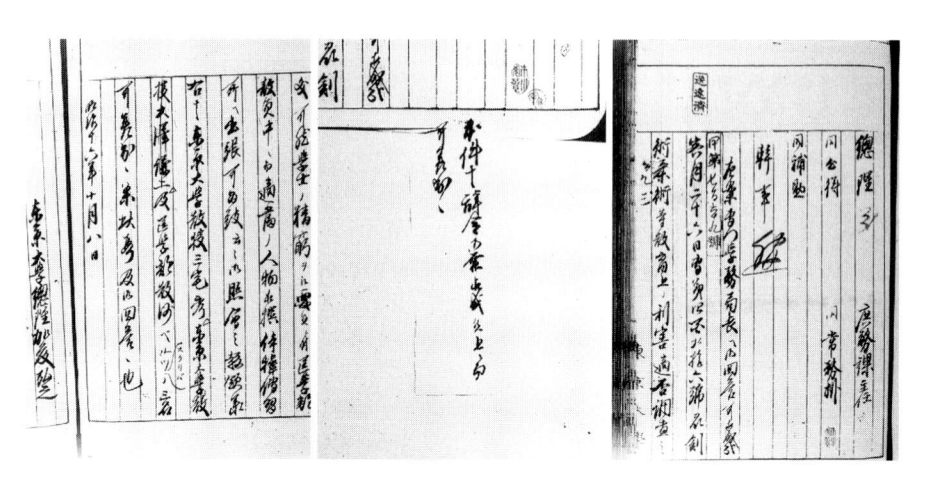

図1　文部省往復（東京大学史史料室所蔵）

育の現場ではその内容の取り扱いについての不安や戸惑いも少なくない．極言するならば，それらは「わが国の武道とはいかなるものなのか」，「武道による運動効果とは何か」という古くて新しい問題が根深いことが主因であろう．

そこで，本書の主眼はこのような状況の中で大学における人文科学・自然科学という両側面から問い直してみた，これまでの編著者の仲間らが公表してきた論述を一つにまとめ，日本の武道の来し方行く末を考える一里塚とすることにあり，この度刊行することとした次第である．何分にも，「武道」とは奥が深く，多面的であることは万華鏡のごとくであって，読者の皆様から忌憚のないご批判・ご意見を賜りながら，本書の発展的解消を夢見る次第である．

最後に，この企画に快くご承諾をしていただいた杏林書院太田　博社長，ならびに編集にあたり過当な負担をおかけしたにも関わらず最後までご支援していただいた手塚雅子さんの深い心にこの場をお借りしあらためて感謝いたしたい．なお，本書の母体となったのは「教職研修」誌（教育開発研究所発行）に2000年5月から2001年12月にかけて連載された＜武と教育＞である．同誌の編集部に深く感謝申し上げる．さらに「体育の科学」「学校体育」「武道」諸誌などに初出した論述も所収させていただいた．文末にその旨記して初出誌に感謝申し上げる．

2003年1月

頼住　一昭

目　次

	はじめに	i
第1部	近代武道への歩み	1
1章	「術」から「道」へ ——日本の"martial arts"の近代化とは——	2
	1. 問題の提起：「術」との出会い	2
	2. 撃剣会興行：生死の術から生計の術へ	3
	3. 体操伝習所の調査：実用の術から体育の術へ	4
	4. 講道館：柔術から柔道へ	4
	5. 大日本武徳会の創立：武術と武道	6
	6. 「剣道」書の出現：剣術から剣道へ	6
	7. 武徳会の教員養成：武術から武道へ	7
	8. 形の制定：剣術形から剣道形へ	8
	9. 学校体操教授要目：撃剣及柔術	8
	10. 文部省講習会と永井道明：撃剣から剣道へ	9
	11. 「道」の定着：「術」から「道」へ	10
	12. 戦後の復活：しない競技から剣道へ	11
	13. 学習指導要領：格技から武道へ	12
	14. 沖縄の日本化：唐手から空手(道)へ	12
	15. 結　論	13
2章	明治16年に行なわれた「剣術柔術調査」	
	——ベルツが示した武術観と当時の外国人教師の置かれた立場——	15
	1. わが国の伝統武術に理解を示していたベルツ	15
	2. 東京大学医学部と「お雇い外国人」との関係	18
	1) ドイツ人医師による医学教育の改革	18
	2) 「別課」制度の制定	19
	3) 医師免許制度の変遷	21
	4) 「お雇い外国人」への俸給のこと	22
	5) 「お雇い外国人」としての日本人との付き合い方	24
3章	運動害毒論 ——武道はからだに悪い？——	27
	1. 国会で議論された武道の是非	27
	2. そもそも運動は身体によいか	28
	3. 「野球・サッカーは悪いもの」なる論争	28
	4. 明治16年「剣術柔術調査」	30
	5. 不明な生理学的根拠	31
	6. ベルツとスクリバ	31
	7. 武道を実践し日本文化を愛したベルツ	32
4章	術理の展開と剣道徳育論の吟味	34
	1. 剣道の術理の展開	34
	1) 立　合	35
	2) 構　え	35
	心気力一致／目付け	

		3）攻　　め ………………………………………………	37
		4）技と残心 ………………………………………………	38
	2.	剣道徳育論の吟味 ………………………………………………	39
5章	明治初期の武術衰退と剣道教育の再編		41
	1.	武徳殿への憧れ：戦前から戦中における剣道教授法変遷への関心	41
	2.	明治期における剣道の消長 ………………………………………………	42
	3.	大日本武徳会設立 ………………………………………………	42
	4.	武術教員養成所（後の武道専門学校）の教授法 …………	43
	5.	鍛錬から競技へ ………………………………………………	44
	6.	正科編入運動 ………………………………………………	44

第2部　学校教育としてみた武道　　49

6章	学校教育のなかの弓道		50
	1.	弓道のおもしろさ・発見・体験 ………………………	50
	2.	学校弓道の特性は ………………………………………	51
		1）怪我のきわめて少ない運動である ………………	51
		2）体力・男女を問わず実施できる …………………	51
		3）授業・部内においては工夫した試合が可能である …	52
		4）新素材の用具（弓具）による恩恵を受けている …	52
		5）態度・礼節など，行動様式も重んじた種目である …	52
	3.	部活動としての弓道 ……………………………………	53
	4.	授業としての弓道 ………………………………………	54
	5.	学校弓道の抱える問題点と展望 ………………………	55
		1）施　　設 ……………………………………………	55
		2）指導者 ………………………………………………	56
		3）運動量 ………………………………………………	57
7章	「格技から武道へ」の名称変更と体育授業		59
	1.	平成元年の指導要領から ………………………………	59
		1）名称変更の背景 ……………………………………	60
	2.	武道とその精神性 ………………………………………	60
	3.	男女共習について ………………………………………	61
	4.	高等学校での扱い ………………………………………	62
	5.	これまでの実践研究から ………………………………	62
		1）特性に触れるまでに時間がかかる ………………	62
		2）学年ごとの学習の様子と男女共習 ………………	63
		3）授業充実のために …………………………………	64
8章	アフリカの学校で武道を教える ──ジンバブエでの柔道指導──		66
	1.	アフリカと柔道と私 ……………………………………	66
	2.	ジンバブエで柔道を教える ……………………………	66
	3.	文化としての柔道 ………………………………………	67
	4.	異文化を伝えるむずかしさ ……………………………	68
	5.	異文化を受け入れる ……………………………………	69
	6.	宗教と柔道 ………………………………………………	70

	7. ジンバブエで学んだこと ……………………………………	72
9章	**戦時教育と体育教師**	**73**
	1. 年端も行かぬ子どもが武器を持つ ………………………	73
	2. '86年にソウルで見た教練 …………………………………	73
	3. 老数学教師の戦時体験 ……………………………………	74
	4. 空手は坂道の土の上で ……………………………………	74
	5. 言葉遣い ……………………………………………………	75
	6. 臨界区域に座す教師 ………………………………………	75
	7. 昭和11年改正学校体操教授要目 …………………………	76
	8. 軍隊剣道 ……………………………………………………	77
	9. 実戦武術の片鱗 ……………………………………………	78
	10. 5省共官と武道綜合団体としての大日本武徳会 ………	78
	11. 末期の努力から何を学ぶ …………………………………	79
10章	**中学剣道授業の実践教案例**	**80**
	1. 単元名 ………………………………………………………	80
	2. 単元設定の立場 ……………………………………………	80
	3. 運動の特性 …………………………………………………	81
	4. 学習者の準備状況 …………………………………………	83
	1) めあての持ち方について ………………………………	83
	2) 練習内容と練習計画のたて方 …………………………	83
	5. 特性に触れさせるための手だて …………………………	83
	6. 学習のねらいとみちすじ …………………………………	84
	1) 学習のねらい ……………………………………………	84
	2) 学習のみちすじ …………………………………………	84
	7. 時間計画 ……………………………………………………	85
	8. 単元展開 ……………………………………………………	85
	9. 本時案 ………………………………………………………	85
	授業学級／本時の位置／本時のねらい／指導上の留意点／実証の観点／展開	
	10. 授業分析 …………………………………………………	88
	準備運動／集合：めあての確認／ペア練習／試合／反省・まとめ	

第3部　外国人から学ぶ日本の武道　97

11章	**弓の道 ──ヘリゲルの弓道修行──**	**98**
	1. 師の阿波研造 ………………………………………………	99
	2. ヘリゲルの弓道修行 ………………………………………	100
	1) 呼吸に合わせ，全身一体で弓を引く …………………	100
	2) 無心の離れ ………………………………………………	101
	3) 狙わずに的中する ………………………………………	102
	4) 弓道修行の究極にあるもの ……………………………	104
	3. 弓道を通しての人間教育 …………………………………	104
12章	**東京大学医学部ベルツ教師の武道観**	**106**
	1. お雇い外国人・ベルツ ……………………………………	106

	2. 有名武道家との人脈	108
	3. 明治16年における「剣術柔術調査」の不可解さ	109
	4. 東京大学での武道採用について	112
	5. ベルツをとりまく人々	113
13章	E.ベルツの剣術・柔術理解 ——榊原鍵吉および三浦謹之助との出会いを中心として——	116
	1. 「剣術柔術調査」の復申内容とベルツの剣術に対する考え方との違いについて	117
	2. ベルツの柔術理解と三浦謹之助の存在	121
	3. 三浦と嘉納との出会い	125
14章	日本学としての剣道 ——英国海軍将校の目から——	131
	1. 軍隊への憧れ	131
	2. 武装への関心	131
	3. 日本武士文化との出会い	132
	4. 武道との出会い	132
	5. 武から文へ	132
	6. 剣道との出会い	133
	7. 剣道の魅力	133
	8. 躾と剣道	134
	9. 捨て身技	136
15章	近代スポーツ小史・体育教材の変遷	138
	1. 当時のスウェーデン体操について	139
	2. 東大医学部長が医学者として最初に紹介	141
	3. アメリカ経由で紹介されたわが国のスウェーデン体操	141
	4. 富国強兵政策によるスウェーデン体操の紹介と普及	143
第4部	武道を科学する	147
16章	礼儀の動作学 ——着座の重心動揺——	148
	1. 礼儀作法に想う	148
	2. 武道に求められる礼儀作法	148
	3. 「礼に始まり礼に終わる」	149
	4. 正座としびれ	149
	5. すわる：坐ると座る	150
	6. 武道書に見る坐り方	151
	7. 坐禅を組む：身体の揺れを見て取る	151
	8. 坐を科学する：日本人の坐位姿勢	151
	9. 坐位姿勢の床反力	153
	10. 経験者は身体の揺れが少ない？	155
	11. 武と礼儀作法	155
17章	柔道を科学化する努力	157
	被験者／測定項目／得意技選定／分析方法	
	1. 今後の研究課題として	163

18章	柔道背負投の科学	166
	1. 柔道の鍵概念：なぜ「重心」なのか	166
	2. 身体重心の科学	167
	3. 武道の比較動作学：背負投の重心移動	167
	4. 伸膝型 VS 屈膝型と古賀選手	169
	5. 名人の背負投を分類する	171
19章	合気道投げ技の動作分析	173
	1. 目　的	173
	2. 方　法	173
	3. 結果と考察	177
	1）身体重心の変位と速度	177
	2）場面ごとの身体重心速度変化と経過時間	178
20章	剣道選手の技術水準と体力 ──武・舞は技か体力か──	182
	1. 技か体力か？：女子剣道選手の習熟過程	182
	1）週5回稽古群と週1回稽古群との比較	182
	2）1回90分間の稽古，2ヵ月後に体力測定	184
	形態面／機能面／技術面	
	3）稽古によって向上した体力と技術は？	185
	形態面／機能面／技術面	
	4）週5回の稽古では，握力（左）や全身持久力が向上	190
	5）技術面でも，週5回群に顕著な変化	191
	2. 武と舞：技か体力か，それとも？	192
	1）心身のトレーニングとしての稽古	192
	2）技や体力を超える何か	193
21章	剣道選手の筋力・筋パワー特性	196
	1. 剣道競技の運動特性	196
	2. 筋力と筋パワー	196
	3. 大学剣道優秀選手の筋パワー特性	198
	4. 剣道におけるトレーニング	201
22章	武道と体力科学	202
	1. 格闘技としてのラグビー	202
	2. 教えて下さい：ラグビー19歳以下日本代表の英国遠征に参加して	203
	3. 3種のエネルギー供給機構：ユース選手に必要な知識だろうか？	205
	4. 運動生理学的体力論	205
	5. ハイパワー持久性の重要性	209
	6. 瞬発力は3種に分類できるのでは？	209
	1）Pbal，Pini，Pstdを測る	209
	2）第3列：FW，BKのいずれよりもハイパワーをもつポジション	211
	7.「心技体」の精神	212
第5部	現代 Humanity への道	215
23章	剣道論考 ──人間錬磨の「道」を探る──	216
	1. 剣道の大意	216

2. 剣道の技法と心法 …… 217
　　　3. 技 …… 218
　　　　　1) 技の捉え方 …… 218
　　　　　2) 打突の機会の見極めと技の選択 …… 219
　　　4. 教習構造と型 …… 220
　　　　　1) 師弟同行 …… 220
　　　　　2) 型 …… 220
　　　　　3) 運動技術の定型化と教習構造 …… 221
　　　5. 礼 …… 221

24章　柔道選手の不安傾向 ──競技の心理特性──　　223
　　　1. 先行研究 …… 225
　　　2. 研究対象 …… 226
　　　　　1) 被験者 …… 226
　　　　　2) 質問項目および測定方法 …… 226
　　　　　3) 分析方法 …… 227
　　　3. 調査成績 …… 227
　　　4. 自信の消長 …… 231

25章　身体活動は教育手段か目的自体か　　241
　　　1. 期待される人間像を求めて …… 241
　　　2. 親が自分にはなかったことを子に願う …… 241
　　　3. 身体活動は目的か手段か？ …… 242
　　　4. タイクとタイイク …… 243
　　　5. 体育授業の時代的変遷 …… 244
　　　6. ガマンの風景 …… 244
　　　7. 武術から武道へ …… 245
　　　8. 武道専攻学生の教師として …… 246
　　　9. 武道的と武道家的 …… 246

26章　武道の傷害と予防　　248
　　　1. 大学合気道部員の傷害発生状況 …… 248
　　　　　1) 大学部活動での傷害調査 …… 248
　　　　　　傷害の予防／受傷後の適切な処置／コンディションの管理／
　　　　　　今後の期待
　　　2. 中学武道授業の安全対策 …… 251
　　　　　1) 安全な武道を願って …… 252
　　　　　　安全な学習態度の育成／床の硬さと踏み込み動作／床の表面／
　　　　　　竹刀の手入れ／防具の着装／活動面／禁じ技

27章　武道とヒューマニズム　　256
　　　1. 開かれた世界精神としてのヒューマニズム …… 256
　　　2. 武道とヒューマニズム …… 258
　　　　　1) ヒューマニスティックな生き方の4類型 …… 261
　　　　　2) 武道の革新 …… 261

おわりに　　263
初出一覧　　265

第 1 部

近代武道への歩み

1章 「術」から「道」へ
　　――日本の "martial arts" の近代化とは――
2章 明治16年に行なわれた「剣術柔術調査」
　　――ベルツが示した武術観と当時の外国人教師の置かれた立場――
3章 運動害毒論
　　――武道はからだに悪い？――
4章 術理の展開と剣道徳育論の吟味
5章 明治初期の武術衰退と剣道教育の再編

1章

「術」から「道」へ
——日本の "martial arts" の近代化とは——

1. 問題の提起：「術」との出会い

　著者は，昭和20年入校の東京陸軍幼年学校（以下「陸幼」と略す）で「剣術」という言葉をはじめて聞いた．世間では今日同様「剣道」といっていた．陸軍では，明治初期のサーベル使用の時代から刀剣または銃剣を用いた格闘術であったから，「剣道」とはいわなかった．ところが，陸幼の柔道は「柔道」であった．丸腰の徒手空拳では戦場の役に立たないから，戦技ではなく，軍人の嗜み・教養の部類だったからである．したがって『剣術教範』はあったが，世間並の柔道に教範のないことを知ったのは，後年のことである．

　今日の「武道」の主体は剣道・柔道であるが，弓道や数年前に「空手」といって注意された空手道なども「武道」に含まれる．しかし，江戸時代の「武道」は，主に農工商の上に立つ武士の道徳律である武士道を意味した．今日の「武道」に相当するのは水練や馬術なども含む「武芸」あるいは「武術」で，剣道は「剣法」「剣術」あるいは竹刀剣術を意味する「撃剣」で，柔道は「柔」「柔術」あるいは武器を用いない身体だけの術という意味の「体術」であった．

　武道にみられる「術から道へ」の現象は，1910年代後半を中心とする大正時代の問題と考えてよい．しかし，その理由は釈然としない．当事者が一理ある説明を残したのは，1880年頃の「柔術から柔道へ」だけであろう．

　「術から道へ」の根底には，最近では希薄になった日本人の士（さむらい）志向がある．「四民平等」で能力相応の立身出世が約束された近代日本では，学校卒業という能力を保証する制度から学歴主義が形成された反面，戸籍には「士族」が残され，特別の資格には学士・弁護士・機関士など「士」が与えられた．現代でも公的な資格には「士」が好まれる．これは，近代のみならず，現代の日本人

にも前近代の第1階級である士（さむらい）志向が強いことを示している．

必然的に，近・現代の日本人の心情には，武士の魂の表象とされた日本刀，武士の表芸とされた剣道を核とする武道への志向あるいは嗜好が潜在するし，武道を一段格の高いスポーツとみる人士も少なくない．

その営みの一つが，「ことばのあや」に過ぎない「術から道へ」の武道の格上げであろう．漢字の置き換えに過ぎない格上げには，本当は感覚・心情に訴えるだけなのに，もっともらしい理由をつけて体裁を整えることが必要となる．

したがって，この理由づけを吟味すれば，「術から道へ」の本音が聞こえて来よう．

体育・スポーツ史では，観念的な健康・体力という身体的側面（体育）についての視点と，遊戯本能（スポーツ）の視点の他に，工作本能による実用技術の非実用化（体育・スポーツ化）の視点が欠かせない．

英語では，剣道や柔道など「武道」のことを"martial arts"という．これを邦訳すると，「武芸」「武術」である．日本でも，20世紀の初頭では「武芸」「武術」であった．それが，いつ，なぜ「武道」となったのであろうか．

本章では，これらの視点を踏まえて，武道にみられる「術から道へ」の問題を考えてみたい．

2．撃剣会興行：生死の術から生計の術へ

1873（明治6）年，幕末の剣豪，榊原鍵吉を中心に撃剣会興行が出現した．これは，一時的ではあるが，1890年代にかけて，目先の変わった娯楽として各地へ広がった．

撃剣会とは，相撲興行同様，士族自身が武士の表芸であった撃剣を試合形式で演じて木戸銭（見物料）を取る見せ物である．

かつての社会的地位を忘れられない武士にとって，できることなら演じたくなかったことは容易に想像される．

しかし，維新後，禄を離れて「背に腹は代えられ」ないところまで困窮して「武士は喰わねど高楊子」と気取ってはいられなくなった武士にとって，撃剣会興行は現金収入の手段として十分に魅力的であった．

剣術は，武士本来の生死を賭けた実用の術ではなく，「芸は身を扶け」る生計

の術としての実用に転じたのである．

　したがって，撃剣会興行の場合，「術から道へ」とは全く無縁であった．

3．体操伝習所の調査：実用の術から体育の術へ

　1877年の西南戦争では，旧会津藩士等を集めた警視庁巡査の抜刀隊が勇名を馳せた．これが，自信を喪失していた剣術に，近代でも有効な実用の術という自信を回復させた．

　当時の学校体操は，1878年に体操伝習所が設立されたばかりで開店休業状態にあった．そこで，撃剣・柔術は，その指導に当たる士族とともに，学校体操に代わる運動であることを主張する．撃剣・柔術は，実用の術そのままで，近代での地歩の獲得を体育（身体づくり）に求めたのである．

　この意図は，体操伝習所による1883-84年の調査で，体育の術としては問題があるが，体操欠科の場合には体操代用の価値があるという結論を引き出す．

　また，わが国の学校衛生を軌道に乗せた三島通良は，1893年『学校衛生学』で，体操伝習所と同様に，武術を正課体操の代用とは認めないものの，勝敗を争う遊戯すなわち競技スポーツと評価したし，1898年には文部省が課外での撃剣・柔術の実施を公認する．

　これらは，撃剣・柔術が，生死を賭けた実用の術である武術に必然的に付随する身体づくりの機能を前面に押し立てた結果，学校体育の脇役として認知されたこと，すなわち，前近代の実用の術が近代の体育の術へ横滑りしたことを意味する．

　したがって，あえて「術から道へ」を意図する状況ではなかったことになる．

4．講道館：柔術から柔道へ

　嘉納治五郎は，小躯ながら負けず嫌いだったようである．したがって，彼の当初の関心は護身の柔術であって，彼がはじめて道場を開いたことで講道館柔道創始の年とされる1882年には，まだ「講道館柔道」ではなかった．

　その論拠は，嘉納が1883年に起倒流免許皆伝を受けたこと，1884年に初めて作られた入門帳が1882年に遡って記名されたこと，嘉納が1885年に弟子の山

田（富田）常次郎宛の書状に「講道館」でなく「起倒流　嘉納治五郎」と署名したこと，1885年に嘉納が「幹事兼教授」になったにもかかわらず，依然として「柔術」であった学習院が，1888年9月に嘉納が「学習院長事務取扱」になると同時に「柔道」を採用したこと，翌月の雑誌『日本文学』に掲載した「柔術及び其起源」の中で，嘉納が「柔道」を「柔術」の一つと位置づけながら「講道館に於てなせる柔道講義」に言及したこと，および，嘉納が「講道館柔道」について大日本教育会で講演したのが1889年であったことである．

　ともかく，嘉納は，旧時代の柔術と訣別し，「講道館」を冠した「柔道」に新時代の柔術の価値を見出した．

　「術から道へ」は，「柔道」から始まったのである．

　1889年に嘉納が大日本教育会で行なった講演と実演によれば，「柔道」は，敵の闘争力を奪う実用の術としての柔術ではなく，身体づくりの「体育」に加えて「修心」という精神形成をも意図して，相対する両者がともに十分力を発揮できるような工夫を柔術に加えた運動であった．これは，大学で欧米の新知見に接した嘉納が，生死に関する実用の術である柔術を心身育成の手段としての運動に転移させた点で，武術の近代化すなわち実用の術の体育・スポーツ化の最初の試みであった．

　もちろん，武術は，生死を賭けた実用の術を発揮するため，身体練成（体育）と死生観を中心とする精神修養（修心）とを伝統的に重視してきた．しかし，武術の場合の心身の育成は，生きていることを前提とする近代スポーツの心身育成とは異次元の問題であった．

　したがって，嘉納は，旧来の「柔術」と一線を画するために新しい名称を必要とし，体育と修心への過程（道）としての運動という意味を込めて「柔道」を採用するとともに，「講道」を強調したのであろう．

　以後，講道館柔道は，教育界における嘉納の名声と柔術にはない近代性とによって，学生を中心に急速に普及する．

　しかし，後年の講道館柔道には，1934（昭和9）年の神棚設置に続く「日本伝講道館柔道」の命名のような国粋主義への回帰がみられる．若き日の嘉納が描いた柔術から講道館柔道へという近代スポーツ化の精神は失われて，柔道の保守化と形骸化とが始まったのである．

5．大日本武徳会の創立：武術と武道

　1894-95年の日清戦争の勝利は軍事力の近代化による．ところが，この大国清に対する小国日本の信じ難い勝利を尚武の国粋の成果と受けとめて，剣術を主体とする武術の近代日本における地位の確立を意図する団体が出現した．1895年の京都に本拠を置く大日本武徳会（以下「武徳会」）の創立である．

　武徳会は，事業の一つに「現今実用に供せざる武芸と雖も保存の必要あるもの」の保存を挙げた．これは，実用の術であった古来の武術に執着していたことを物語る．

　したがって，武術の名称について「術から道へ」の問題が起こるはずはなかった．

　また，「武術を鍛錬して武徳を涵養し以て神霊を慰め」とある．これは，術の身体的修練を積むことによって，戦わずして敵を畏伏せしめる「武徳」の人格・精神が形成されるという論理である．

　さらに，「武道を講演し以て武徳を永遠に伝ふ」ともあるから，武徳の普及伝承の手段として，身体的・可視的な「術」とは別に，武の道（理）を説いて演べる（「のべる」広げるの意味）精神的・観念的な方法である「道」が存在することになる．

　したがって，術と道とは徳を実現する両輪であるから，「術から道へ」の問題が起こるはずはなかった．

　なお，「現今実用に供せざる武芸」の文言には，武術の中には近代での実用価値を失った武術もあるという認識が認められる．これに該当するのは，旧幕(いえど)時代の火縄銃の砲術や和鞍の馬術である．しかし，武徳会の関心は実用の術である武術に向けられていたから，武徳会は，それ等ではなく，陸軍式の射撃や洋式馬術を採用した．今日の古式泳法が実演する泳ぎながらの射撃は，文字通り「弾丸」の前装火縄銃ではなく，尖頭弾の後装ライフル銃を使用する．これは，明らかに，近代の実用の術からの作為の産物である．

6．「剣道」書の出現：剣術から剣道へ

　明治期出版剣道解説書37冊中，書名に「剣道」とあるのは5冊に過ぎない．

その初出は日露戦争（1904-05年）中の1904年で，後の4冊は，それから数年後の1909-11年に集中する．この間に出版された剣道解説書は11冊に過ぎないから，「剣道」は少数派とはいえ，急激な台頭である．

日露戦争の勝利は，軍事力の近代化だけでは説明できず，戦意の優劣と白兵（射撃困難な近接戦闘）を決定的要因と考えるようになった．この結果，精神と剣術を重視する時代が始まる．『剣術教範』が，サーベル使用の「片手軍刀術」に代えて日本刀使用の「両手軍刀術」を採用するのは，1915（大正4）年からである．

この時代の始まりとともに，「剣道」は書名に登場し始め，軍隊関係書を除くと，1918年以降は「撃剣」「剣術」が姿を消して「剣道」一色となる．これは「武術」専門学校が「武道」専門学校と名称変更した1919年とも時期的に一致する．

7．武徳会の教員養成：武術から武道へ

講道館が柔道の後継者を養成してきたのと比べると，維新後40年を経た剣術は，学校体育への進出問題も含めて，旧幕時代の青年剣士の高齢化から後継者養成の必要に迫られた．

これが，武徳会による1905年の「武術教員養成所」設立の背景である．

この養成所は，1911年「武徳学校」，翌1912年「武術専門学校」，そして1919年「武道専門学校」と，やたらに校名を変更する．

昨今の大学改革では，中身が変わり映えしないのに，新しい学部名や学科名が続々登場する．「名は体を表す」というが，看板を換えると中身まで変わると錯覚するらしい（でなければ，詐欺師である）．

「武術」に始まって「武徳」と変わり，また「武術」に戻って「武道」に落ちつく校名変更は，武徳会の教員養成が短慮拙速の裡に始められたことを物語る．

ともかく，武徳会の教員養成機関名からみると，「術から道へ」は大正年間の問題である．しかし，これに見合うだけの意識や教育内容の質的変化があったのだろうか．

8. 形の制定：剣術形から剣道形へ

　1906年，武徳会は「武徳流」を冠した「柔術形」と「剣術形」を制定した．

　10余流しかなかった柔術は，講道館柔道を主体に構成されたが，形の名称は，「柔道」ではなく，「柔術」であった．

　300近い流派があった剣術の場合は，論議を尽くさずに「剣術形」を制定した．

　しかし，1911年，文部省が男子中等学校体操科に「撃剣及柔術」の任意採用を認めたのを機に，武の総本山を自認する西（京都）の武徳会に対して，教育の総本山を自認する東の東京高等師範学校（以下「高師」）が，武徳会の剣術形は中等学校に不適当であると断定して，独自の形を主張する．「剣術形」制定以来の東西の代表的撃剣家の確執が指摘されている（朝日新聞，11月8日）から，高師が，学校での撃剣指導の主導権獲得の突破口に形を利用したことになる．

　結局，武徳会は，再度検討するという名目で体面を保ったものの，1912（大正元）年に高師主導の形が採用され，その名称も，「剣術形」ではなく，「大日本帝国剣道形」（現在の「日本剣道形」）となる．

　要するに，学校剣道をめぐる東西の主導権争いが，内実に止まらず，名称にまで及んだのが，論理を欠いた「術から道へ」であった．

9. 学校体操教授要目：撃剣及柔術

　1913年，学校体操教授要目（以下「要目」）は，1911年の男子中等学校体操科での「撃剣及柔術」の任意採用を再確認した．

　文部省は，前年の「剣術形」に代わる「剣道形」制定には影響されなかったのである．

　その「注意」の第一には，1911年同様，体操科すなわち運動による教育が意図する「心身ノ鍛錬」について，「特ニ精神的訓練」を重視して「技術ノ末ニ奔リ勝敗ヲ争フヲ目的トスルガ如キ弊ヲ避クルヲ要ス」とあった．

　本来の武術は，生死を賭けた実用の術であるから，術の向上を目指した身体的訓練を重視する．同時に，死の恐怖に直面しながら術を発揮できる強固な死生観につながる精神的訓練も重視する．さらに，術の修練を通して，戦わずして畏伏せしめるような術に裏付けられた至高の人格・精神への到達を希求する．精神的

訓練には，この宗教的側面と人格的側面の二つがある．

　対人の武術では，術の向上に競技形式を欠かせない．競技の結果である勝敗は，術の程度の指標であるから，最大の関心事となる．しかし，武術は，生死に関わる危険な術であるから，実用そのままではない模擬の状態での安全な競技しか成立しない．これを実用のための模擬と意識すれば，実用の術の競技ということになり，実用の術とは異質と意識すれば，非実用の技すなわち遊び・スポーツの競技ということになる．

　要目を作成した文部省の意図は，実用の術の競技による精神的訓練を重視し，非実用の術の競技（わざくらべ）すなわちスポーツ化を防止することにあった．

　したがって，撃剣・柔術は本来の武術として認知されたのであるから，「術から道へ」の問題が起こるはずはなかった．

10. 文部省講習会と永井道明：撃剣から剣道へ

　「撃剣及柔術」が男子中等学校体操科にはじめて認められた1911年，文部省は，その教員講習会を開催した．新規採用に際して，心身鍛錬の趣旨徹底と学級単位の教授法の統一が必要だったからである．

　この講習会で撃剣を担当した高師の新任講師である高野佐三郎は，「武術」と「武道」を手段と目的の関係で捉えている．また，近代での「武術」の実用性も指摘している．したがって，「術から道へ」の問題意識は皆無であった．

　ところが，1913年要目制定を主導することになる高師体操科教授の永井道明は，その「体育理論」の講義で，「体育」すなわち身体（のための）教育を目指した体操科が，その手段であるはずの運動技術を目的化して技術主義に堕してしまったこと，および，明治になってからの撃剣が，同様に技術主義化してしまったことを指摘して，体操科への撃剣採用の意図である精神を重視した心身鍛錬実現のため，勝利至上主義・技術主義を戒めるだけでは満足せず，「撃剣」という技術に与えられた可視的な形而下の名称を廃して，「剣道」という目的を示す形而上の名称を採用しなければならないと力説した．

　「術から道へ」は，武術家ではなく，体育家永井によって始まったのである．

　ところが，永井主導の1913年要目には「撃剣及柔術」とある．まだ「剣道及柔道」の採用には至っていない．

11．「道」の定着：「術」から「道」へ

　1915年，高師は，体操，柔道，剣道の3コースからなる「体育科」を設置し，高野は，要目には「撃剣」とあるにもかかわらず，その手引書として高師の「総力をあげて書かれた」といわれる『剣道』を刊行した．

　武徳会は，1912年に「剣術形」に代えて「剣道形」と命名したものの，その教員養成機関は，依然として「武術」専門学校であったが，1919年に「武道」専門学校と改称した．

　文部省は，1926年改正の要目で「撃剣及柔術」を「剣道及柔道」に置き換える．以後「撃剣」「柔術」は死語となり，「術から道へ」は完了する．

　この「術から道へ」が，1910年代後半を中心とする大正年間を通して実現した背景には，1913年要目の指摘にもかかわらず，学校現場での撃剣・柔術の競技スポーツ化に歯止めが掛からなかったこと，したがって，精神的訓練に宗教的，人格的成果が期待できなかったことへの焦燥があったはずである．

　1926年要目の「剣道及柔道」は，「遊戯及競技」とは別教材に位置づけられた．武術の競技スポーツ化を否定するのだから，当然のことである．

　しかし，「剣道及柔道競技等ニ在リテハ特ニ礼節ヲ重シ徒ニ勝敗ニ捉ハルルカ如キコトアルヘカラス」（傍点著者）という注意からみて，勝利至上主義の否定に，武道と洋式競技の区別はなかった．学校現場には，武道とスポーツの別なく，フェアプレイに相当する「礼節」まで言及しなければならない程の勝利至上主義が横溢していたからであろう．「礼に始まって礼に終わる」は，闘争的な競技を成立させるための前提に過ぎない．陸軍は，西洋式の片手軍刀術に換えて日本式両手軍刀術を採用した1915年の時点で，試合時の礼法・約束に関心を払っている．

　その後，1931（昭和6）年に剣道と柔道は「我国固有ノ武道」と位置づけられて男子中等学校の必修とされ，1941年には，国民学校「体錬科」が，「体操及遊戯競技」からなる「体操」と，剣道と柔道からなる「武道」に大別されたように，同じ競技でありながら，日本武道と洋式競技とは峻別されていく．

　実体が競技スポーツ化すればする程，「競技」スポーツという技でないことを強調する名称が必要とされたのである．術と技に本質的相違のあるはずはない．にもかかわらず，相違を主張しようとすれば，技術を産み出してきた日本と西洋

の精神の相違を強調することになる．これが，形而下の可視的な「術」に代わる形而上の精神的な「道」の文字の採用であった．

　もちろん，「道」を選択する背景には，柔術に近代的生命を与えた講道館柔道の成功があった．また，1899年に新渡戸稲造が著した"Soul of Japan"が，日本の精神文化である武士道の評価を海外で高めた結果，翌1900年に「武士道」と題して邦訳されたように，士（さむらい）志向の風土の中で武士道が脚光を浴びたこと，したがって，本来武士道を意味する「武道」が好感を持たれる表現だったことも注目すべきであろう．

12．戦後の復活：しない競技から剣道へ

　戦後，武徳会は，軍国主義払拭の占領政策下で解散させられ，武道は，学校から完全に閉め出された．

　しかし，柔道界は，実体は講道館柔道であるが，1949年に流派名を一切引っ込めた全日本柔道連盟を設立し，はじめて日本体育協会へ加盟した．これは，大日本体育協会とは別世界を築いてきた戦前の武道では考えられない変身のスポーツ宣言であった．これを待っていたかのように，文部省は，翌1950年にGHQの了解を得て，柔道がスポーツとして学校体育へ復活することを認める．柔道が明治時代から海外進出して相応の評価を得ていたこと，加えて戦技上の実績がなかったことが，剣道に較べて，柔道に有利に働いたのであろう．

　これに対し，戦時中の夜襲斬り込みで恐れられた剣道の復活は，剣道が戦技ではなくて競技スポーツの一種であることを印象づけることから着手しなければならなかった．

　その最初は，歴史では親子ないし兄弟関係であるにもかかわらず，剣道とは似て非なることを強調した1950年の全日本撓（しない）競技連盟の設立であった．そして，講和条約発効直前の1952年4月に，文部省はしない競技の学校体育採用を通知する．しない競技は，かつての剣道とは似て非なるスポーツであるから，剣道の復活ではないという論理である．

　ところが，この連盟は，1954年に，1952年10月設立の全日本剣道連盟に事実上吸収合併され，全日本剣道連盟がスポーツ剣道として日本体育協会に加盟する．そして，1957年には学校体育への剣道採用が公認される．

「しない競技」は「剣道」が復活する筋書きでの方便に過ぎず，「術から道へ」とは異質の「技から道へ」が出現したのである．

それでも，この復活した剣道は，実用の術を志向した戦前の剣道までは回帰せず，中途半端ではあるが，遊びである非実用の競技を強調したスポーツ形式を採用した．にもかかわらず，「道」には固執した．

やはり，本音は戦前の「剣道」への回帰だったのであろう．

したがって，復活した剣道の可視的な実体は戦後のスポーツでありながら，その意識は戦前の剣道の精神と本質的に同一と考えてよい．戦前を近代，戦後を現代と見做すならば，戦後の剣道は近代と現代の二重性格的存在といえよう．

これが，短命のしない競技を挟んだ戦前の剣道から戦後の剣道への歴史である．

13．学習指導要領：格技から武道へ

1958年，剣道・柔道・相撲で構成される「格技」が学校体育に登場した．「格闘技」の短縮であろうが，これまでの日本語にはない官僚の知恵の産物である．

旦那の席に呼ばれるから「男芸者」と陰口を叩かれた相撲は，戦前の「武道」の眼中にはなかった．その相撲を加えてまで「格技」の世界を確立したのが，今日の学校「武道」の前身であった．1989年，「格技」は「武道」と名を改め，「武技，武術などから発生した我が国固有の文化」であることを強調して，中途半端ではあるが，戦前への回帰を達成する．

したがって，この「武道」は，前述の復活した剣道と全く同様の，近代と現代の二重性格的存在である．

14．沖縄の日本化：唐手から空手（道）へ

明治以前の沖縄は，壱岐・対馬を含む60余州からなる日本には数えられなかった．したがって，空手は日本古来の武芸十八般には出てこない．

このことは空手解説本にも窺える．その最初の刊行は1917年で，書名は『空手』であるが，琉球ないし中国名の著者に限ると，1922年『琉球拳法唐手』（富名腰義珍）を最初に，1963年『唐手教範太祖拳』（蔡長庚）まで，「唐手」を用い

る傾向が強い．

　「空手」は「唐手」を訓読みにしたあて字で，都合のよいことに「徒手空拳」の武術であることを想像させる熟語にふさわしい．したがって，「唐手」を「空手」に置き換えることで，唐手は，日清戦争以降中国蔑視が顕著となっていた日本での生き残りを策したことになる．富名腰義珍は，1956年に船越と改姓している．

　また，1935年の『空手道教範』（富名腰義珍）を最初に，「空手」とならんで「空手道」が出現する．当時は，すでに「術から道へ」が完了していたから，空手が日本の武道であることを主張する知恵であった．

　戦後の沖縄は，将来の展望からであろうが，独立よりも日本復帰を選んだ．「空手（道）」と名を改めてまで，琉球の武術である唐手が日本の武道への帰属を意図してきたことは，近代琉球の日本帰属意識の一表象ではなかろうか．

15．結　論

　「術から道へ」の最初は，1880年頃，近代に通用する体育と修心を意図して柔術から脱皮した講道館「柔道」である．

　しかし，本格的な「術から道へ」は，大正時代の剣道を念頭に置いた武道の問題である．

　その契機は，日露戦争後の精神主義・白兵主義が技術よりも精神を強調した時代を背景とし，竹刀剣術である「撃剣」を念頭に置いた「武術」批判であった．すなわち，実用の術である武術の修練に欠かせない競技形式から非実用的な技の優劣を目的とするスポーツ競技化が展開したことを批判し，精神を重視して術を末とする強調が始まったことである．

　この術を末とし精神を本とすることを名称問題にまで波及させたのは，武術家ではなく，大正期の学校体育にスウェーデン体操の時代をもたらした高師体操科教授の永井道明であった．彼は，1911年の撃剣・柔術の正課採用に際して，その教員を対象とした文部省講習会において，明治期の体操科が技術主義化して知育徳育体育の「体育」すなわち身体（のための）教育という目的を見失ったのと同様のことが，撃剣採用でも起こることを懸念した．そのため，撃剣の正課採用が技術主義化した撃剣の採用ではないことを，目的の強調に止まらず，「撃剣」すなわち竹刀剣術という名称を「術」の目的である「道」を用いた「剣道」と改める

ことで強調したのである．

　1913年要目は「撃剣及柔術」であったが，1915年以降「剣道」「柔道」「武道」が使用されるようになって，「術から道へ」が完成する．

　注目すべきは，「術から道へ」の転換には，武道そのものからの論理が見出せないことである．

　以上は，戦前・近代からの結論であるが，戦後・現代には「技から道へ」の問題がある．すなわち，戦後の剣道は，まずスポーツであることを強調した「しない競技」という名称で復活し，すぐに近代の用語である「剣道」に固執して今日に至る．

　確かに現代の武道の可視的な実体はスポーツ競技である．したがって，スポーツ競技化を否定した近代の武道とは異質であろう．ところが，現代の武道は，近代と現代の二重性格的存在であって，近代の武道とは訣別できないでいる．

＜補遺：古武道＞

　「武芸」とか「武術」と呼ばれた前近代の芸術を，現代のスポーツ化した武道と区別して，今日では「古武道」という．

　日本古武道振興会の設立は1935年であるが，「古武道」は，いつから使われた言葉であろうか．

　古いものを尊ぶがゆえに受け継いでいくことを誇りとする人たちが，なぜ，大正時代の新語である「武道」を用いて「古武道」と称するのであろうか．本来の用語通りに「（古）武術」「武芸」と呼んだのでは，現代に生き残れないのであろうか．

[木下　秀明]

2章

明治16年に行なわれた「剣術柔術調査」
――ベルツが示した武術観と当時の 外国人教師の置かれた立場――

　文部省は明治16年5月5日，「剣術柔術等教育上所用ノ利害適否（以下「剣術柔術調査」と略す)」を体操伝習所に諮問するとともに，東京大学医学部長[1]・三宅秀（1848-1938)，同じく医学部教師・ベルツ（Erwin Bälz, 1849-1913)，スクリバ（Julius Scriba, 1848-1905）の3名を招き，剣術・柔術の流儀伝習に従事する者に1流あたり十円交付しその流派教授の順序勢法等を討問演習させるなどした．その結果，翌17年10月13日に「武術の正課採用は不適当」と結論づけられ復申された[2,3]．

　しかし，この不適当とされた根拠について医学部首脳陣であった以上の3名がどのような考えを開示していたか等その理由を示すものは未だ見当らずその詳細は不明である．

　そこで本章では，日頃からわが国の武術に対し関心と理解を示していたベルツがこの調査のメンバーとして参加していたにも関わらず，なぜこのような結論に同意したかの手がかりを求めることを目的とした．

1．わが国の伝統武術に理解を示していたベルツ

　ベルツは，明治9年に「お雇い外国人」として来日し26年間という長きにわたり東京大学医学部にて日本近代医学の基礎づくりに貢献した人物である．直接門下生として彼の教えを受けた者だけでも800人以上にのぼるといわれ[4]，明治40年には長年にわたるわが国での医学教育への貢献に対し同僚のスクリバとともに東京大学構内に胸像が建立されている．

　それはともかく，在日中の彼は医学教育以外にもさまざまな分野に興味を示している．なかでも日本国民の衛生思想やその改善を促すために当時の青少年の体

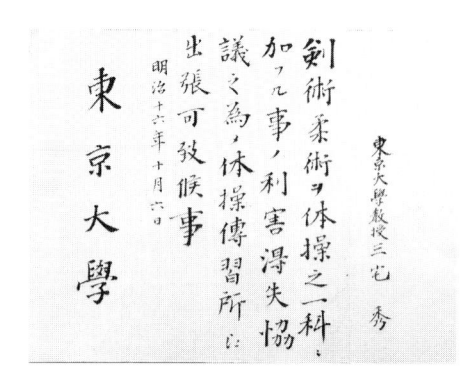

図2-1 「剣術柔術調査」の証書（個人蔵）

力の状況に注目するとともに鍛錬などの重要性を強調した．しかも彼は，自らも生活の中でスポーツや武術を実践し多くの人々にそれらを推奨するほどであった．そのため日本の伝統武術にも大きな関心を寄せ嘉納治五郎や榊原鍵吉といった人物との交流も深かった．

ベルツの直弟子であり長い間彼の通訳兼助手をしていた三浦謹之助（1864-1950）は，著書『懐古』において「ベルツさんは公私共に忙しいにも係らず体育のことを怠らなかった．病院から帰って用がすむと榊原鍵吉と云う剣客に剣術を習ったり，ローンテニスをしたりしました．又丁度其頃私は柔道を天神真楊流の井上先生に習って居りましたので，柔道の事に興味を持って居られました」[5]と述べている．さらに，ベルツ追悼記事が掲載された大正2年9月3日付『東京日日新聞』においても三浦は，「ベルツ博士は余程の日本崇拝家であった．氏は日本の武士道に感服して剣術の稽古までされた」と述べており，以上のことからもベルツが日頃からわが国の武術に対していかに好意を示していたかが理解できよう．

そんな彼は，明治35年に日本体育会から発行された『内外名家体育論集』において「今を距ること二十年以前に於て，余は体育の必要を論じ，学生（大学の学生）に対して体操，撃剣，柔術，觝力を奨励せんとしたるとき，同僚なる教授間に於ては，之を以て全く不必要なる意見となし，遂に余の説を採用せらるゝに至らさりき．当時撃剣の如きは，頭部に危険を及ほすへしとの謬説なきにもあらさりしにより，余は躬から之を習得して，以て其説の誤りを正したることあり．然るに，体育に対する考も，其後漸次好況を呈して，今や全国之に対する嗜好の徴を現はすに至りしとは云へとも，猶ほ各学校に於ける，発情期後の生徒の大多数に於ては，未た体育の道を講せられさるなり」[6]と述べている．

この武術推奨論は，文中に著された「今を距ること二十年以前に於て」という箇所からも「剣術柔術調査」のほぼ前年の頃のことであり，したがって，彼はこの調査の前にすでに当時の日本人の多くが抱いていた武術に対する誤った認識を

払拭させようとしていたことが窺える．

さらに，彼が調査期間中と思われる時期にも医学部において榊原鍵吉を招き剣術を試みるなどしたことも大きな反響を呼んだ．『医事新聞』第89号にはその様子が「東京大学医学部にては運動の為なるか予科四級の甲乙生徒三十名許申合せ競武社と云ふものを設け榊原鍵吉氏を聘し剣術を習行するよし此程内科教師ドクトル，ベルツ氏も之を試みられ大に賛成せらるれい追日加入するもの多きよし己に昨廿四日には大演習を催されしと」と掲載されるほどであった．

もっとも，これらはその対象が「大学生」であったということを踏まえておかなければならない．しかし，明治19年12月18日に刊行された『大日本私立衛生会雑誌』の第43号で彼は，「日本人種改良論」という演題のもと「日本人ハ体小ニシテ一時ノ働作力多クハ驚歎スル程ナラズト雖モ天性甚ダ百事ニ巧ナレバ其智能ヲ練習発達セシメン事ヲ務ムベキナリ此ノ練習ノ如何ナル功効ヲ奏シ得ルカハ柔術ヲ見テ知ルベシ此体操法ハ普ク学校等ニ行ハレン事ヲ希望スル所ナリ」と述べるなど「学校教育」における武術の推奨・奨励を行なっているのである[7]．さらに，彼の武術に対する考え方はその後も一貫しており，息子トク・ベルツにより編集・出版された『ベルツの日記（以下「日記」と略す）』[8]にはその思いが次のように著されている．

　明治36年12月12日（東京）
　「正午，柔術の嘉納，富田両師範と共に，英国公使館のホーラーのもと．嘉納は柔術の方式改革により，国民に多大の貢献をした．身体を強健にし，これを組織的に完成するためには，おそらくこれ以上に完全な方法はないと思う」
　明治37年4月17日（奈良）
　「一日中，自分と寺めぐりをやって，なんの疲れも見せない七十三歳の北畠老の，驚くべき元気さにはあきれざるを得ない．氏はその昔，盛んに柔術をやった．この柔術は，およそ身体を鍛錬する方法の中で，最上のものである」

これらの点からも明らかなように，滞日中のベルツはわが国の武術に対し常に高い評価と理解を示していたといえよう．

図2-2　東京大学構内にある胸像，左ベルツ，右スクリバ（明治42年12月撮影，個人蔵）

2. 東京大学医学部と「お雇い外国人」との関係

1）ドイツ人医師による医学教育の改革

　維新後，近代化に遅れて出発したわが国はそれを取り戻すために欧米諸国から大量のいわゆる「お雇い外国人」を雇い入れることによりその解決策を図っていった．そのため，明治政府は条約改正にともない外国人雇い入れ規則が廃止される明治32年までの約30年間に官傭・私傭あわせて毎年600ないし900人の外国人を高給をもって雇い入れていた[9]．

　そのような中で，東京大学医学部では明治3年にドイツ医学が政府より正式採用されたことに伴い翌年から外科医のミュルレル（Leopold Müller, 1824-93）と内科医のホフマン（Theodor Hoffmann, 1837-94）のドイツ軍医をそれぞれ招聘することとなった．

　ところで，彼らには来日にともない日本政府との間でいくつかの契約が交わされているが，その契約の第一条には「ミュルレル氏及ホフマン氏共ニ学校教育ノ全権ヲ保チ学課上ニ於テハ日本教官ヲ随意ニ使役スルコトヲ得ベク而シテ其階級ハ齊シク直ニ文部卿ノ下ニ立ツヘシ」とあり，さらに続く第五条において「教師ノ分課及其勤方等ハ両氏各自其全力ヲ盡シテ之ヲ處分ス決シテ毫モ他人ノ指揮ヲ

受ケサルコト」と著されている[10]．したがって，この契約により来日した彼ら「お雇い外国人」には日本における教育上の全権が与えられることとなったわけである．

その後，東京大学に就いた彼らは早速近代医学の基礎づくりのために医学教育制度の根本的改革に取り組み，日本における医学教育をドイツ陸軍軍医学校の規則に準拠した方法で行なった[11]．そのため，彼らはその教育を徹底したドイツ語で行なうというやり方を採用し，その修業は予科3年と本科5年からなるコースとした．しかし，この改革により日本人が医者になるためには最低8年を要することが必要となり，さらに教養課程でドイツ語を十分修得しなければ本科には入れないため落第する学生が多数出たという[12]．

このような「お雇い外国人」による教育改革の実施は，日本人医師の速成という当時の国情を無視したものであったために政府は1日も早く日本人医師を養成してほしいとの願いを彼らに申し入れたものの結局彼らが職務上日本人医師の上にいたことによりその懇請は拒否されてしまった．

ところで，このような「お雇い外国人」による制度改革については日本人教授連は当初皆無であったようであり，石黒忠悳（1845-1941）はその時のことを「日本政府の懇請により，独逸皇帝陛下の勅により，われわれは貴国に来たり医学を教うることとなったが，単に医学を教うるばかりでなく，医師の制度についてすべて参与する任務をも尽すべし，というのであった．聞く者，皆驚いてこの教師招聘の約束を取調べて見ると，なるほどチャンとそのことが記してあるので致し方がないとあきらめた次第です」[13]と述べている．また，当時ミュルレルの通訳を務めていた三宅はこのような彼らの振舞いについて「当時のドイツ式自由教育制度をとらず，主としてドイツ陸軍々医学校の厳格なる教則に準じ，学生を寄宿舎に収容し，制服を着せしめ，毫も仮借する所がなかったのである．教育上のことは，両人が実権をにぎり，日本官吏の口出しをゆるさず，教師は当初の条約文の写しを持って思う存分に自分の主張を通したのである」[14]と述べるほどであった．

2）「別課」制度の制定

明治7年にミュルレル，ホフマンの任期が切れると，政府は彼らの後任を同じドイツに求めたものの新しい「お雇い外国人」には以前彼らに与えたほどの権限

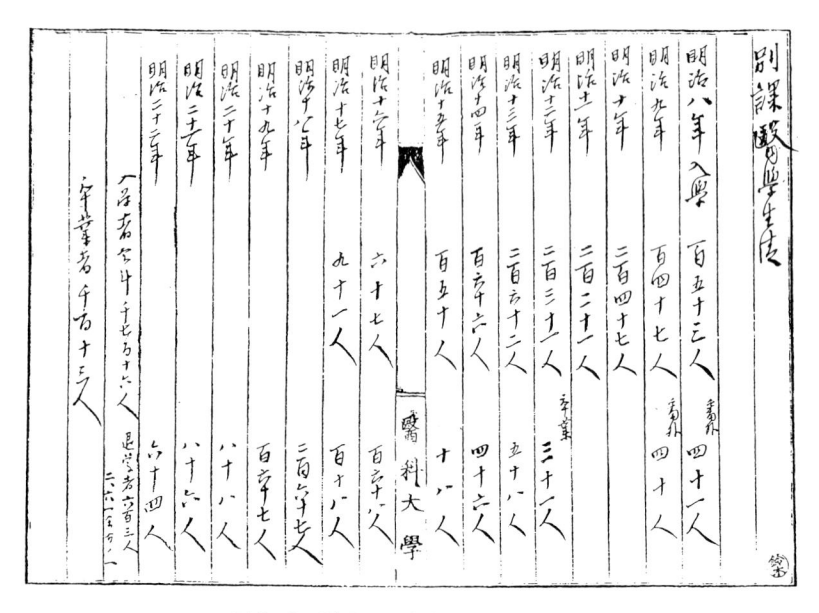

図2-3　別課医学生徒一覧表（個人蔵）

は与えなかった[15]．そのため，「お雇い外国人」が中心となり作られ行なわれてきたこれまでの医学教育制度は日本人医師の速成という以前からの問題に対処するために緩和され，明治8年には彼らの反対を押し切り日本語で学ぶことのできる「通学生」制度を発足させた．

　この制度は，明治13年からドイツ人教師によってドイツ語で行なわれその修業年限が5年の「本科」と，普通教育の予科がまったくなくその授業も日本語で行なわれ修業年限が4年の「別課」からなり，それぞれ創設されることとなった．この「別課」制度の創設により医学部では日本人教授のみで多くの日本人医師を育てることが可能となったわけである．しかも，この制度の発展に尽力したのは「剣術柔術調査」にてベルツとともに医学者として参加した三宅秀であったという[16,17]．

　しかし，このような日本人による教育改革に対し当時の「お雇い外国人」は自分のポストがいずれ日本人に代わるという危機感はあまりもっていなかったようであり，ベルツ自身も明治12年4月22日付の『日記』に「政府は，<u>新しい外人を雇わない，現に勤めているものはなるべく早くやめさすという標語をかかげたのである．</u>この方針による第一歩は，海兵校を指導していた二十三名の英人海軍官

吏を突如解雇したことであり，次にきたのは，今日の開校式でドイツ人を無視したことである．まさかわれわれをすぐやめさすとは，自分も思わない．何しろ，かれらだけではやって行けないことを，ここでは誰もよく承知しているはずだから．しかしかれらは，今では風向きが変っていることだけでも，せめて示してみたかったのだ」と著している．（下線筆者付）

3）医師免許制度の変遷

　わが国では，明治12年に内務省布達甲第三号をもって「医師試験制度」が公布されたことを受けこれまで各県で出題されその問題に難易が生じていたものがこれをもって統一されることとなった．しかし，この施行により試験は難しくなりその後合格率も著しく低下してしまい将来医師不足になるという事態が生じてしまった．そこで，政府は新たに無試験による「医師免許授与」という規則を明治16年10月に制定しこれによってその解決を図ったのである．しかも，この規則の第一条には「医師は医術開業試験を受け，内務卿より開業免状を得たる者とする」と著され，さらにこの開業免状を受けるには①「内務省の行った試験の及第証書を示したうえ，内務省から貰う方法」，②「官立及び府県立医学校の卒業証書を得たる者，其証書をもって開業免状を得んことを願い出づるときは内務卿は試験を要せずして免状を授与することあるべし」という二通りの方法が示された．換言すれば，わが国ではこの制度改革により特定の医学校を卒業すれば無試験で免許が授与されることとなったわけである．しかも②にある「日本官立大学」とは当時東京大学だけのことであった[18]．

　そんな東京大学では，この改正により多くの日本人医師を誕生させることが可能となったわけである．さらに，この時期は医学留学をしていた優秀な日本人がその修業を終え徐々に帰国し始めた時でもあった．そのため，新鋭なる日本人医学者が次第に「お雇い外国人」に代わり大学内で絶大な権力を持ちだすと彼らは医学部内における主要なポストを「お雇い外国人」に代わり独占し始めることとなる．したがって，日本政府は今後の医学教育を日本人中心に進めたい意向から「お雇い外国人」との更新を次第に打ち切ろうとしていったのである[19]．

　しかし，このような医学部内における「お雇い外国人」に対する更新の厳しさは当時の経済状況の悪化も大きく関与していることはもちろんのことでありベルツもこのことについては『日記』に次のように著しその困惑さを示している（下

線筆者付）．

明治10年2月4日（東京）
「あらゆる租税のうちで最も主要な地租が三％から二.五％に下げられた．これにより国庫の収入の上で八百万円の欠損を生じる．従って支出をそれだけ切り詰めるため，各省の予算は極度に削られた．その結果は，数千の官吏がくびになることとなった．（中略）若干の西洋人も解雇の予告をうけた」

明治12年4月29日（東京）
「紙幣局のフォン・シュティルフリートのもとで写真をとってもらった．（中略）かれは，そこへはいってから，六カ月たつかたたぬかに，はややめさせられる——というのは，給料を五百円から三百円に下げることに，かれが同意しようとしないからだ」

明治13年4月10日（東京）
「日本の財政はどうなるというのだ？　今日の相場は金で六〇％，銀で五五％の打ち歩！　国家が破産しなければいいが」

明治13年11月29日（東京）
「今や，われわれ医学部の教師の大部分が，もはや契約を更新されないことは確実らしい．他の学術上の施設においてもすべて，雇いの外人の数は急激に減らされるそうだ」

4）「お雇い外国人」への俸給のこと

　欧米先進国から大量の「お雇い外国人」を招聘していたわが国では彼らに俸給や住居などで恵まれた環境を与えていた．例えば，明治10年代に東京大学に雇われた者の俸給は文部省の全予算の約1/3を占めていたといわれる．ベルツの時代，普通の「お雇い外国人」の給料は三百円から五百円であり，同じ東京大学で教鞭をとっていたモース（Edward Morse, 1838-1925）が月給の半分を貯金しても残る半分で貴族のような生活ができると述べている[20]．さらに，ベルツ自身，毎月の俸給のほか診療自由という契約を政府と交わしていたため在日中は本務の授業以外は自宅で診察することもあった．その診察料については彼の直弟子である入澤達吉（1865-1938）が「自宅では診察料は其時分五圓取られたことを記憶して居ります．当時大変高いものと驚いて居った」[21]と述べている．この時代，

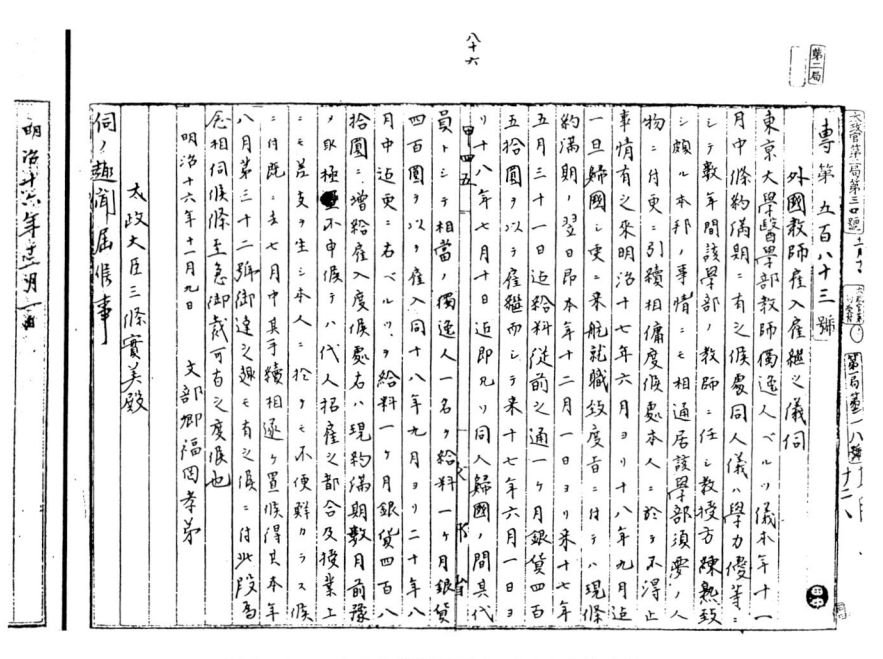

図2-4　ベルツの給料証書（国立公文書館所蔵）

　小学校教師が月八円から十二円の時代のことを考えると彼らの俸給は日本人教師達には考えられない程の高額な俸給であったといえよう．

　しかし，このような恵まれた環境は上述した日本経済の悪化にともない次第に日本人との対立を生むこととなり，さらに，彼らとの生活習慣の違いや外国人の非行に対してわが国では懲罰がないこと，また勝手に職場を放棄してしまい政府の命令に従わないことなど以前からの「お雇い外国人」に対する反感も重なり，政府は次第に「お雇い外国人」に対し冷淡で横柄な態度をとるようになっていった[22]．

　このような日本人の態度の変化は親日家でもあり皇室とのつながりをも持っていたベルツに対しても同様であり，しかもそれは教官だけでなく学生達も同じであったという[23]．そんな彼の『日記』には日本人のこれまでの態度の悪さに対し以下のようにその旨を著しその怒りをぶつけている．「今日，重大な行動に出た．かねて申出のあった勤続二十五周年記念祝賀会を断念して，大学を辞職するむね通告したのである．もちろん，好んでこのような処置をとったわけではない．外人教師を取扱うやり方が，次第に我慢できなくなって来たからだ．医学部

内に自主を目指す傾向のあったことは，もうずっと以前から気付いていた．このような意向は十分理解できるし，また正当でもある．事実，自分はそれを必要と考え，常に自らそれを促進してきた．だから自分は，再契約の申出があった時，すでにたびたび学部当局に，一度あなた方だけでやってみてはどうかと，自分から言い出してすすめたのである．しかしそのたびごとに，いつも留任するよう押しつけられてしまった．それにもかかわらず当局は，あらゆる機会にわれわれ外人を無視しようとするのであった．（中略）医学部内に事実，すべてを独力でやろうとする傾向のあることは，総長も自認せざるを得なかった」（明治33年4月18日）．

5）「お雇い外国人」としての日本人との付き合い方

　以上のような日本人による冷淡な態度に対しても高額な俸給を得られる日本に長期滞在を望んでいた多くの者たちは日本人の役人と上手く付き合ってゆかなければならなかった．若干時代的な隔たりはあるものの明治政府第1号の政府雇用外国人であるR. ブラントン（Richard Brunton, 1841-1901）は，その解決策の一つを以下のように述べている．「（中略）事を荒立てず，そっとしておくことである．すなわち事は成行きに任せるのである．助言を求められたときは助言を与え，たとえその通り行われなかったとしても気に止めないことである．（中略）1870年代ではこのような方法をとったヨーロッパ人が日本人雇主のお気に入りとなった．政府の雇いとなった大部分の外人がとったこのような態度が，当然の結果として，政府が推進した明治初期の事業に付随した汚職や醜聞をもたらしたと思われる」[24]．

　しかし，現時点においては体操伝習所に諮問した文部省と「お雇い外国人」ベルツらとの間にこのような事実が存在したかを裏付ける資料等は見い出せず今後の課題である．しかしながら，来日理由の一つとして「高い俸給により一家を救いたい」との考えを持っていたベルツも他の外国人同様に例外ではなかったとも考えられる．

　したがって，このように雇主である政府高官と被使用者である外国人との間の人間関係の摩擦が時として政府の政策に少なからず影響を与えていたといわれる点はベルツについても検討してみる必要性を感ずる．

むすび

「お雇い外国人」として「剣術柔術調査」に参加したベルツは，その調査前，調査中，調査後と一貫してわが国の武術に対し高い評価を与えていた．

しかし，この調査が行なわれた時代は日本滞在を望む多くの「お雇い外国人」にとり職務上の権限がすべて日本政府により委ねられていたことからもその更新が非常に難しい時期であった．さらに，この調査と同じ年にわが国では徴兵令が改正されたことにともない学校教育では剣術や柔術のように単なる対人的な技術ではなく近代戦に必要な集団訓練の必要性から兵式体操が重要視された時代でもあった．そのため，集団訓練が必要視された状況下において「お雇い外国人」であったベルツによる武術推奨論はそれほど聞き入れられず届かなかったと考えられる．

したがって，以上のことからも明治16年に行なわれた「剣術柔術調査」の復申には「お雇い外国人」であった医学者・ベルツの意見は軽視され，むしろ当時の社会的状況がこの調査には大きく影響を及ぼしていたのではないかと考えられる．それゆえ，こうした点から「剣術柔術調査」における種々の再検討を痛感する．

[頼住　一昭]

● 文献および註

1) ベルツの滞日中，現在の東京大学は何度か改名されている．そのため，ここでは「東京大学」に統一した．
2) 文部省：處務ノ部．文部省第十二年報，p.5，1884．
3) 高野佐三郎：剣道．pp.288-291，島津書房，1986．
4) 市川善三郎：ベルツと草津温泉（第3版）．p.25，あさを社，1984．
5) 三浦謹之助：懐古．pp.51-52，冬至書林，1944．
6) 岸野雄三監修：近代体育文献集成第Ⅰ期（第3巻総論Ⅲ）．p.204，日本図書センター，1982．
7) エルヴィン・ベルツ：日本人種改良論．大日本私立衛生会雑誌43：19-20，1886．
8) トク・ベルツ編（菅沼竜太郎訳）：ベルツの日記　上・下（第5版）．岩波書店，1992．
9) 東京大学：学問のアルケオロジー．p.417，東京大学出版会，1997．
10) 個人蔵
11) トク・ベルツ編：前掲書8)上，p.9．

12) 三浦義彰：医学者たちの一五〇年．p.70，平凡社，1996．
13) 石黒忠悳：懐旧九十年(第3版)．p.200，岩波書店，1995．
14) 宗田　一：明治初期の医界事情(Ⅱ)．医学史研究22：1143，1966．
15) 以後，東京大学では「お雇い外国人」に対し大学の管理運営には参加させないこととなる．
16) 三浦義彰：前掲書12)，p.73．
17) 別課制度は明治22年まで続き卒業生は1,111名に達している．
18) 酒井シヅ：日本の医療史．pp.425-426，東京書籍，1982．
19) 明治13年と14年には七名の外国人がいたものの明治21年にはベルツとスクリバの二名だけとなってしまっている．宗田　一ほか編：医学近代化と来日外国人．pp.156-169，世界保健通信社，1988．より．
20) 眞寿美・シュミット＝村木：花・ベルツへの旅．p.235，講談社，1993．
21) 入澤達吉：雲荘随筆．pp.358-359，大畑書店，1933．
22) R.H.ブラントン：お雇い外人の見た近代日本(第4版)．pp.168-169，講談社，1992．
23) 酒井シヅ：前掲書18)，p.486．
24) R.C.ブラントン：前掲書22)，pp.169-170．

3章

運動害毒論
──武道はからだに悪い？──

1．国会で議論された武道の是非

　健康志向の強い今日，「身体運動はからだによい」は当然すぎるテーゼであろう．やりすぎはよくないが，昔からいうではないか，「適度な運動はからだによい」と……．しかし，剣道・柔道は青少年のからだと心によくない，という理由で日本の文部省は武道を禁じていた時期がある．よりにもよって，富国強兵政策を国策としていたあの明治の数十年間のことである．

　1964年の東京オリンピックで，日本の国技たる柔道が正式種目となりはしたものの，日本武道館はその際に急遽，皇居のお膝下に建造された．当初の柔道会場は代々木の水泳プールで，競泳種目と日程をずらして，畳を敷く仮設会場で執り行われることになっていたからである．この事態を憂うべく，国会の本会議場で活発な演説が繰り広げられ，やっと建設の運びとなった．しかし，工事現場では種々の反対抗議行動が予想され，事実妨害もあったといわれる．

　武道が国会で議論されたのは，なにも戦後の新憲法下だけではないどころか，戦前の旧帝国議会では，再三以上に及んで「武道を学校正課科目として採用されるべく」議論が繰り返された．結果は常に「否」であった．しかし，中国大陸での戦争準備体制に入ると，一転して「必修科目」となる．

　本章は，武道禁止処置の根拠となった，明治16年「剣術柔術調査」の医科学的根拠を問うことと，教育空間のなかで身体運動の弊害を強調する思潮である運動害毒論に触れる．

2. そもそも運動は身体によいか

普通,「健全な精神は健全な身体に宿る」という句の意味は,「健やかな心は健康な体にあるものであって,病弱な体にはない.立派な心を持った人間になるには体を鍛えよ」といった教訓として理解されている.体育・教育の理念としてわれわれは,たいそうありがたい命題であると腹蔵なく賛成できる.

しかし,歴史的にこの句の出自を辿ると,全く逆の主旨であったことが知られている.もともと,これはローマ時代のユベナーリスという人が残した風刺詩なのである.原義は「その二つはなかなか一致しないのが普通だから,身も心も同時に健やかであってほしいものだ」という意味を,文法的には事実とは違った事態を願望する反実仮想用法で記したものだという.

ところが,今日的な意味でそれを使用したのはイギリスの哲学者ロックであって,その教育論ではその冒頭に「健康な体の中の健康な心」が世の中の理想状態の一つであると語られていて[1],ユベナーリス源詩の部分的な語句が英語で引用されたのである.本来は反実仮想の仮定法で表現された命題が,このロックの一節を契機に事実存在の意味に変質されて明治初期に日本に輸入され,体育理念として成立したといわれている[2].

ギリシャの哲人プラトンは「健やかな心と身体」について,「健康な身体はその身体の健康であることのゆえに,精神の進歩を進めるのではない」といっている.師のソクラテスの「精神は身体の主人であり,身体は精神の従僕である」との身心論に通じているとされる.

体育史的に,実は「身体運動」が必ずしも「よいもの」として認識されてきたわけではない.体育史的という意味は,健康と体力を学校で教育するその歴史であるから,必ずしも純粋に保健学的な価値基準というよりも,その時代の政治・社会的な要因に依存する「教育的配慮」が作用していることを指す.

3.「野球・サッカーは悪いもの」なる論争

慢性失業の悩みのはけ口を求めた英国サッカーファンが泥酔したあげく,国際試合で乱闘と殺人までを頻発させた頃,サッチャー首相にサッカーフーリガンは英国の恥とまでいわしめ,その政治生命すらを縮めさせたのは,サッカーファン

の背番号制登録を法律化しようと発議させた動きであった．

　英国では12〜16世紀の間に，31回のフットボール禁止令が出されたという歴史をもつ．理由はそれが野蛮で粗暴で無法きわまりなくて庶民から嫌悪され（現在もサッカー場近辺の住民は観衆に同じことをいう），宗教家からはそれに熱中するあまり教会に来なくなる，ということであった．しかし，フットボールを一番愛したのもほかならぬ庶民その人であり，スポーツが内包するそのような情熱と狂気は人知の制御を超えているのであろう．米国のハーバード大学でも，1885年に教授会はフットボールの1年間禁止を命じている．理由は同クラブに所属する学生の振る舞いが粗暴であった，ということが伝えられている．

　卑近なところで，現在は日本で国民的な人気を博す野球であるが，その象徴でもある学生野球は100年前にまでさかのぼると，順風満帆であったわけではない．早慶戦は1903年に始まるとされ，それ以前の十余年間は東大教養学部の前身旧制一高が無敵を誇り，1904年6月に早慶がそれを破るまでは「一高時代」を築いていた．早大野球部の渡米後の1906年，1勝1敗で迎えた早慶戦は熱狂する応援団の衝突を恐れ，中止となった．その後早慶戦は1925年に東京六大学野球連盟が組織される20年後まで開催されなかったほどである．1932年，文部省は俗に「野球統制令」と呼ばれる訓令を発し，興業化と非アマチュア化が著しかった学生野球に対して自浄力を求めた．1935年に日本のプロ野球が誕生するのはこれが契機になっているとされる．

　一方，1907年には現在の高校野球を総括していた全国中学校長会議で，選手が野球などのスポーツに耽溺したり，応援団がしばしば衝突するなど対抗競技の弊害が問題とされ，それを禁止する中学校や県が現れた．さらに1911年には，現在では甲子園大会の主催者でもある『朝日新聞』がその紙上で野球の弊害に関する大キャンペーンを張った．当時の斯界の指導的人物がこぞって，野球の医学的・道徳的・社会的・教育的有害説を論じ，かつその反論が全国3大新聞紙上でなされた．ここでの論争を一般に「野球害毒論」と呼ぶ．

　いまその記事を読むと失笑を禁じ得ぬものも多いが，この種の議論に古今共通していることは，最初に「教育的」あるいは「社会的」な配慮と見地から前置き的批判が提示され，学生・生徒の望ましき理想状態と社会正義を措定した後，次に「頭が悪くなる」という学科成績の知育に対する感情的な不安が示唆され，関係生徒の徳育上の公衆に対する品行不良を嘆き訴え，慢性的な身体障害と不可抗力

的に生じた負傷の体育上の不合理点を強調して終わる．

　スポーツの低年齢化が著しい昨今では，発育完了以前の段階における内科的障害や外科的傷害が，本人の生涯のなかで不可逆的なものになり得る，つまり10代前半で人生で二度と取り戻すことができないほどの身体的損害を被る点が，主張の第一義となる．

　次に紹介するいわば武道害毒論も，英米のフットボール禁止令や，わが国の大学野球の禁止令などを擁護する「スポーツ弊害論」に共通する論理構造を持っている．つまり，「一応の意義は認められるが，XYZの理由で許可しない」という言い回し：《上の句肯定・下の句否定》である．ちなみに，これは鹿鳴館スキャンダル直後にきわめて強い制限を加えられた舞踊教育においても適用された．

4．明治16年「剣術柔術調査」

　1883（明治16）年に文部省は，現筑波大学の前身の一つである体操伝習所に，学校教育における撃剣・柔術の利害調査を命じた．同年，東京大学医学部に招聘されていたドイツ人講師ベルツとスクリバがそれに参加する．翌年，体操伝習所は取り調べた結果を文部省に答申した（調査代表者は日本初の医学博士であった東京大学医学部長・三宅秀）．概要は体操伝習所報なる公文書に記載されているが，医学者らが直接執筆した答申そのものは現在その所在が不明であって，内容の概要が伝聞と引用文献の孫引きが交錯したかたちで伝えられているのみである．巷間に流布した俗説として最も人口に膾炙した判定結果は，「剣道柔道をやると，頭を強く打って脳味噌が悪くなる，などの理由」であった．後の武道関係者や学者の記述によれば，次のような概要であったとされる．

　すなわち，柔・剣術の利するところ五ヵ条，害または不便とするところ九ヵ条をあげ，長所：身体発達助長，持久力養成，個人心理的な人格陶冶，護身能力の体得，短所：身体発育を助長するという長所も調和的発育を欠く，護身をうたいながらも危険，心身発育の段階に即応した指導が困難，闘争心を誘発し勝敗にとらわれる風を助長，経済上・管理上・学級指導上不向き，という点を指摘している．結論的には「学校ノ正科トシテ採用スルコトハ不適当」．しかし，日本在来の運動であって，慣習的に行なわれやすい点もあるゆえ，智育偏向の教育の行なわれているようなところでは，利益があるであろうとされた．

これは，大正期に出版された武道書に紹介されている概要で，それは文部省『本邦学校体操科施設沿革略』（明治 23 年）からの引用であると記載されている．しかし，文部省発行のその文献の存在が，現在の学者に確認されていない．

5．不明な生理学的根拠

　連日実演・研究し，大略の「試験」を遂げたが，さらに生理学的精究を試みる必要から，ベルツ・スクリバを招いてその意見を聞き，渋川流 1 流の検討では不十分であり，かなり著名の剣術者ならびに柔術者十余名を招いて調べにかかり，会合を重ねることおよそ 14 回に及んだ……とされる「生理学的精究」とは何であったか，このうえなき興味を覚える．著者自身もそれから 100 年後，「ラジオ体操の体力科学的意義」「ウサギ跳びの是非論」「ジョッギング・ウォーキングが健康によいのか否か」について諮問され，職位を賭けて報告する立場になったことがある．国際武道大学においても「剣道家と難聴の因果関係の調査」を見聞してきた．当時の医科学研究の大家の推論根拠を明らかにする診断過程こそが，私たちが世紀をかけて学んできた西洋科学の本質である．剣術・柔術の害毒理由の根拠をぜひ知りたい．

　当時，日本古来の武術に拮抗して体育教材に抜擢されたのが，スウェーデン体操等の「洋式体操」であった．西洋科学とくに生理学・解剖学的合理性が北欧の体操には認められ，日本の武術にはそのような合理性の根拠が薄弱である，とされたからこそ，この剣術・柔術調査がなされもしたのである．しかしながら，当時から主張される北欧体操の生理学・解剖学的合理性とは何なのか，たとえば森鷗外が『青年』の登場人物に推奨させているスウェーデン体操の「よさ」なるものも，現代の運動生理学やバイオメカニクスを専攻する私には伝達不能な主張であり続けている．

6．ベルツとスクリバ

　ベルツは岩波文庫にその日記をとどめることで私たちには周知の存在である．近年は体育大学の教科書にもその存在が大きく紹介されている．ベルツは内科医であったが，スクリバは外科医であった．スポーツ傷害としての武道障害の可能

性をスクリバはどのように診断・裁定したのか全く不明である．ベルツについてならばスクリバよりも資料が豊富に遺っている．ただし，謎は深まり，武道否定論をベルツが持っていたかどうか懐疑的にならざるを得ないものばかりが続出する．両者は現在でも東大構内の病院前に胸像にまでなって顕彰されているほどの功績者であった．

7. 武道を実践し日本文化を愛したベルツ

　ベルツの日記では，明治12年8月3日：上野で撃剣大会があった．話をきいていたが，見たのは今度が初めてで，それも十年来なかったと称せられるような完備したものだった，と感動し，同年12月にはベルツ自身，弓術を熱心に練習していたことが記されている．夫人の談話によれば，武道普及へ熱心であった．

　「日本固有の武道を復帰させたいと申しまして，榊原鍵吉さんを招きました．榊原鍵吉と申しますれば幕末から武術を以て鳴らした方で，殊に居合術の名人と謳はれた方でした」，日本人と固有文化について「宅はよく，日本人には本来の美しい言葉があるのに，外国の言葉といふと何でも真似ることは愚の骨頂だと申して居りましたが，帰国してみますとパパ，ママという言葉をさも誇らかに申して居りますのを耳にして驚きました．父母といふ本来開闢以来の懐かしい言葉を惜しげもなく捨てて，只外国人の使ふ言葉であるから如何にも誇りがあるやうに考えて居るに至っては，卑屈であり奴隷根性でせう．それも父母といふ言葉が使ひづらく不便といふなら別問題でせうが，パパ，ママよりチチ，ハハがどのくらゐ簡単にして要を得，真情がこもっていることでせう」と久しぶりにドイツから帰国して語る「花」を夫人とするベルツが，個人としても医学者としても日本の武術教育を否定するとは推定しがたいのである．

　調査の答申された明治17年に，ベルツは1年間ドイツに帰っていて日本にはいなかった．『ベルツの日記』ではその周辺の記述は白紙になっている．以上のように，ベルツはその日記でも日本人が自らの文化である着物や言葉，教育制度，そして武術を粗末にすることを嘆いている．著者は，1993年に拙著『武道科学事始め』[3]を執筆中にベルツや鷗外に触れざるを得なくなり，この「明治16年調査」の復申書の内容に疑義を持ち始めた．

　その後，日本に在住することは経済的には破格に有利であった「お雇い外国

人」の問題からそれを考えてみたり,「洋行組日本人学者へ世代交代をする帝国大学の人事問題」「ベルツ自身の武道師範や医学部長,通訳との縁故・人脈関係」について関心が移っている.さらには『ベルツの日記』の翻訳者で,日本人を母とするベルツの息子のトク・ベルツの先次大戦下における特殊な状況,あるいはベルツの東大における教え子であった森鷗外との会合で何が語られたか,などについて調べる必要性を痛感している.森鷗外はほかならぬ森林太郎であって,彼は今日でいえば厚生省・文部省が立案する国民体力健康問題政策を決定する立場にあった,近代日本における最大無二の権威者でもあったのである.

[大道　等]

● 文　献
1) ロック(服部知文訳):教育に関する考察.岩波書店,1967.
2) 水野忠文:クーベルタンの愛好する格言と体育哲学.東京医大新聞130号,1977.
3) 大道　等:運動の是非論と明治,ベルツと鴎外.武道科学事始め,pp.13-20,杏林書院,1994.
4) 今村嘉雄編:体育史年表.不昧堂書店,1963.
5) 今村嘉雄:一九世紀に於ける日本体育の研究.p.885,不昧堂書店,1967.
6) 木村吉次:日本近代体育思想の形成.p.51,杏林書院,1975.
7) トク・ベルツ編(菅沼竜太郎訳):ベルツの日記.岩波文庫,1979.
8) 眞寿美・シュミット＝村木:花・ベルツへの旅.講談社,1993.
9) 大道　等,頼住一昭:武道医科学の系譜.武道・スポーツ科学研究所年報3,1998.
10) 頼住一昭:近代日本のスポーツに影響を与えたベルツ.稲垣正浩ほか編,スポーツ史講義,大修館書店,1995.

4章

術理の展開と剣道徳育論の吟味

　現代剣道は，仮に，侍が体験したであろう"斬るか斬られるか""生きるか死ぬか"という切羽詰まった極限状態における生死の課題を想定し，剣を竹刀に持ち換えて防具をつけ，相剋関係にある相手との瞬間瞬間の攻め合いや技のやりとりを通して，自己の《思考→判断→意志の決行→行動》の仕方という，あり方や生き方を追求していくことであると考えられる．切羽詰まった極限状態における生死の課題を想定し，技の錬磨と心気の修養との相即によって，人間性を開発・深化していくところに現代剣道の特徴がある．

　こうした考え方を根基にして本章では剣道の学習の「ねらい」や「内容（技能・態度）」などの事項を織り交ぜながら，剣道の術理に関する諸課題について試論し，併せて，日本の伝統的な運動文化である剣道と道徳教育とが関連づけて指導されている点に注目し，このことを吟味してみたい．

1. 剣道の術理の展開

　術理の展開は《構え→攻め合い→打突の機会の見極めと技の選択→有効打突→残心》という経過で考えられ，このなかで主目的となるのは「気剣体一致の有効打突」である．有効打突を実現するための技法上の要点は，「正しい刃筋で打突する」ことである．

　正しい刃筋で打突するためには，直接的には手の内の作用があり，さらには，適正な姿勢，太刀筋，滑らかな技の始動，この前提になっている構えの合理性などが課題として考えられる．有効打突以後は《極める→調える》という経過になる．

　一方，有効打突を実現するための心法上の課題は「捨て身で打つ」ことであ

る．この原点になっているのは立ち合いにおける「心気力一致(しんきりょくいっち)」であり，立ち合いにおける「心気力一致」が「先(せん)をとる」ことから攻めに発展し，打突の機会を見極めて，充実した気勢による捨て身の打ちに延長されていく．「残心(ざんしん)」は捨て身の打ちから自然に派生してくることになる．

1）立　合

　剣道は格闘技であるがゆえに「礼」の正確な形式と丁寧さが求められる．正確な形式と丁寧な礼の実践はもちろんのことであるが，一方では，侍が九歩の間合で敵を認知して剣を抜いたという真実からすれば，すでにこの九歩の立間合から闘いが始まっていることを認識しなければならない．

　仮に，侍が体験したであろう"斬るか斬られるか""生きるか死ぬか"という切羽詰まった極限状態を想定した場合，ここは相手から逃げずに真正面から取り組むという，自己のあり方や態度が問われる場面であり，主体的・積極的な意志決定による闘いの起動点となる場面である．

　続いて三歩前進して構えの間合まで進むことになる．この局面では，三歩前進してただ単に相手との物理的な距離間隔を縮めるという意味だけではなく，太刀は抜いていないが，礼からの主体的・積極的な闘いの意志決定を持続し，攻める勢い（攻め足）で構えの間合まで進む．

　そして，ここで「蹲踞(そんきょ)」という所作に移る．蹲踞はきわめて丁寧な儀礼の作法であるが，儀礼の作法のみならず対敵関係にあることを考えれば，「踞地の獅子」の教えのとおり，蹲踞ではさらに気力を充実させなければならず，このことが次の局面の「心気力一致」や初太刀の発現に連動していくことになる．

2）構　え

　構えは，無形の「気構え」と有形の「身構え」「太刀構え」からなる．立ち合いから蹲踞までの局面では，お互いの主体的・積極的な闘いの意志決定とその持続があり，蹲踞から立ちあがって構えるや否や，お互いの意志と意志（堅い石と石）がぶつかり合う．

　この意志と意志のぶつかり合いが五分五分で隙がないので，五分五分の状態を攻めることによって六分四分（または七分三分）の有利な状勢に展開させる，ここが技を発動させる端緒となるのである．

構えたときの内面の揺るがない堅固な意志は，構えの外形の堅確な備えとなって隙がなく，相手に打ち込まれない．逆に，内面の意志が崩れると構えの外形も崩れて隙が生じ，相手に打ち込まれることになる．

以上のような考え方が構えを考える基礎であり，厳しく捉えれば，お互いが構えたときの意志と意志（堅い石と石）のぶつかり合いがあってこそ，ここから剣道の術理が展開されることになる．

(1) 心気力一致

高野佐三郎範士は『剣道』のなかで「心気力一致」について次のように教えている．「心気力一致とは，目に視，耳に聴く所直ちに精神の働きとなり，精神の働きに応じて咄嗟に技に現われて（中略）．此三者よく一致活動してはじめてよく機に臨み変に応じて勝ちを制するを得るなり．（中略）勝敗は術策よりも寧ろ唯機是れ乗ずるの敏捷に富むを要す」．さらに，心とは知覚→思慮分別→判断する働き（水），気とは心の判断に従って意志を決行する力（風），力とは技の発動力（波）であり，ちょうど，水の上に風が吹いて波が立つようなものである，と教えている．すなわち，心気力一致とは，構えて攻め合っているなかで，《知覚・思慮分別・判断→意志の決行→技の発動》という一連の作用が即座に働いて有効打突に結びつき得る態勢である．

(2) 目付け

"目は口ほどにものを言う" とか "目は心の窓" などといわれるが，剣道では「一眼二足三胆四力」という教えのとおり，目付けは最も重要であるとされている．『五輪書』では目付けを「観見二つの事，観の目強く，見の目弱く」と示し，相手の心や意図を観察する目（観の目）は強く，肉眼によって相手の行動現象を見る目（見の目）は弱くして相手を見るように教えている．

また，一刀流の系統に「二つの目付けの事」という教えがある．これは相手の全体を見るなかでとくに重きを置いて見るところが二つあるという教えである．

その二つとは，

① 剣先と拳を見る．心の変化によって気が起こり，これが形となって最初に現れるのは剣先と拳である，この二箇所を見る．

② 有形と無形を見る．肉眼で実際に相手の有形の動きを見ると同時に，相手の無形の心や意図を観察する．

③ 相手と自分を見る．相手の虚を見ると同時に，自分が勝つところや敗れる

ところを顧みる．

　さらに，目に見たことをいつまでも心に留め残してはいけない，留め残すと「目の居付き」となって不覚をとることになる，という教えもある．これは「止(し)心(しん)」や「拘(こだわ)り」を戒めたものであろう．

3) 攻　め

　攻めは「三殺法(さんさつほう)」に象徴されるが，ここでは三殺法とは別な観点から攻めを考えてみたい．

　攻めとは，構えたときの五分五分の意志と意志（堅い石と石）のぶつかり合いから，この均衡状態をどのように打破して，自分を有利にして打突の機会をつくるかという仕方である．そのためには，主体的かつ積極的に相手の隙を求める（相手の隙をつくる）ことである．

　隙とは，一つは有形の隙，すなわち構えの外形の隙であり，一つは無形の隙，すなわち心理的な内面の隙である．構えの形と心とは表裏一体の相関関係にあり，形は心に影響し，心の状勢は形に現れる．

　つまり，攻めとは，相手の構えの形や心の変化（崩れ）をつくることである．相手の構えが堅固で隙がなければ打っていくことはできない．仮に打っていったとしても有効打突になりにくい．まず相手の構えの堅固な備えを崩すことによって打突の機会が生まれてくる．"勝って打て！（攻め勝ってから打て！）"と教えられるゆえんでもある．

　攻めの具体的な要素としては，「気で先(せん)をとる」「中心をとる」「有利な間取り」の三つに集約される．これを端的に表現すれば，「気で先をとる」とは"相手に勝つ！"という堅固な意志の集中とその持続である．

　「中心をとる」とは，剣先によって相手の中心を制圧することと同時に，自分の中心を堅持することである．相手の中心を制圧するためには自分の中心を堅持していなければならず，このことが相手に打ち込まれないと同時に，自分から打っていけることになるのである．「攻防一致」「攻防不二」の教えのとおりである．

　「有利な間取り」とは，自分にとって有利な間取りを展開すること，すなわち相手を自分の陣地（手元）に容れないようにしながら，自分は相手の陣地（手元）に踏み込んでいくことである．

なお，攻めは「気で先をとる」「中心をとる」「有利な間取り」という働きが統合一体的に発揮されてこそ効果が現れるものである．

4）技と残心

　技の捉え方と相対関係における技のやりとりとは別に，ここでは実際に技を遣う場合の考え方について解説してみたい．

　たとえば，他家を訪ねる場合は正面玄関で挨拶をして，この後に奥座敷に入ることが正道であり，裏口や勝手口から入ったり，挨拶もしないで奥座敷に入ることは，正道に対する奇道である．剣道には多様な戦術もあろうが，基本的にはお互い正々堂々の合気の状態から，相手の心気の崩れや構えの外形の崩れを求めて技を遣うことが正道であろう．

　別な表現をすれば，剣道は「虚と虚の絡み合い」から技を遣うことを追求するものではなく，実によって相手の実を崩して虚になったところを打つことである．そうでなければ，剣道は竹刀を持って単に勝ち負けを競い合う運動の域にとどまってしまう．

　実際に技を遣う場合，自分が気で先をとっていることによってはじめて，相手の《心の変化→気の起こり→形の変化→技の発動》を捉えることができる．そして，自分が気で先をとって攻めているなかで，相手の構えが変化すればそのまま打ち込んでいく．さらに，自分が気で先をとって攻めているなかで，相手がさきにしかけてきたとしても，自分は気で先をとって攻めている流れから，途中で相手のしかけてくる技に対して応じながら変化して技を遣うことになる．

　このような考え方から，応じ技であっても実質的には「自分から応じていく技」である．応じ技は待つ気持ちで技を遣ってはいけないとされている．したがって，しかけていく技はもちろんのこと，応じていく技であっても，対敵関係にあってはあくまでも気は先であり，お互いのやりとりから，相手のしかけてくる技に対して応じながら変化して遣う技が応じていく技である．技を遣うときの気はあくまでも先であり，後の考え方による技の遣い方としては，打ち落とし技が考えられる程度である．

　極論すれば，多彩で複雑な竹刀操作を駆使しなくとも，対敵関係のやりとりから，相手の《心の変化→気の起こり→形の変化→技の発動》を捉えることができれば，竹刀の単純な一振りでも相手を打つことができるのである．

技を遣う場合，心法上は充実した気勢からの捨て身の技であり，技法上は八方の太刀筋と適正な姿勢によって正しい刃筋が期待され，これが有効打突に結びつく．そして，ここから《極める→調(ととの)える》という局面に延長され，有効打突後の油断のない気構え・身構えが「残心」となる．

2．剣道徳育論の吟味

学習指導要領には「伝統的な行動の仕方に留意する」「礼儀作法を尊重する」というように，剣道の指導にあたっては，伝統性を重視することと道徳的な行動の規範を尊重することが示されている．これを基にして，日本の伝統的な運動文化である剣道と道徳教育とが関連づけて指導されていることがある．いわゆる「剣道徳育論」や「道徳的剣道論」なる解釈である．日本の伝統的な運動文化である剣道と道徳教育とが，はたしてどこまで関連づけられるであろうか……．

明治維新後の新政府は，富国強兵や殖産興業の近代化政策のもとに，西洋の科学文明を導入して近代社会の態勢整備を急ぎ，一方では，教育や文化政策にも力を注いで国民の啓蒙に努めた．また，それまでの儒教や神道などが古い思想として批判され，自由主義や功利主義などの西洋思想が受け入れられるようになり，日本の文化や生活様式などは画期的な変革を遂げることとなった．

しかし，西洋思想の急激な導入による日本的な徳育欠如が反省され，日本固有の文化や日本人の精神的支柱となる思想が求められるようになってくる．

その後，日清・日露戦争の勝利によって日本人固有の国民性の自負が芽生え，国家主義的思想が強化されてくることと相俟って，富国強兵政策による国民皆兵主義が国民皆武士道へと転換され，"武士的徳操を涵養するのは武道である"という論理が展開されていった．

ちょうどこの時期に剣道の正科編入請願運動が盛んとなり，"武道は他の教材にはない精神的に価値あるものである"として強調され，"日本的な体育として，武道を学校教育の正科にすべきである"という主張が盛んになってくる．こうした経緯があって，以後，"武道を学習することによって武士的徳操が涵養される"という考え方が敷衍され一般化し，定着していったのである．

剣道における技の習熟過程では，"自分の内なる心にどうであったか" "今度はどのようにすればよいのか"という内省的作用が働き，再び技を試みる．この繰

り返し（鍛錬的修養）によって，技の習熟と人間的な成長（教育的側面）の相即が期待されるのである．技の習熟過程にあって自己のあり方や生き方を考究していく，すなわち「道」である．

なお，"剣道に見られる精神的価値はほかにはない剣道独自のものである"と飛躍してしまうことは，剣道の独善性につながりかねないので慎まなければならない．

いずれにしても，剣道については「技の習熟と，この過程における内省的作用によって人間として望ましい自己を形成する」という考え方とその教育的効果，および道の考え方などを基盤にして論じるべきであろう．

［大矢　稔］

5章

明治初期の武術衰退と剣道教育の再編

1．武徳殿への憧れ：戦前から戦中における剣道教授法変遷への関心

　幼少の頃から剣道の稽古に取り組んでいた関係で，大日本武徳会のシンボルともいえる京都の「武徳殿」で稽古する機会がたびたびあった．そのことによって，創設以来の武道専門学校の学生たちが稽古していたこの道場で自分も稽古ができるという感動と同時に，武道専門学校の剣道の辿った歴史に興味を持つようになった．

　そして，大学生のときに，武道専門学校の卒業生の先生方に話を聞いたり文献を調べていくうちに，剣道が軍事効果を目的とした手段に使われ，そのために，戦後になって剣道が禁止されたことを知り，当時の剣道の指導がどのような内容であったのかに関心を持つようになった．そこで，明治時代から戦時中の剣道の教授法について関連資料を渉猟するにいたった．

　明治時代から戦時中の剣道の教授法に着目したこれまでの研究は，中村民雄氏の「近代武道教授法の確立過程に関する研究」「剣道の技の体系と技術化について」，香田郡秀氏の「戦前の中等学校における剣道教授要目について」などの報告がみられる．

　本章はそれらをふまえ，全日本剣道連盟や京都府剣道連盟，武道専門学校卒業生から収集した大日本武徳会に関する資料，東京高等師範学校と陸軍戸山学校の教授法に関係する資料，とくに大日本武徳会については，『武徳誌』（明治39-42年）と『武徳会誌』（明治43-45年），昭和期については大日本武徳会機関誌『武徳』，教授法については東京高等師範学校主任教授・高野佐三郎著『剣道』，戦時中の剣道については『新武道』を主に参考として，それぞれの時代背景をも考察しながら，剣道の変遷を以下に概観する．

2．明治期における剣道の消長

　明治新政府の廃刀令は，今まで剣を命としていた武士階層の生活を脅かすものであった．そして，当時の剣術師範や武士階層は，日々の生活のために剣を捨てることになり，剣術は事実上の衰退の一途を辿っていく．

　しかし，1877（明治10）年の西南戦争における警視庁抜刀隊の活躍により，剣術の必要性が見直されるようになり，警視庁で剣術が必修となる．また，日本と清国との戦争に向けて尚武の気運が高まり，剣術がさらに隆盛していく．

　このような剣術の隆盛と，平安遷都1,100年記念祭の気運に乗り，当時，京都府の収税長であった鳥海弘毅の発案で，平安神宮設立記念と併せて，武徳殿の建設と武徳祭ならびに演武大会を催す案が企画されるが，結果的には見送られる．

　しかし，日清戦争の勝利により，国民の間に尚武の気運が一段と高まり，この案の発起人総代を京都府知事・渡邊千秋とすることで，設立案が採用された．

3．大日本武徳会設立

　このような経過を経て，日本の伝統的精神である武士道の伝承により，武道の普及をめざした大日本武徳会が設立される．

　大日本武徳会の活動は，設立当初から大団体で会員数ならびに活動も盛んであったと思われがちであるが，実際には会員数も少なく，京都府の警察官と民間の有志のみで稽古をしていたとされている．

　そこで，大日本武徳会がまず最初に着手した事業は，全国に武術講習会を開催することにより，武術を普及させることであった．

　設立当初から1900（明治33）年3月までの会員数は26万1,567人であったが，この後の1900（明治33）年から1904（明治37）年には，北清事件の影響などによって82万5,305人となり，約56万人もの増加が見られる．さらに，2年後の1906（明治39）年には，日露戦争の影響などで112万1,925人と大幅に増加している．

　このように，設立当初の大日本武徳会の会員数は，日清戦争・北清事件・日露戦争という戦勝の気運が剣術の普及に影響したといえよう．

　全国各支部の剣術講習会の内容は，試合の勝ち負けにこだわることを許さず，

勝ち負けよりも「徳」や「心気」を錬り，武士道精神の伝道をめざすことを重要視し，技の稽古らしきものは見ることができない．対人の「地稽古」が中心で，系統化された技を重要視しておらず，「切り返し」の練習により，剣道の基本的技術を修養し，その基本的技術を「地稽古」に活かし修得していくという教授法であった．

創立当初の大日本武徳会は，講習会などを開催し，剣術の必要性に重点を置き，剣術の普及や伝播，PRによって会員を増やすという会員集めの一環として行なっていたと考えられる．

4. 武術教員養成所（後の武道専門学校）の教授法

大日本武徳会が設立され，会員も増加したものの，明治維新後の廃刀令の影響はいまだ残っており，剣術の指導者が絶対的に不足していた時代であった．そこで，大日本武徳会は剣術を普及させるために，剣術の講習会を全国各地で開催しようとして全国に大日本武徳会支部を設立し，さらに，各支部に剣術教員を送り出すために，1905（明治38）年に「武術教員養成所」を設立する．

教員養成所で行なわれていた教授法，後の武道専門学校でもそうであったが，そこで重視されていたのは，「体当たり」「切り返し」である．系統化された技を重要視せず，「切り返し」「地稽古」が主に行なわれていた．つまり，「切り返し」の練習により，剣道の基本的技術を修養し，「地稽古」にその基本的技術を活かし修得していくという教授法であった．

「地稽古」では，旺盛なる「攻撃精神」で今までの基本練習を活用して真剣勝負の気持ちで行なうと，気力の養成や精神の修養ができるとされた．さらに，「地稽古」「打ち込み」の最中に「組み打ち」や「足搦み」などが行なわれていた．この「組み打ち」では，自分が竹刀を打ち落とされた場合に相手に打たれないように相手の懐にすぐ飛びつくというように実戦が想定された（さらに「相撲」も重視された）．

このように，「切り返し」「打ち込み」などの基本を行なうだけで剣道は上達するという考え方が根強く，実戦を想定した動作によって，「忍耐力」「克己心」などの精神と技術をともに鍛えていくというような，修行的要素が強い内容であり，体力・精神力の向上をめざした教授法であったと考えられる．

5. 鍛錬から競技へ

 明治維新以来，陸軍はフランス式剣術を採用していたが，1891（明治24）年には，それが日本の国民性に合わなかったため，新たに，陸軍が独自の実戦剣道を研究するようになった．そして，1894（明治27）年には陸軍戸山学校独自の剣術が形づくられていく．

 その後，太平洋戦争勃発後の1942（昭和17）年には，大日本武徳会は民間団体から政府の外郭団体に組み込まれ，武道の普及を志した大日本武徳会の目的は，国民意識や戦闘意識の高揚へと変質していくことになる．この時代の剣道の教授法は，陸軍戸山学校の主張が力を得て，たとえば，竹刀は日本刀と同じ長さの3尺6寸になり，盛んに試し切りを行なうといった実戦的な技術が剣道に採り入れられた．これが，いわゆる「戦技武道」といわれるものである．

 遡って，1913（大正2）年には東京高等師範学校に体操専修科などが設置され，剣道が指導されるようになった．その後，1931（昭和6）年には，本格的に剣道が中等学校の体操科に正科として編入されることになった（後述）．

 しかし，大日本武徳会が設立され東京高等師範学校に体操専修科が設置されてからも，時代の流れとともに剣道の姿が少しずつ変化していくようになる．たとえば，それまでの剣道の稽古は，基本技の反復練習を中心とした「鍛錬」を重視していたが，剣道の正科編入により技が多彩になったり，1928（昭和3）年，全日本学生剣道連盟の発足によって，剣道の優勝試合や対抗試合が全国で盛んに行なわれるようになった．これによって，勝利を目的とした「競技性」の強い剣道へと変化していった．

6. 正科編入運動

 すでに述べたとおり，明治10年代より，極端な欧化思想への反省や西南戦争での警視庁抜刀隊の活躍などがあって，警察で剣道を必修として採用したことから，剣道を復活させようという気運が高まってきた．この気運は次第に学校にも広まり，大学をはじめ，高等学校や中等学校などでも，課外授業や随意科といった形で実施されるようになる．

 また，1895（明治28）年に小沢一郎（武徳会茨城支部幹事兼常任員）や柴田克

己（武徳会長野支部委員），1905（明治38）年に星野仙蔵（衆議院議員・武徳会剣道教士名誉会員）や小沢愛次郎（衆議院議員・剣道教士）などが正科編入の要望を出す．これが引き金となって，武道を学校の正科とするために，帝国議会衆議院議事で「体育に関する建議案」が可決され，正課編入のための調査・研究を行なうようになる．この当時，なかなか正科にならなかった原因の一つである怪我の防止，教師の不足，予算等の問題をも考慮した内容であった．

　星野仙蔵の「練膽操術（れんたんそうじゅつ）」の案は，従来の防具を着けて稽古を行なうのではなく，まず，中等学校の1，2，3年生には制服のまま木刀一本で教師の号令により剣術の「形」を練習するという方法であった．さらに，従来，主流であった試合を1，2，3年生には採り入れず，体が馴れ，気力が充実してきた4年生程度から防具を着けて「試合」や技を教えるという形式になっている．

　また，議事のなかで星野仙蔵は，「形」を小学校の1，2，3年生から実行することで効果があると述べている．さらに，単に剣術の技術の向上ではなく，武士道を中心とした日本精神の伝統性，または戦場での精神力向上の必要性から正科編入を要望している．加えて，剣術を心得ることで，実戦の場で一般人より進退の駆け引きなどが優れているということを強調しており，剣術が戦争にも役立つものであるとアピールしている．

　一方，各流派の「形」を大日本武徳会において一つにまとめさせ，その「形」を全国に普及させ，実施するという方針が採られた．

　こういう経過を経て，正科編入運動の結果，剣術・柔術は1911（明治44）年の文部省令第二六号で「体操ハ教練及体操ヲ授クヘシ又撃剣及柔術ヲ加エルコトヲ得」となり，正科に加えてもよいということになった．

　さらに，剣道が中等学校の準正科となることを見越して，東京高等師範学校において文部省主催の撃剣・柔術講習会が開催される．東京高等師範学校においては，剣道の教授法を一つにまとめるために，剣道形や一人の教師が多くの生徒を指導するための「団体教授法」などが考案された．

　しかし，1895（明治28）年から1911（明治44）年にかけては，いまだ剣術の教授方法が確立されておらず，一人の教師が何校もの多くの学校を担当し，20人から80人くらいの多人数の生徒を指導する状況で，基礎がしっかり教授されておらず，乱暴に竹刀を振り回す者や力任せで打ち込む者が続出し，怪我人が絶えなかった．

これを契機に，剣術教員の養成が急がれ，1913（大正 2）年には東京高等師範学校に体操専修科が設立され，大日本武徳会武道専門学校と並んで剣術の指導者を全国の中等学校などに送り出すようになる．

　東京高等師範学校の存在は，「中等教員撃剣講習会」の開催を文部省から委託されるなど，学校剣道界では武道専門学校よりも中心的な機関であったといえる．大日本武徳会などでも各種教授法が試みられたが，常に実戦を想定していた大日本武徳会と，教育を中心にしていた東京高等師範学校では，技に対する考え方が異なっていた．

　剣道の目的として，体力の向上，「大和魂」「忠君愛国」の涵養や社会道徳心の向上が強調された．一方，教育に必要な知育・徳育・体育を，技術・作法・理論により養成できるともされ，剣道を教育的な視点で捉える向きもあった．剣道が正科にならなかった理由として巷間に流布された「頭部を打つことで脳に損傷を与える」などの問題はなく，剣道がいたって安全であるという点が強調された．

　東京高等師範学校の教授法の特徴は，生徒の自主性に任せるという指導方針のもとに，面を着けるとすぐに試合形式の稽古いわゆる「地稽古」を 4～5 分行なうと，続けて「懸かり稽古」「打ち込み」に移り，最後に「切り返し」を行なうという内容で，1 対 1 の個人的な教授を行なっている．

　このように，東京高等師範学校の教授法は，武道専門学校のように精神修養的な，そして，どちらかといえば単調な技の連続で鍛えていくという教授法に対して，多種多様なのびのびとした技を遣い，一つ一つ細かく教授するのではなく，学生の個性を尊重して，自主性にまかせるという教育方針であったことがわかる．また，「懸かり稽古」「打ち込み」「切り返し」等は，教師が一人の学生に対して 1 対 1 で個人指導するという特徴がみられた．

　いわゆる「武専」と「東京高師」の剣道や剣術への指導方針は微妙だが，しかし大きな違いを指摘することは容易である．しかも，これに日本剣道形なる統一運動が起き，それに文部省のかかわり方が検討されるとき，「学校武道」や学生の「競技武道」の領域においても複雑な様相を帯びる．さらに，「軍隊武道」「警察武道」の領域における武道と武道精神を，日本近代の軍国主義体制下なる視点から考察する際，「学校武道」は大きな時代の波のなかに翻弄される．

むすび

　本章において，最初に大日本武徳会が設立される時代背景を概観し，大日本武徳会の活動状況と剣術の普及活動について考察した．そして，剣道が中等学校の正科となったことにより，従来の剣道にもたらした影響について考察し，あるいは，学生剣道の隆盛による学生独自の剣道連盟の発足や，学生剣道の優勝試合が剣道にもたらした影響について考察した．

　以上の視野で次に考察されるべきは，戦時体制下に入ることにより大日本武徳会が政府の外郭団体として活動しはじめ，陸軍戸山学校の主導権が剣道にどのような影響を及ぼしたのか等，太平洋戦争に向かって「学校体育」「教練」がどのように「子どもの身体運動教育」に影響したかという大命題であろう．

［堀毛　孝之］

第 2 部

学校教育としてみた武道

6章　学校教育のなかの弓道
7章　「格技から武道へ」の名称変更と体育授業
8章　アフリカの学校で武道を教える
　　　──ジンバブエでの柔道指導──
9章　戦時教育と体育教師
10章　中学剣道授業の実践教案例

6章

学校教育のなかの弓道

1. 弓道のおもしろさ・発見・体験

　一見単純で，簡単そうな弓道の一連の動作であるが，初体験すると，まずその操作のむずかしさに遭遇する．古来弓術の教えの歌（教歌）には，「すらすらと手もなきように射る射手を，下手よりこれをなんとなく見る」とある．弓道の技が未熟な，習い初めには，思うように弓具の操作のできない不甲斐なさを味わうこととなる．少しずつ慣れ，まともに矢を飛ばせるようになったら，「あたった！外れた」と一喜一憂する．

　弓道競技ではガッツポーズもしないし，いかなる状態においても喜怒哀楽，動揺が態度に表れることはよいこととはされない．しかしながら，初級者が初めて矢を的にあて大喜びしている姿は，たいへん正直な態度であり，見ていても微笑ましい．

　あたったという眼前の現象だけをとらえて喜んでいた学習者も，練習を積むに従い，弓を引く一連の運動動作の質に目が向けられ，満足に至るレベルはおのずと設定できるようになっていく．弓を引き矢を飛ばすという単純な運動のなかに内省的に価値判断をくだしていく．自己の運動を見つめられるようになり，さらにレベルアップしていくと，自己の心の働きにまで目が向いていく．

　弓の発射運動動作は単純であるだけに，的中のおもしろさに発し，技の上達を身をもって体験でき，技と心の双方の大切さに気づき，一体化の必要性を理解できるまでに到達することもできる．弓道を学ぶことにより「心と体の一体化」を体験することが可能である．

　日本において，少なくとも縄文時代には弓矢が使用されていたものと考えられている．弓は狩猟の道具として用いられ，やがて武器としても用いられた．戦国

から平和な江戸時代へと移ると，実戦の場は少なくなったが，時間的余裕が生じたことで，技や理論の研究が進んだ．また，武士の教養・修養のために武術が奨励されたことにより，弓はたいへん盛んに修練と研究が進んだ．

単に弓といっても，その時代や目的によっていろいろな形態があり，大きな流れとしては，歩射・騎射・堂射の三つがある．現在行なわれる弓道を考えていく場合，その源泉は歩射にあり，技の体系は歩射の影響を多分に受けている．

専門的になるので詳細については説明をさけるが，現代において一般社会人の行なう弓道や学校教育における弓道のあり方というものは，その目的とするところにより必ずしも同一となる必要はないであろう．

学校においては，弓道という教材を用いての学校教育が目的であり，弓道そのものの修練を目的としてはいない．この辺のところで，一般の弓道実施者・指導者と学校教育に携わる弓道指導者との考え方にギャップが生じる場合があるのではないかと考える．

2. 学校弓道の特性は

弓道の特性は何であるのか，弓道の入門書や教本には必ず掲げられている項目であるが，ここでは学校弓道という視点からあらためて考えてみた．学校弓道の特性として次のようなことがあげられる．

1) 怪我のきわめて少ない運動である

練習でも試合を行なううえでも，身体接触はなく，練習・試合による怪我の心配がきわめて少ない．

ただし，現在の弓矢といえども，飛び道具としての威力が著しく減じられているわけではないので，危険防止に関する安全教育を徹底しなければならない．

2) 体力・男女を問わず実施できる

同じ運動形式であっても，弓具の変更により運動負荷や技の難易度を容易に変更できる．競技規則においても，各自の使用する弓力の制約はない．技術と体力に応じた弓具を選択することが可能である．

社会人になり余暇を利用して弓道を継続する場合も，練習量に応じて使用弓の

選択もできる．高齢者・婦人の場合も同様で，幅広い年齢層が弓道に親しんでいることからも実証される．身体障害者にも工夫次第で危険なく実施でき，練習や試合を楽しむ方法も見いだせる．

したがって男女混成のチームも可能であるし，男女の対戦も可能である．障害者のチームへの参加や試合で対戦することにおいても，危険や困難となることは他種目と比較するときわめて少ないと考える．

3) 授業・部内においては工夫した試合が可能である

的中制・得点制など，また距離や的の工夫により，授業や部内においてはレベルに応じて工夫した試合が楽しめる．学校教育においては正規の競技規則にこだわる必要はないので，レベルに応じた練習や試合の方法をとるべきであろう．射術向上への興味を継続した状態での試合が可能である．

達成意欲を十分引き出すことのできるようなレベルが設定できれば，上級者が体験するような高い集中力や緊張状態に近いものを体験してもらうことも可能である．事実，初級弓道クラスでも，「こんなに緊張したのは生まれて初めてだった」との，少々大げさにも聞こえるような受講者の感想もある．

4) 新素材の用具（弓具）による恩恵を受けている

伝統的な弓具は竹製の弓矢であるが，新しい素材（カーボン，グラスファイバー，ジュラルミン等）を一部に用いた用具の開発は，弓具の取り扱いをたいへん容易にし，学校弓道の発展に多大な恩恵をもたらしている．竹製の弓矢はメンテナンスに専門的知識と経験が多分に必要とされる．新素材の弓具は価格面・耐久性においても学校弓道普及に大きな役割を果たしている．

具体的な数字を持ち合わせていないが，学校弓道においては100％に限りなく近い数字で新素材の弓具が用いられているであろう．

5) 態度・礼節など，行動様式も重んじた種目である

一般弓道においても，徳育的効果というものがよく論じられる．行動様式の指導においては，これまでそのように行なわれてきているからという理由だけの強制的なものではなく，その行動様式の意味を理解させながら指導していくことが必要であろう．

弓道指導にあたる者は，定められた行動様式については研修会・講習会等でよく確認しているが，形式だけでその意味や精神を伴わない指導では，教育的意味が希薄となるであろう．

この点は，学校弓道・一般弓道にかかわらず，現代弓道において指導者層への指導も十分ではない部分として指摘されるべきで，行動様式を重んじることと教育的効果・徳育的効果がいかに結びつくのか，さらなる研究を要するところであると考えている．

3. 部活動としての弓道

弓道は，身体接触を伴わず，使用する弓の強さも体力に応じて選択ができるという特性もあり，老若男女を問わず実施できるということで，幅広い年代に愛好されている．

高等学校におけるクラブ活動としても多く実施され，平成7年度調査の全国高等学校弓道部の実施状況は，実施校 1,999 校，部員数 6 万 3,583 名（男子 2 万 7,856 名，女子 3 万 5,727 名）である．地域差もあり，都道府県により実施状況は異なるが，全都道府県にわたり実施されている．少子化の影響もあり，近年，部員数はやや減少しているようであるが，実施校は平成 10 年度では 2,017 校（部員数 5 万 9,802 名）で，わずかながら増加している．

高等学校における部活動として弓道は盛んであるが，中学校においてはまだまだ発展途上にあり，実施校は少なく，都道府県による地域差はかなり大きいようである．現在，財団法人日本武道館・財団法人全日本弓道連盟の主催，文部科学省・財団法人こども未来財団・日本武道協議会の後援により，全日本少年武道錬成会が実施されている．平成 14 年度には 15 回を迎え，弓道では 96 団体，男女 337 チーム，総勢 1,238 名の中学生が集まり，日本武道館において試合錬成会を行なっている．これが唯一，全国から多数の中学生弓道家たちが参集して交流できる場となっている．

今後，さらに中学生の弓道が盛んとなることが期待されるが，施設・用具の充実，指導者の養成などが課題となろう．

4．授業としての弓道

　平成元年，高等学校学習指導要領の改訂により，格技から武道へ名称の変更がなされた．弓道も，武道として学校体育のなかで正課として取り扱えるようになった．平成6年度より学年進行をもって実施された．武道に関する項目は次のように記述している．

　　F　武道
　　（1）次の運動の技能を高め，相手の動きに対応した攻防の仕方を工夫して練習や試合ができるようにする．
　　　ア　柔道　イ　剣道
　　（2）伝統的な行動の仕方に留意して，相手を尊重し，練習や試合ができるようにする．
　　（3）禁じ技を用いないなど安全に留意して練習や試合ができるようにする．

　内容の取り扱いについての項では，「カ　Fの（1）の運動については，これらのうちから一を選択して履修できるようにすること．なお，地域や学校の実態に応じて，相撲，なぎなた，弓道などその他の武道についても履修させることができること」とあり，各学校で柔軟に選択できる幅が広がったことになるが，現実には柔道・剣道以外の「他の武道」を積極的に取り入れようとするような傾向にはない．

　高等学校における正課としての弓道実施状況をみると，きわめて少ないことがわかる．全国高等学校体育連盟弓道専門部事務局の報告によれば，平成12年度は8県13校のみが弓道を授業として実施している．必修・選択の調査はなされていないが，履修人数から推測すると必修として実施している高校は少ないものと考えられる．

　13校中3校は非常勤の教員で，13校中2校は保健体育以外の教員である．したがって，専任の保健体育教員が授業を担当しているのは13校中8校のみであり，弓道を指導できる保健体育教員の少ないことも，普及しにくい要因となっていると考えられる．

　ちなみに，指導者の弓道の段位は無段から教士7段までである．高段者である

ことは自己の射術修練経験も豊富であることが推測され，称号受有者であれば指導経験もあることが期待されるが，学校教育のなかでは段位・称号は必ずしも必要条件とはしなくてよいであろう．

弓道実施校13校のうちわけは，県立6校，市立1校，私立6校であるが，現状のようにごく少数の高校のみで弓道が実施されていることから，とくに県立高校の場合には教員の移動に伴う弊害（指導面での）も生じることが考えられる．

5．学校弓道の抱える問題点と展望

学校弓道が抱えている問題点を三つあげ，それぞれについて著者の考えるところを記してみたい．

1）施　設

学校における弓道場施設が決定的に不足しているというわけではない．弓道部をもつ多くの高校では小規模ながら専用の施設を持っている．校内に施設がない高校では公共の弓道場などを利用して活動している．しかし，弓道を授業として実施する場合には，ぜひとも校内に弓道場がほしいところであり，広さや備品を含めた設備なども授業のできる条件を備えている必要がある．

弓道場施設の性質上，他の種目との共用が難しく，弓道を実施するには専用の施設（弓道場）が必要であるとの考えが一般的であろう．外国においては，弓道場（射場・矢道・的場を合わせて弓道場と称する）の射場（弓を引く場所）を剣道や居合道など他の武道でも利用する場合があるが，日本では弓道は専用施設で実施するという考え方が強いように感じる．

日本の公共の弓道場ではアーチェリーと共用（使用日時を変えて）する施設もできているが，学校においてはほとんどが弓道専用として弓道場が位置づけられている．したがって，新たに施設をつくる場合も，弓道場のように使用目的が限られる施設よりも，多目的利用が可能な施設が優先されてしまうケースが多いであろう．

将来的には，安全で効率のよい多目的な弓道場施設の利用方法が検討されるべきであろう．学校が部活動や授業で使用し，夜間は社会人が利用できるような利用効率のよい開放弓道施設の検討も必要である．多数とはいえないまでも，実際

に開放が行なわれているケースもある．

　生徒にとっては，卒業後も同じ道場で練習することも可能で，生涯スポーツという観点からも施設開放がより進められていくことが望ましい．管理面で問題も生じやすいが，地域社会と学校のよりよいあり方の構築に向けて検討されるべきであろう．これからは「開かれた学校」の時代であり，いずれそのように開放すべき時期が訪れるのではないかと期待している．

2) 指導者

　弓道部活動指導者という観点からは，やはり不足していると言わざるを得ないであろう．全体的に見ると不足しているものの，たいへん優秀な指導者もおり，高校間における指導の格差が大きいことも問題点となろう．

　これは弓道に限ったことではなく，各種目とも同じ傾向があるが，部活動顧問の転勤に伴い，その学校の当該部の競技成績，活動が著しく衰退し，転勤先の伝統なき部が急成長し，好成績をあげるといったことはよく見聞するところである．

　実技を伴う学校弓道指導者講習会なども実施されているが，講習を受け，段位審査の受審もして，自己の技術向上をめざす部活動指導者も多くいることはよいことであろう．しかし，指導者自身の技術向上と指導資質向上は必ずしも同一には考えられないので，部活動運営方法や弓の技術指導，癖の矯正指導など，日々の指導に直結するような具体的な指導や最新の研究成果について情報交換できる研究会などが必要であると考える．

　筑波大学で実施されている弓道現職教育（公開講座）のような講座や，研究会など弓道指導の実際を学ぶことのできるプログラムが増えることが望ましい．学校弓道指導者の資質向上が，学校における弓道部活動の発展に直結するものと考える．

　次に，弓道授業における指導者の問題であるが，最大の問題は弓道を指導できる保健体育教員がほとんどいないという点にある．部活動の弓道指導者も不足してはいるが，弓道授業を担当できる体育教員の不足はまったく次元が違うほど深刻な問題である．

　これまでの高体連弓道専門部の発展は，保健体育担当教員以外の他教科担当の顧問の努力によって支えられてきたといっても過言ではない．インターハイ出場

常連校などでも，ほとんどが保健体育教員以外の優秀な弓道指導者によるものであり，弓道を指導できる保健体育教員は少なく，今後の養成が必要とされるところである．

体育系大学で弓道の専門の授業を開講しているのは，筑波大学体育専門学群，国際武道大学武道学科などで，ごく限られた大学でのみ専門的な授業が行なわれている．

したがって，保健体育担当教員で大学において弓道の専門的教育をうけた教員となるとさらに数は少なくなり，中学・高校で，地域や学校の実態に応じて，柔道・剣道以外の武道を履修させることができるといっても，弓道を授業に取り入れようとする場合，指導者の問題は大きな障害となるであろう．学校外から弓道授業担当者を探す場合も，弓道の専門的教育を受けた者を探すのは容易なことではない．

よって，専門的教育をうけた弓道指導者の養成や，それに相当する資質をもった弓道指導者の養成が望まれるところである．

3）運動量

弓道は他の運動種目との比較的見地からは，静的運動としてとらえられよう．成長発育期にある生徒の運動量の確保という観点からは，必ずしも適した運動種目としてはとらえられないであろう．

体力に応じて弓の力が選択できることは，同一運動内容であっても各自に適正な筋力運動を与えてゆくことが可能ではあるが，弓矢操作の学習初期においては，弓力の弱いもので操作やフォームの習得をしなければならない．一連の動作（1本の矢を発射）をするにも不慣れなため時間がかかり，授業などの限られた時間内での繰り返し回数もおのずと制限される．

したがって，とくに学習初期においては運動量は少なく，成長発育期にある生徒の運動としては十分とは言い難い．技術レベルがあがれば，各自の体力に応じた用具が選択できるという好都合な特性があり，運動量の確保も可能であるが，学習初期においては，弓道の技術学習のみではなく，筋力トレーニングなど他の運動要素を加えて指導してゆくことが，運動量確保の観点から必要となろう．

以上，3点のみあげたが，とくに指導者の養成と資質向上がこれからの学校弓

道発展に大きくかかわるのではないかと考える．現状を考えると，弓道の実技経験の少ない指導者であっても安全に指導することが可能なように，指導のガイドライン，マニュアルのようなものの作成も必要であろう．

　また，授業として弓道を実施している学校からの指導状況や教育的効果，問題点などの報告がほしいところである．それは，授業としての弓道のあり方を検討する材料になるであろう．教育的効果が大いに認められるならば，弓道を授業に採用する学校も増えてくると考えられるが，今のところ弓道授業実施状況に関する情報が少なく，論議する場も少ないのが現状で，指導者間の情報交換ができる場が求められるところである．

　まだまだ学校弓道は発展の途上にあり，指導者のさらなる努力と研究が求められる．学校教育のなかでの弓道指導という観点からの研究や事例報告・情報交換がなされ，指導者間で検討がなされていけば，授業・部活動を含めた学校弓道の望ましいあり方が見えてくるのではないかと考える．

〔松尾　牧則〕

● 文　献

1) 全国高等学校体育連盟弓道専門部：弓道四十年．p.303，全国高等学校体育連盟弓道専門部，1996．
2) 日本武道館編：武道 386，1999．
3) 文部省：高等学校学習指導要領解説　保健体育編．東山書房，1989．
4) 全国高等学校体育連盟弓道専門部事務局：平成12年度正課体育弓道実施校実態調査報告．

7章

「格技から武道へ」の名称変更と体育授業

　武道は，中学校および高等学校において，体育学習の中の一領域として扱われ，それまでの格技として行なわれた内容を引きついでいる．その「格技」から「武道」への名称変更については，教育現場でいろいろな議論を生んだが，ここではその背景について整理したい．

1．平成元年の指導要領から

　平成元年3月に告示された中学校学習指導要領は，昭和62年12月に教育課程審議会から文部大臣に答申された「幼稚園，小学校及び高等学校の教育課程の改善について（答申）」の趣旨を踏まえて作成されたものであった．その中で，
　①豊かな心を持ち，たくましく生きる人間の育成を図ること．
　②自ら学ぶ意欲と社会の変化に主体的に対応できる能力の育成を重視すること．
　③国民として必要とされる基礎的・基本的な内容を重視し，個性を生かす教育の充実を図ること．
　④国際理解を深め，我が国の文化と伝統を尊重する態度の育成を重視すること．
という4点が，教育課程の基準となるねらいとして提示された．
　これらを受けて保健体育科では，「生涯体育・スポーツと体力の向上を重視する観点から，生徒が自ら進んで運動に親しむ態度や能力を身につけ，心身が鍛える事ができるよう，生徒の心身の発達的特性と運動の特性との関係を考慮して内容の改善を図る」とし，「その際，中学校においては，生徒の能力，適性等に応じて適切な運動実践の方法を身につけ，各種の運動能力や運動技能を高めること

に重点を置く」として，次の4点を特記している．
① 「体操」の領域については，体力を高めるための運動の学習が一層効果的に行われるよう内容を改善すること．
② 「格技」の領域については，名称を「武道」に改め，我が国固有の文化としての特性を生かした指導ができるようにすること．
③ 自然とのかかわりを深めるという観点から，地域や学校の実情に応じ，スキー等を積極的に取り扱うなどの改善を図ること．
④ 集団行動については，基本的な行動様式を重視し，その取り扱いについては，各運動領域において一層効果的に指導できるようにすること．

この中にある国際理解については，当時の国際情勢である男女共同参画型社会を鑑み，体育の学習で男女共習が導入された．そして，我が国の文化と伝統の側面からは，名称が「武道」に改められた．保健体育にとってこの2点は，平成という新しい時代の幕開けに出された指導要領の中では，もっとも特筆すべき内容であった．

1) 名称変更の背景

もともと「格技」という名称は，戦後の武道教育に対する外圧から，昭和33年以降学習指導要領の一運動領域の名称として用いられてきた．これは，戦前の「武道」という学習内容を，学校現場に残すための苦肉の策として，改名せざるをえなかったという方が適切であろう．

またこの名称は，運動の特性からみて，対人的に格闘する競技の総称として理解できると同時に，日本独特の文化を含んでいないボクシングやレスリングをも含めてしまう名称でもある．一方，「武道」は時代の変化から，国際的にも日本の伝統的な運動文化として広く理解されてきている．さらに，日本にその「武道」を学びたいと留学してくる人々も少なくない．また，国内においても「格技」より「武道」という名称の方が一般的に使われているという社会的状況からも武道を用いる方が適切であると捉えられていた．

2．武道とその精神性

けれどもここで「武術」などという名称でなく，「武道」とした背景には，日本

古来の「道」という精神性について無視することができなかったためであろう．この精神性の部分は，技術体系などと違い，視覚的に明確に判定することが困難な部分を含んでおり，そこに独自なものの考え方や行動様式が含まれている．

したがって，その行動様式，特には「礼」については，ことのほか厳密に行なう必要があり，重要な学習内容となりうる．それは，ただ単に試合前後の挨拶をきちんとやるだけの形式的なものではなく，どんな試合結果であろうとも受け止め，高ぶっている自分をコントロールして，対戦した相手を尊重する「礼」ができるということである．

体育の学習の中で大切にしたいのは，相対する敵と味方の関係ではなく，この試合をするのに欠くことができない学びのパートナーとしての相手の尊重である．この気持ちを持続させないと，身体的な痛みをも伴う武道の学習において，自己中心的で粗雑な行動様式を助長しかねない．さらに，審判の判定に対して受容できる心．これは，シドニーオリンピックでの無差別級男子の篠原選手が，判定に対する複雑な思いを持っていたにしろ，「自分の力不足であった」とコメントしたことからも窺い知ることができる．

3．男女共習について

それまでの中学校での体育授業は，同学年の2クラスが，男女別に分かれて授業学級を形成するという男女別習が一般的であった．それは，第2次性徴の真只中で，体力差や性差が明確となり，ことさら異性を意識する時期でもあり，至極当然のように行なわれていたものである．

しかし，前述のように男女共習が導入されるにつけ，男女が一緒に活動して大丈夫なのかという不安を抱きつつも，その可能性について研究は進められた．男女共習でも差し支えのない種目，例えば，身体接触の心配のないネット型のバレーボールやバドミントン，卓球などから，どんどん実践化が進んでいった．

ところが，武道に関しては，男女で学習するのがもっとも困難な種目として考えられており，あえて男女共習での取り組みはしないという学校は多かった．けれども，男女共習が進む中で，武道での男女共習の問題は避けては通れない問題となっている．

4. 高等学校での扱い

　平成元年度版の高等学校学習指導要領では，A体操，B器械運動，C陸上競技，D水泳，E球技，F武道，Gダンス，H体育理論と，八つの運動領域の中に「武道」が，位置づいていた．その中で，「武道は，武技，武術などから発生した我が国固有の文化としての伝統的な行動の仕方が重視される運動で，相手の動きに対応した攻防ができるようにする事をねらいとし，自己の能力に応じた課題の達成に取り組んだり，競争したりする運動である．また，礼儀作法を尊重して，練習や試合ができる事を重視する運動である．したがって，武道では，相手の動きや技に対して攻防する技を習得した喜びを味わう事ができるようにするとともに，武道に対する伝統的な考え方を理解し，それに基づく行動の仕方を身につける事が大切である」としている．

　技能に関する内容としては「ア柔道　イ剣道の二種目を挙げ，相手の動きに対応した攻防の仕方を工夫して練習や試合ができるようにする．」としている．

　さらに，各領域の内容の取り扱いでは「柔道・剣道のうちから一種目を選択して履修できるようにする事．なお，地域や学校の実態に応じて，相撲，なぎなた，弓道などその他の武道についても履修させる事ができること」としている．

　これらは平成11年3月告示の学習指導要領においても表現の違いこそあれ，内容に大きな変更は見られない．

5. これまでの実践研究から

　これまでささやかな実践を積み重ね，明らかになってきた武道学習の問題点について述べたい．

1) 特性に触れるまでに時間がかかる

　武道（ここでは，剣道と柔道に限定する）は，中学校で初めて学習する運動領域であるため，運動の特性に触れるまで準備を要する．その特性とは，習得した技を駆使し，相手から一本取得できた，また勝利できた喜びという機能的な面を中心に考えている．また準備では，柔道着や剣道具が一人で手早くつけられるのにも何度か練習をしなければならないし，試合前に必要な基本動作や対人技能な

どは，かなりの時間を割かなければならない．

2）学年ごとの学習の様子と男女共習

　中学校の剣道では，学年ごとの大まかな学習内容を次のように考えている．1年生での対人技能習得から，試合稽古や，簡単なルールでの試合を行なう．2年生では，個人戦で多くの相手と対戦していく中で，自分の特徴（得意技）に気づき高める学習をする．3年生では，団体戦で相手チームの特徴を掴み，自分のチームの作戦を立てる学習をする．

　同様に柔道でも，1年生では，受け身を含む対人技能から約束稽古と簡単なルールでの試合を行なう．2年生では個人戦，3年生では団体戦と大まかに学習内容を考えている．このような流れの中で，1年生全員に共通に身に付けさせるべき基本的内容については，男女共習でもさして問題はなかった．むしろ，うまく紐が結べない男子を女子が手伝う姿も見られた．そのように意図的に男女混合のグループで学習を進めれば，互いに支え合い教え合う場面が生まれてくることも期待できる．むしろ，女子同士よりも，男子が相手だと気兼ねなく思い切りできて楽しいという女子もいる．理由を尋ねてみたところ，女子は終わってから「あの人は遠慮しないでやるからムカツク」と影でいろいろ言われることが多いからである．けれども，男女の人間関係がうまくいっていない学習集団（学級）では，全く活動にならないこともある．ある意味その学習集団が健全であるかどうかは，男女共習の様子で掴めることがある．ただ，男女差を考慮した授業展開は必要であり，剣道の場合，女子の打突が若干弱くても一本とするなど，ルール上の工夫をしなければならない．

　また，3年生の柔道団体戦の学習では，先鋒と次鋒に限って，チーム内の体重の軽い方から組んだり，女子を入れるということで，軽量級の男子と女子の対戦を仕組んだ所，女子が勝利し盛り上がるという場面も見られた．負けた男子にとっては屈辱的であったろうが，勝った女子は自信に満ち，満面の笑みを浮かべていた．ここでは，性差より個人差が如実に表れ，男女の体力差よりも，精神面での男女共習の弊害の大きさを改めて認識した．

　同様に剣道の学習でも，男子の一本に結びつかないような乱暴な打ちをなくせば，男女での対戦も容易になる．それは女子でも，男子の打突のタイミングに自分の竹刀を合わせ凌ぐという冷静さと，技術を身につけさせることで，精神

的な壁は取り除かれる．これらのことからも男女別での学習が，思い切り力を出し切って活動するというための必須条件でないことがいえる．その学習集団（生徒の実態）により柔軟に対応していくことが，一人でも多くの生徒が精一杯活動し，次の時間も意欲的に頑張りたいという武道の学習に結びつくのであると思われる．

3）授業充実のために

　学校現場の中でも，武道の指導を苦手にしている体育の先生方の話はよく耳にする．それは，わが国固有の文化としての武道の特性が，精神的な部分を欠くことができず，指導の難しさを感じているからと推察される．高等学校での武道を専門とする先生が授業を担当するのであれば問題はないが，中学校の場合は，武道をほとんど経験したことがなく，武道の授業を担当するという先生も少なくない．これに関しては，文部省（現在文部科学省）も柔道，剣道等の指導に堪能な民間の指導者を学校体育実技協力者に委嘱して派遣する事業を昭和54年から実施したり，体育担当教員に対し，柔道，剣道の段位取得を促進するための学校体育実技（武道）認定講習会を昭和55年から実施している．また，同省では武道指導推進校として，3ヵ年にわたる長期的な実践のつみかさねから，指導のあり方について研究を深める事業も推進している．

　このような外部の指導力を有機的に利用したり，指導者の力量を様々な研究会に参加する中で高めていくことが必要と思われる．著者の勤務したことのある中学校の体育館では，社会体育で，夜間，空手道を行なっている団体がある．連盟にも登録している団体なので，大会にも参加し，段位取得をめざしている人が多いようだが，以前には見られない傾向に気がついた．それは，未就学児が多いことである．自分で帯も満足に結べない子どもたちが，母親に連れられ稽古に参加している．以前ならば，学校に入って泳げないとかわいそうなので，競ってスイミングスクールに入れていた母親たちも，今は武道なのだそうだ．師範代に伺ったところ，空手教室に通わせている親は，空手がうまくなることよりも，そこでの厳しいしつけを期待しているとのこと．したがって，空手の先生というよりも，礼儀作法の先生としての指導の割合がはるかに多いと嘆いておられた．「武道」を通しての人間形成に期待するところが大きいのは，学校体育だけではないのである．

以前，著者・小出の勤務する中学校にいたイギリス人のAET（Assistant English Teacher）は，「古武道体術」という「武道」から日本の文化に興味を持った．そして，任期が切れた現在も，もっと深く「体術」を学ぶため，日本で就職し生活している．その後イギリスから来た彼の後輩のAETも，現在同じように「体術」を学んでいる．柔道のチャンピオンを夢見る留学生は学生時代に多く見てきたが，日本の武道を理解するために訪れる外国人がいるということは，著者に武道の価値を再認識させてくれた．そして，彼らが共通して口にするのは，「日本の文化や武道の教えはすばらしい」ということである．はたして，体育の授業で武道を学習した生徒に，日本の武道や，その背景にある日本の文化がすばらしいと語れる生徒が何人いるであろうか．格技でなく武道を指導できているか，改めて自分の授業を振り返りたい．

〔大道　等・小出　高義〕

● 文　献
1）文部省：高等学校学習指導要領解説　保健体育編　体育編．東山書房，1988．
2）文部省：中学校指導書　保健体育編．大日本図書株式会社，1988．
3）文部省：学校体育実技指導資料第2集　柔道指導の手引(改訂版)．東山書房，1993．
4）大道　等：明治の体育教材における武道と体操の拮抗性．国際武道大学紀要16号，2000．
5）杉山重利：格技と武道．シュパース中学校体育・スポーツ教育実践講座第10巻　技をみがき試合を楽しむ武道の授業，pp.224-226，1998．

8章

アフリカの学校で武道を教える
——ジンバブエでの柔道指導——

1. アフリカと柔道と私

　1992年7月，著者は南部アフリカのジンバブエ共和国に青年海外協力隊の体育隊員として，首都ハラレにある政府立のチャーチル・ボーイズ・ハイスクールに赴任した．1994年4月からはガールズ・ハイスクール・ハラレに転任し，1995年10月まで協力隊活動を行なった．配属された学校では，男子校と女子校の違いはあるものの，午前中に体育の授業，午後からクラブ活動の指導が主な活動内容である．

　著者がジンバブエでの柔道指導にかかわったのは，当時の青年海外協力隊ジンバブエ事務所調整員だった佐々木法水氏に依頼され，学生レベルでの柔道指導とその普及活動をお手伝いするようになったことがきっかけである．佐々木氏は，1979年頃からジンバブエに移住して柔道指導にたずさわり，1990年までに男子78kg級と女子56kg級でアフリカチャンピオンを育てた方である．それに比べて著者の柔道の経歴は，大学時代に必修講義であった柔道の授業を受けただけで，とりあえず2年間講義を受けたので昇段審査を受けて初段をいただいた程度であった．

2. ジンバブエで柔道を教える

　両校でクラブ活動としての柔道部を立ちあげた著者は，生徒の勧誘を行なうため，全校集会で柔道を始めていた数人の生徒たちとステージに立ち，受け身や投げ技を披露した．これまで日本文化，あるいは武道に触れる機会がきわめて少なかった生徒たちは，かろうじて空手を知っている程度で，その知識たるや香港

映画のカンフーと混同していた．その生徒たちが柔道の投げ技を目の当たりにして拍手喝采である．おかげで，クラブ活動では予想をはるかに超える新たな入部希望者がやってきた．柔道に興味を持った理由を生徒たちに聞いてみると，強くなりたいから，カッコイイから，目立ちたいから，異文化（日本文化）に興味があったから，日本人の著者に興味があったからなどさまざまであった．

柔道の練習は放課後に週2回2時間程度と，学校近くのスポーツクラブで週2回2時間程度行なっていた．練習は，準備体操から始まって，受け身・打ち込み・寝技・立ち技・乱取り・整理体操といったものが主な内容である．もちろん，ウェイトトレーニングや綱登り，ランニングといった体力トレーニングも行なった．しかし，試合経験がない著者は，基本動作や寝技・投げ技の指導はできても，乱取りや動きのなかでの技の掛け方といった指導は行なえない．佐々木氏の指導を仰ぐとともに，柔道の指導書を読みながら試行錯誤する毎日であった．

学校のクラブ活動ではアフリカ人（黒人）の生徒が，スポーツクラブでは，アフリカ人，非アフリカ人（白人），カラード（混血人）が練習に参加し，柔道を行なううえでは人種差別など皆無のように思われた．

図8-1　ジンバブエの位置

3. 文化としての柔道

一方，日本の文化として柔道に興味を持った生徒がいた．彼らは真っ白な柔道着を帯で締め，正座をして礼をするという，何だかエキゾチックな雰囲気を楽しんでおり，校内で著者の顔を見つけると，「ちわっ」といってお辞儀をする生徒たちが増えていった．これと同じような話を，第12回世界柔道選手権覇者・柏崎克彦氏（国際武道大学教授）から聞く機会があった．それは，「外国に行くと，子どもたちが頭を下げて礼をするのが好きなのです．それは，きっと日本人がダンスを習うときにフランス語を使いたがるような，ちょっとしたエリート意識と

図8-2　ガールズ・ハイスクールの柔道選手と著者

いうか，ちょっとした満足感のようなものでしょう．つまり外国の子どもたちにとっては，礼をした瞬間に"異文化に触れている"といった，東洋の神秘を感じている一瞬なのかもしれません」という内容であった．

　なかにはおもしろいことをいう生徒もいた．彼女にいわせると，柔道はとても非日常的な運動であるらしい．物を投げたり，石ころを蹴ったりするのは，誰から教えられるでもなく始めるが，人を投げる，人を押え込むといった行為は，日常生活のなかでは考えられないことだと話す．確かにそのとおりである．ジンバブエの歴史のなかでは，女性が格闘技を行なうという習慣はない．人を投げる，押え込む，あるいは殴るといった格闘技系の競技には，レスリングやボクシングがあるが，1993年当時，オリンピックの女子種目として存在するのは柔道だけである．その意味でも，ジンバブエの女性が始めやすい競技であったはずである．武士の営みであった柔術が，身体運動の文化として現在にまで伝えられ，女性にも開放されたことを考えると，柔道は立派な日本文化の一つであると痛感する．

4．異文化を伝えるむずかしさ

　文化としての柔道とは何であろうか．『広辞苑』によれば，「文化」とは，衣食住をはじめ技術・学問・芸術・道徳・宗教・政治など生活形式の様式と内容と記してある．また西洋では，「文明」とは人間の技術的・物質的所産，「文化」とは宗教・道徳・学問・芸術といった精神的・思想的所産と区別するニュアンスが

強いとある．すると，文明である技術や物質はスタイルや内容の差はあっても現実に目に見えるものであり，すべての人にとって共通の理解や認識が得られやすいと考えることができる．柔道でいうと内股や袈裟固めといった技術や試合規則をさすことになる．一方，文化である思想や宗教・道徳は，行為として視覚的に存在しても，その行為を引き起こす思いや考え方はどのように伝わるのであろうか．それは柔道でいうと，「精力善用」「自他共栄」「柔よく剛を制す」といったことであろう．

　これをふまえて，著者が柔道を指導していたときを回想してみると，まず投げ技や固め技といった技術的な面は必ず理解し，受け入れなければ柔道は行なえない．だから，そのような柔道の文明的側面は何の障害もなく伝わる．しかし，著者がどのような考えで柔道を指導し，何を伝えたかったのか，その内容のすべては伝わっていないであろう．彼らにとってそれ自体が目に見えるものでないため，どのように理解すればよいのかわからない．ましてや，柔道の知識もほとんどなく，著者のブロークン・イングリッシュでどれほどの説明ができるであろうか．身振り手振りでの指導では，熱意は伝わっても微妙なニュアンスや正確な表現は伝わることはない．「スポーツに言葉はいらない」といわれるが，スポーツ指導に言葉は必要である．「Do like me（私の真似をしてみよう）」という言葉は，非常にあいまいな表現である．著者はいつも何か説明するときに，"とりあえず通じているからいいや"と最後の詰めを妥協していたように思う．

5．異文化を受け入れる

　柔道を文化としてとらえた場合，著者は海外における柔道指導のむずかしさを意外なことで知ることになった．それは，著者自身が日本文化についての知識を持っていなかったことである．「なぜ，試合前にお辞儀をするのか」「なぜ，柔道着は左を前にして着るのか」「立ち礼と座礼は何が違うのか」．このような疑問が柔道を始めた生徒たちから湯水のように湧きあがってくる．日頃，無意識にお辞儀をするといった行為は，日本において習慣化していったものである．しかし，なぜ，日本人のあいさつがお辞儀なのか理解している日本人がどれほどいるであろうか．また，もしも著者が日本文化の知識を持ちあわせていても，異なった社会に生活するアフリカ人に，どれほどのことを理解してもらえたであろうか．

著者は協力隊活動を通して，異文化社会で生活するコツを「理解と受け入れ」という言葉であらわしている．つまり，異文化社会に生きようとしたとき，

①その物事を理解できるから，受け入れる．
②その物事が理解できないけれど，受け入れる．
③その物事を理解できるが，受け入れられない．
④その物事が理解できないので，受け入れられない．

という四つの選択肢から，自らの言動を決定するのである．その最も理想的選択が①であろう．異文化社会で生活する場合，知的レベルが高ければ高いほど，①を選択しその環境になじもうとする．しかし，①に固執するあまり，異文化社会に不適応になる場合が多くみられる．限られた時間のなかで，多くの異なった文化や習慣を一つ一つ理解していくのは大変である．それよりも，異文化不適応を回避するためには②をうまく選択し，子どもが"何だかわからないけどそうする"ように生活する方が，異なった環境に適応するのは早い．

このように考えると，ジンバブエの生徒たちは柔道という異文化に接したとき，まず①の選択を行なった．そして，著者に「何で柔道着は左が前なのか」や「なぜ，礼をするのか」という質問を投げかけた．しかし著者が，「それがマナーだから」「それがルールだから」と説明すると，彼らは柔道を続けるために②の選択をせざるを得なくなる．

ちなみに，著者が帰国後に調べた限りでは，武道における礼の重要性は，格闘技においては激しい闘争性が要求される反面，道場が相互肯定の精神によってのみ成立するため，その精神性の具体化が礼という形で表現され，その背後には，仁・義・孝・忠・誠・信といった徳目の実践という儒教的理念があるという．また，このような礼法は，江戸時代に武士の礼法として一般化し，その武士的な礼法がしだいに町人や農民の上層部に影響を与えていった．しかし，なぜ，日本人のあいさつや礼法がお辞儀から始まるのかはまだわからない．

6. 宗教と柔道

著者は，礼儀や作法という面から柔道の持つ文化的要素の一つとして，精神性を生徒たちに教えようと試みたときがあった．しかし，著者ができた話といえば「精力善用」「自他共栄」「柔よく剛を制す」だけだったように思う．著者には言

図8-3　アレキサンダー・スポーツ・クラブでの稽古

葉の表面的な意味は伝えることができても，柔道の精神性を教えるにはあまりにも勉強不足であった．

　しかし，その精神性を礼儀や作法として，モラルや道徳といった内容で教えることはできなかったであろうか．そこで思い出すのが，新渡戸稲造とド・ラブレーの宗教についての会話である．ラブレーの「あなたの国では，学校で宗教教育がないのですか」という問いに，新渡戸が「ありません」と答えると，ラブレーが「どのようにして道徳教育を授けるのですか」と驚いたという話がある．そして，新渡戸が道徳教育は学校で学んだものではなく，彼の道徳心は武士道から学んだものであったと見出し，彼は『武士道』を記した．

　ジンバブエの主要宗教はその大半が土着宗教である．しかし，都市部におけるキリスト教の普及はかなり進んでいる．多くの学校においても，集会の最後には賛美歌を歌い神に祈りをささげる．学校では，宗教教育や社会教育といった教科で道徳が教えられている．また，衛生や健康といった内容も社会教育や科学，理科の授業で行なう．つまり，体育の授業では，道徳や健康といった内容を講義することは求められていないように感じられた．ましてや，課外活動の柔道部で武道の精神性や思想を教えることを期待されることはなかった．

　宗教上の理由で母親から柔道を辞めるように説得された学生がいた．内村鑑三や植村正久はキリスト教と武士道の精神的共通性をそれぞれの著で説いていたが，このように柔道が格闘技という理由で身体運動の文化として否定されることは，ジンバブエだけに限った話ではない．これは著者にはどうしようもないことである．まさに，異文化社会に生きる②の選択をせざるを得ないわけである．

7. ジンバブエで学んだこと

　これまで，異文化社会における文化としての柔道について述べてきた．言い換えれば，国際社会における武道といってもよいであろう．現在，武道の国際化についてさまざまな問題が取りあげられているが，多くの場合は異文化理解とその受け入れといった内容が焦点である．

　著者は青年海外協力隊の経験から，柔道に身体運動文化と精神文化の側面があることを知り，身体運動文化としての柔道の伝えやすさ，精神文化としての柔道の伝えにくさを理解した．また，そのような日本文化としての柔道を受け入れてくれる環境が，整っている国ばかりだとは必ずしも限らないことも知った．そして最も重要なことは，日本人の著者が日本文化の知識を全く持っていないことである．

　"国際社会に生きる"や"日本の国際化"といった始まりは，何も近代科学技術を誇示するばかりではないように思われる．それこそ日本文化を伝えることで日本の立場を確固たるものにすることが，国際化の第一歩なのかもしれない．その一手段が武道であってもかまわないであろう．そのためには，身体運動文化ばかりではなく，訪れた国の言葉で日本の精神文化を説明することが最低限の礼儀かもしれない．武道の国際化の問題にしても，"理解させられないけれど受け入れさせる"ことをしてきた日本人の責任である．そのような意味で，著者に日本人を強く意識させてくれたのがジンバブエであった．

　そして今，改めて学習指導要領の武道の項に書かれている「伝統的な行動の仕方に留意」とはどういうことなのか，問うてみたい．

[木村　寿一]

● 文　献
1) 松前重義編：武道思想の探求．東海大学出版会，1987．
2) 新村　出編：広辞苑．岩波書店，1998．
3) 二木謙一，入江康平，加藤　寛編：日本史小百科〈武道〉．東京堂出版，1994．
4) 下中　弘編：世界大百科事典11．平凡社，1988．

9章

戦時教育と体育教師

1．年端も行かぬ子どもが武器を持つ

　2001年9月11日に起きた米国テロ事件が惹き起こす余波は，連日TVニュースで放送されている．とくに衛星放送が伝える戦時下の学校教育の現実は，日本の太平洋戦争前夜のそれをむしろ再現しているようにすら見える．「鬼畜米英！」と罵る大人の声は，学童にそのまま乗り移る．いまだ声変わりしていない子どもが，街頭で「テロ国家米国，聖戦，神のために死のう！」というキーワードを上手につなげて煽動演説を大人にしている．その学童は毎日暗記させられている聖典と同様に，学校で教師から教わった文言をただまねて発声しているだけだという．自国を空爆する国家を敵視して，一部の集団は少年少女に武器を持たせた戦闘訓練もしている．国策と国民の間には学校があり，武器と児童の間にはそれを手渡す教師がいる．

2．'86年にソウルで見た教練

　ソウル・オリンピック前のソウルの街角で，日本の中学生低学年に当たる生徒の一群が，学校の校庭で銃剣の木製模型を持って明らかな軍事訓練を行なっていた．日本の戦時中に配属将校が指導していた教練とはこういうものか，と目を皿にして眺めた記憶がある．韓国・北朝鮮に縁を持つ人々に，その仮想敵国や標的の模様，学校内でそれは必修か否か，体育の授業との関連，それがなされていた時期等，尋ねてはみるが総じて明確な答えは返ってこない（また深く追及する気も著者にはない）．しかし，ひとたび著者がその銃剣をテニスラケットを渡すように任務時間内に手渡す立場になった場合を想定すると，自身の言動がどのよう

なものになるか，全く想像ができない．それを拒否する，つまり退職することがあるだろうか．あるいは，命と体と名誉を張って戦争拒否の態度表明をできるであろうか．少なくとも教師として，生徒側・学生側に何と説明するであろうか．

3. 老数学教師の戦時体験

著者・大道は昭和46年に高校を卒業した．東京大学の入学試験が中止されるほどに学生運動が激烈であった頃に，高校生であった．時の教師は，社会問題の議論に高校生とともに参加すると，よい先生，そうでない先生は打倒の対象……というような雰囲気が高校生の間にはあった．当時，定年間際でも大声がコワイ白髪の某数学教師は，授業中に突然「戦争が悪いことなど当たり前じゃろ．ベトナムがどうのと，分かり切ったことを聞くんじゃねえ．ワシは中国で何人も人を殺してきた．銃剣で敵を刺すと，相手は銃剣の剣を両手でつかんでこっちが抜くと指がポロポロ落ちていくんだ．ワシはそういうこと経験してきたんじゃ」と問わず語りを短くして，受験数学の解説をいつもと同じ熱っぽさで始められた．説得力が妙にあったが，著者にはそれを踏襲すべき戦争体験がない．

4. 空手は坂道の土の上で

某教育学事典で「格技」と「武道」の定義をせねばならない立場になった15年前，関連文献を調べ始めた頃にずいぶんと驚く文書に出くわした．敗戦色の濃い太平洋戦争末期に発令された厚生省の指示に「空手は裸足で室内でやるのではなく，山道のような坂道で靴を履いて練習せよ」という主旨のものがある．

陸軍省でも文部省でもなく厚生省が，竹槍もなくなった一般人に，米海兵隊が千葉の九十九里か宮崎の日向に上陸してきたことを想定しての軍事訓練の方法を司令している．千葉県で教師の妻であった著者の母は，米軍本土上陸に際して自殺用の青酸カリはもちろん竹槍も与えられず，与えられたのは米兵が強姦の挙に及ぶであろうという情報だけであった．

5. 言葉遣い

　中学1年生の娘から「日本は大陸を侵略した」という言葉を聴いて唖然とした．参考書や教科書に書いてあると平然と答える．こうも教科書の記述は子どもたちに素早く反応するものかと，教師ながら驚いたのである．30年前の著者の教科書には「進出」とあったことを，記憶はしている．

　1970年代に初めて欧州に長期滞在した著者の恩師の一人は，そこで昭和天皇夫妻の訪欧に接したのはよいが，オランダあるいはイギリスにおいて目の前で日の丸が焼き払われる風景に立ち会った．だからというわけではないが，その世代の「日本は東南アジアを解放したのだ」という語りに接した際も，やはり少々驚いた．

　明治生まれで戦前は小学校教員でもあった著者の父は，その種の話を一切しなかった．英語の教員であったのにもかかわらずか，英語の教員であったからか，は不明である．著者は学生に対する講義では必ず，外国語を使うことが不得手でも仕方ないだろうが，その種の言葉遣いや歴史的事実に厳密であってほしいという血涙の肉声が存在していることを知る努力はせねばならないと，学生諸君にいわせれば余談として大声を出している．

6. 臨界区域に座す教師

　平成元年の頃であったと記憶しているが，時の文部大臣が靖国神社のある集まりで，「ただ今，文部省指導要領において〈格技〉が〈武道〉に換わることが決定されました，と報告するや拍手が沸いた」という某武道関連雑誌の記事を読んで愕然とした．靖国神社という一種特殊な場所での出来事であったから驚いたのではなく，「武道という言葉は学校教育用語としては，昭和の40余年もの長い間認められていなかった」という事実を初めて知ったことに愕然としたのである．

　ここで学校関係者であるわれわれにとって差し迫った問題は，武道が単に国家体制との迎合・離反するといった現象なのではなく，教育教材としての武道営為は児童・生徒の学習営為に直結することである．教練がそうであったように，先祖・子孫のいつの世も，子どもたちが学校教育の時間に武器を持つ訓練をせねばならぬ事態の臨線区域にわれわれ教師がいる．

前節の「坂道で空手を」の主旨に驚いてなどいられないのが，国家・教師がなす戦時下の武道・武術指導の実際である．それは平時の者には，単なる狂気という印象で済まされるが，戦争の怖いところは，その狂気を狂気と思えなくしてしまう別の人格を，1年もあれば育成してしまうことであろう．

7．昭和11年改正学校体操教授要目

　5章では，武道が正科に含まれる運動を紹介した．その後，剣術の指導にも，学校差・時代差に微妙な変遷が見られる．剣術が準正科となることで，星野仙蔵の考案した「錬膽操術」から柳多元次郎の「剣道団体教授法案」へ，また，柳多元治郎から撃剣講習会・山本長治の「剣道基本教授要項」へと団体教授法が研究され，徐々に，その内容が確立されている．その結果，1対1の教授法から一人の教師の号令で多くの生徒に教授するという教授法になり，個人の修行から団体で行なう修行に転換されるのである．

　文部省は，1936（昭和11）年6月3日に訓令第一八号で，今までの競技的傾向の強い剣道を見直すべく，中等学校，実業学校，師範学校一部・二部に剣道および柔道を正科とし，学校教授要目を改正する．この教授要目は，文部省が当時の剣道界の中心であった大日本武徳会，東京高等師範学校などに教授要目案を依頼し，その案を参考にして作成されたものである．文部省は，勝敗にこだわる競技化した剣道を見直し，剣道を精神的涵養と体力の向上を第一と考え行なうよう指示している．

　文部省の教授要目は，武道専門学校ならびに東京高等師範学校の両校の長所を集めてつくられたものであり，両校の剣道に対する特徴が多くでている要目であるといえよう．文部省が教授要目を作成したことで，この要目を模範にし，東京高等師範学校，武道専門学校関係などの剣道教士によって剣道教科書が作成され，両校の長所を集めた剣道の考え方や教授法が全国の学校へと伝わっていくのである．

　さらに時を経て，體錬科武道の実施が1939（昭和14）年5月に小学校に対して発令され（準正科），その2年後の1941（昭和16）年4月には国民学校令が発令され，武道が正科として体錬科のなかに体操と並んで採り入れられた．このときに行なわれた教授法が「国民学校體錬科教授要項実施細目」である．象徴的な

ことは，この体錬科武道では，「前進」「後退」としていた号令の仕方を「前進」「後進」としている．相手を前にして「退く」ことに対する異常なこだわりに，この時代の特色が見受けられる．

8．軍隊剣道

　陸軍戸山学校で教授されていた剣術は，殺傷を目的とした技術，死を恐れない胆力や気力の養成を目的としていた．また，屋外，夜間という実戦を想定した条件のもとで，相手にも礼儀を持って相対するのではなく，相手を真の攻撃の的と観念し，一撃一突で倒すことを考慮して行なわれていた．

　陸軍戸山学校は旧陸軍の将校養成所であった．陸軍の剣術は，まず1870（明治3）年10月2日に新政府が陸軍兵式の改正を全国に布告し，以来，陸軍はフランス式を採用し，剣術においても1875（明治8）年以来フランス式で行なっていた．陸軍歩兵中尉ド・ランスと陸軍砲兵軍曹キエルが陸軍戸山学校の剣術教士であった．二人は，従来の日本式剣術の採用を一切認めず，フランス式剣術すなわちフェンシングを採用している．しかし，教授法が棒の先にタンポをつけて相手の身体に触る程度であったために，実戦的でないという理由で生徒側から不満が出てきた．そのため，二人は1891（明治24）年にフランスに帰国している．

　そこで陸軍戸山学校の校長であった大久保春野は，同年フランス式を廃し，日本式に改正しようと研究を始め，体操科長の津田教修（津田一伝流2代目）がその任に当たり，1894（明治27）年に陸軍独自の剣術が完成した．すなわち，当時政府は剣術をやめ，銃術訓練を陸軍の主軸にしようとしていた．敵を殺傷するための技術と，恐怖心をなくすための気力・胆力養成の方法として教授されていたのである．

　技術的にも従来の剣道の打突部位や竹刀の長さが異なっている．大日本武徳会では，面，籠手，胴，突という打突部位が規程されていたが，陸軍戸山学校の両手軍刀術では，面，胴，突，肩（袈裟斬）となった．「打突」や「斬撃」とされていた打つ動作の言い方を斬撃刺突の略として「撃突」とし，実戦的な「突」という技に重点をおいた．竹刀の長さは，大日本武徳会3尺8寸，陸軍戸山学校では日本刀と同じ3尺6寸とした．

9. 実戦武術の片鱗

　実戦を考慮し，籠手などの殺傷力が低い部位よりも一撃で相手に即死または殺傷力の度合いが大きい部位，いわゆる「面」「肩」「突」を中心に稽古をさせた．とくに「袈裟切り」は，袈裟を下から抜く逆袈裟が一番早く，鋭く，かつ有効とされた．実戦では鞘から素早く抜きながら相手を斬ることができる．陸軍戸山学校では，生徒同士を互いに稽古させるのではなく，防具を着けた場合は教官との対人で稽古を行なっており，個別指導が中心であった．試合も教授法の一つとして採用されていたが，道場での試合に加えて新たに屋外での試合方法が採用されていた．それは，たとえば，森林や夜間（暗黒間）における試合などである．「試斬り」には二通りあり，一つは1尺5寸の粘土を7尺5寸の台の上に置くものと，長さ3尺縦4寸の米俵を切るものである．

10. 5省共官と武道綜合団体としての大日本武徳会

　政府は日中戦争の激化を見越して武道振興の重要性を感じ，1939（昭和14）年，武道振興委員会を設け，武道振興の根本方針を委員会に諮問した．当時の大日本武徳会は，軍部の剣道に対する政策に協力的でなかった．よって，1941（昭和16）年に財団法人の大日本武徳会は解散させられ，新しい政府の外郭団体として「武道綜合団体・大日本武徳会」が設立されることになった．会長は内閣総理大臣・東条英機，副会長には陸軍・海軍・文部・厚生・内務省の各大臣が当たった．

　大日本武徳会の外郭団体化について，当時の武道専門学校剣道教授・佐藤忠造は「武道の素養のない人々が，若し事毎に専門に立ち入り，職権をもって蔓事を律し，武道家の権限を侵害するような事があつては，肇国以来の崇高幽遠なる武道の真価を喪失せしむるのみならず，世に阿ね，人に媚びる武道家の多く出で，真に直情勁行の武道家は影を潜むるに至るのではなからうか．政府が確固たる主義方針のもとに，大雅量をもって武道家に委せる見通しのつかない限り，正しい皇国の武道を維持存続する為には，政府に於いてたとひ強力なる綜合団体を組織しても，武徳会は伝統を重んじて，独自の立場によって研究発達をはかつて行くべきものではなからうか」と反論した．しかし，大日本武徳会本部が京都の平安神宮内から東京の麹町区厚生省内に移され，京都は出張所となる．

そこで，1942（昭和17）年3月21日に行なわれた武道綜合団体結成式では，大日本武徳会総裁・梨本宮守正王の令旨が出された．「今ヤ皇国ハ大東亜戦争ノ完遂ニ國ヲ挙ゲテ邁進シツツアリ諸子深ク其ノ情勢ヲ洞察シ協心戮力一層奮励努力シ以テ武道ヲ振興シ国威ノ宣揚ニ貢献セシムルコトヲ望ム」．また，1943（昭和18）年に行なわれた大日本武徳会中央講習会では，「標記講習会ヲ実施シ決戦下戦力増強ニ資セントス」．

11. 末期の努力から何を学ぶ

　1944（昭和19）年，厚生省は米軍との本土決戦を考慮し「皇国民ヲシテ皇国伝統ノ武道精神ニ徹シ，実践即応ノ基礎能力ヲ修得セシムルノ契機タラシメ（中略）武道修練ノ指針」として『国民戦技武道基本訓練要領』を制定した．男子全国民に対し戦技武道を早朝・昼食後・夜間に訓練させる．これに剣道も採り入れられたが，従来の剣道とは異なるものであった．この戦技武道の剣道の教授法は，「礼法・構・刀ノ運用・斬突・相斬・突入斬突・調息」の7項目からなる．禮法の科目を敬礼のみとしており，座禮を省き，構は上段と下段を省き，提刀と構刀の2種類のみであった．「刀ノ運用」では，実質従来の面撃ちと，陸軍戸山陸学校で行なわれている袈裟切りとであった．

　しかし，「袈裟斬り」を採り入れることについて当の陸軍戸山学校の剣術教授・江口卯吉は，反対論を述べている．「それが所謂教育の手段と目的が違ふところであつて，戦争といふものは，平生稽古するようなものぢやなくて複雑だけれども，さういふ普段の大切なものこそ効を奏する．普段は教育の手段なんですから，やはり竹刀を用ひて正しい指導法でやつて行けばいゝ」．現在まで一般剣道と軍隊剣道を別のものとして行なっていたことを，日本の伝統ある剣道を戦争のために軍隊の人を殺傷することが目的である軍隊剣道に変更してしまって，いざ戦争が終結したときに教育的な剣道に戻すことができるのかという心配をしている．

　セピア色の記録映画に親しい太平洋戦争の愚とそこに帰結せざるを得なかった日本人の努力とは何か……．湾岸戦争以来，カラー映像どころか数千人がテロ被害に遭うさまが実況放送される今，われわれ教師は何を学ぶべきなのか．

〔大道　　等・堀毛　孝之〕

10章

中学剣道授業の実践教案例

　武道学習の中でも中学2年生の剣道の実践を報告したい．本章では授業者の運動種目に寄せた思いを出発点とし，その運動種目の教材としての価値を洗い出すとともに，学習者の実態を明らかにした．そして，そこから学習のねらいを定め，ねらい達成のためのみちすじを示した．さらに，単元全体の時間数を決め，それらの内容が単元展開によって具体的になるようにした．ここでは，その中の1時間を抜き出し，本時案として学習の流れを具体化することを試みた．

1．単元名

　単元名は「相手のスキに打ち込んでいく剣道」とした．通常単元名は，運動種目の名前のみが用いられ「剣道」と表記されることが多いが，ここでは生徒の目指すべき姿を明記することにより学習での方向性も明らかにしたかったためである．これにより，生徒にもスローガンが伝わり，授業でのイメージを高めさせた．以下に単元設定の立場として，その理由を述べたい．

2．単元設定の立場

　これまでの中学1年生の剣道の小単元を振り返ってみると，着装や用具の扱い，または基本的な打突の習得に時間を奪われ，試合までたどり着かないことがあった．そのため生徒は，剣道とは紐を結んだりすることが面倒で，面白くない単元というイメージを持ちがちであった．ここから剣道嫌い・武道嫌いを生み出しているとも懸念され，限定された時間内であっても指導の工夫が必要不可欠であるといえる．それは，試合の場面無くして生徒は，剣道の特性に触れることが

困難であると考えられるからである．ところが，中学1年生のような学習初期には試合場面を設定しても，なかなか相手に打ち込んでいけなかったり，相手の竹刀を自分の竹刀で叩くのが精一杯というような生徒の姿が多く見られた．ここには，単に単元の時間を長くするだけでは解決できない問題を孕んでいたとが窺える．

　生徒の感想の中にも，「試合になると思うように決まらない」「いつ打ったらいいのかわからない」というような，打突の機会を捉え切れず技が決まらなかったと考えられるものが多かった．それは，基本打ちや約束練習での打ち手と受け手の役割が明確な時はよいが，互角稽古や試合での互いに打ち合う場面では，全く決まらないというのである．このことからも，基本打ちの習得と同時に，試合場面でもその打ちが生かせるような手がかりが重要になってくることがわかった．つまり打突の好機を意識しながらでないと打ち込めない状況の生徒達には，何らかの手がかりを与えるが必要になるということである．

　そこで，1年次には払い技をその手がかりとして生徒に提示してみた．その打突の機会を捉えるためには，相手の構えが十分でない状態，すなわち相手にスキがある状態を逃さず打ち込んでいくことを意識させる必要があると考えたからである．さらに学習の進んだ2年生では，生徒一人ひとりが獲得したい「しかけ技」や「応じ技」を選択し学習するとともに，試合でその技を得意技として，有効打突を得られるよう発展させたい．これらの活動により多くの生徒が剣道の特性に触れられるのではないかと考え，本単元を設定した．

　一方，授業学級のこれまでの体育学習の姿を振り返ると，クラス毎の学習では男女の自然なかかわりも見られ，グループでの話し合いもスムーズに行なわれた．技能差や体力差が学習に支障をきたすということも感じられなかった．そこで本単元でも男女共習による学習を仕組んだ．今回の単元ではクラスを越えて選択した男女による学習のため，若干の抵抗感があるとは思われるが，できる限りいろいろな仲間と剣道を楽しんでいけるように，かかわり面も育てていく必要がある．

3．運動の特性

　1）一般的特性として剣道は，「剣道具を着けた相対する二人が，竹刀を用いて攻防しあい，面・小手・胴などの有効打突を競い合う格闘的なスポーツである」

と捉えた．また，次に挙げる三つの観点から捉え直してみると，
　　①心的傾向：相手との駆け引きから，自分の狙った一本が取れると楽しい．
　　②人間関係：年齢差や男女差を乗り越え稽古することができる．礼儀を重んじ，相手を尊重することが大切である．
　　③技能の幅：有効打突（気剣体一致の正しい打突）ができて，一本が取れるようになる．自分から相手にしかけて打ち，一本が取れるようになる．相手の攻撃に応じて打ちかえし，一本が取れるようになる．
というように分析することができる．

　2）子どもから見た特性として，学習者の立場で同様の観点での学習者におけるプラス面とマイナス面を生徒のアンケート調査から抜き出してみた．
　①心的傾向
・相手に向かって打つこと自体が楽しい．
・面や小手を決め，相手から一本取れるとうれしい．
・一本取るために，いろいろな技ができるようになりたい．
・ふざけたり，真剣にやらないとおもしろくない．
・大きな声を出して打つことが恥ずかしい．
　②人間関係
・防具をつけるのを手伝ってもらったり，アドバイスされると嬉しい．
・真剣に打ち合うことはいいが，乱暴な打ち方をされると嫌だ．
・相手が女子だとちょっと恥ずかしい．（男子多数）
・男子が相手だと打ちが強そうで怖い．（女子多数）
・男子だと思いっきり打てるので良い．（女子少数）
　③技能の幅
・ほとんどの生徒は，約束練習では気剣の一致により面や小手を打つことができても，互角稽古になるとなかなか決まらないと感じていた．
・試合では，ほぼ2/3の生徒が，決まらないながらも積極的に相手に打ち込んでいた．しかし，自分にあった間合いや打つタイミングが良く分からないために，打ちあぐんでいる生徒が1/3程いた．
・学習した「払い」を使って，試合中に面や小手を打つことができるようになった生徒は2割程いた．

④子どもから見た特性

　以上の内容を学習者から見た剣道の特性としてまとめてみると，「相手と真剣に打ち合う場面で，相手のスキをついて，自分の狙った技が決まると楽しい．いろいろな人と対戦していく中では，相手を尊重しつつ，きまりを守って安全に学習できるようにしたい」と捉えることができる．

4．学習者の準備状況

1）めあての持ち方について

　学習がより効率よく進められるためには，何をどのように行なっていくかという「めあて」が学習者に理解されていなければならない．そして，そのめあてを学習カードに記入し残すことから，それまでの学習の足跡を振り返ることが可能になる．けれども，なかなか「めあて」が具体的に書けない生徒の場合，どの学習でも「頑張る」「一生懸命やる」という抽象的な記述にとどまることが多い．そのため，個人種目の単元では，学習カードのめあて欄を「何を」「どのようにしたい・なりたい」と分けて記入できるようにすることから，より具体的な「めあて」が持てるように工夫した．

2）練習内容と練習計画のたて方

　自ら学ぶ体育学習では，生徒が教師に与えられた練習内容をただ反復するのでなく，生徒自ら活動を計画できるよう仕組んでいきたい．そのためには，参考となる資料を使いこなす能力も必要になってくる．これまでの学習の様子を振り返ると，学習資料に載っている技能ポイントは意識することができるが，その技能ポイントを身につけるための練習方法についてまで見出すことはできず，教師の支援が必要な生徒が多い．動きのイメージを持つためにビデオ教材を利用することはできるが，その動きのポイントを見つけだすまではできない．そのため躓きに対する手だてをまとめた資料を用意することも有効な方法となる．

5．特性に触れさせるための手だて

1) めあてがより具体的に分かるように学習カードの工夫をする．また，めあ

てを達成するために，見通しを持って取り組めるような壁資料やビデオ教材の準備をする．
2) 相手から一本取る喜びを得やすくするために，ルールや試合の形式を工夫する．
3) 相手のスキをついて自分の獲得した技を決めるために，ペアやグループでの願いを伝え合った練習やアドバイスを大切にさせる．
4) かかわり面では，ペアでの学習を基本とし，そのかかわりを深める活動場面を工夫する．クラスを越えた男女でのかかわりへと広げるために，団体戦ではいくつかのペアを基準にチームを作り，良いかかわりは全体に返していくことから深めていく．

6．学習のねらいとみちすじ

1) 学習のねらい

これまでの実態などを鑑みて，本単元でのねらいを「相手を尊重ながら真剣に打ち合うことで，自分から技を仕掛けたり，相手の攻撃に応じて打つことを通して，相手のスキを逃さず打ち込むことを大切にした試合を楽しむ」とした．

2) 学習のみちすじ

ねらい1：連続して打ったり，相手の竹刀を払ったり，素早く打ち込んだりし，打ち込みたい部位への一本を得ることを大切にした試合を楽しむ

ねらい2：相手の動きに応じて打つなどの，新しく獲得した技を使って打ち込みたい部位への一本を得ることを大切にした試合を楽しむ

というように，ねらいに到達するまでの学習のステップを踏むために「ねらい1」と「ねらい2」に内容を分けて考えてみた．

表10-1　時間計画

時間	1	2	3	4	5	6	7	8	9	10	11	12	13	14	15
内容	オリエンテーション					ねらい1						ねらい2			まとめ

7. 時間計画

　時間計画の立て方は，「ねらい1」と「ねらい2」がそれぞれどのぐらいの時間を要するか見通した上で時間配分を考えた（表10-1）．

8. 単元展開

　これまでの剣道に対する捉え方や生徒の実態をふまえて，どのように学習が深められるのか表にまとめてみた．ここでは，学習活動に対しての生徒の反応や学びの姿を予想するとともに，それに対して教師がどのように評価し，指導助言していくのかつながりが明確になるようにまとめた．この三者の関係がスパイラルし，学習の深まりが明らかになるよう工夫した（表10-2）．

9. 本時案

　次に本時案として，抜き出した1時間の授業で何をねらいとして，そのねらいを達成するための手だてが有効であったか学習の流れがわかるように記述した．この展開についての項目は，前述の単元展開と同様である．

（1）授業学級

　2年2・4組男子27名　女子18名　計45名

（2）本時の位置

　15時間扱い中の第10時

（3）本時のねらい

　連続して打つことで相手のスキを生み出すことに気づいた生徒が，自分ができるようになりたい技を，資料を使ったり，ペアやグループで練習したりして，その技で一本ねらう試合を楽しむ．

（4）指導上の留意点

　①どうやって続けて打つか相手に伝え，アドバイスし合っているか確認する．
　②練習や試合で，正しい打突を心掛けているか確認し，助言する．
　③竹刀や防具の安全を確認させ，不備があれば交換させる．

表10-2 単元展開

段階	学習活動	予想される活動（生徒の心情）	指導・助言《評価》	時間
はじめ	1. 学習したい種目を選択し、アンケートに記入する 2. 学習のねらいを理解し、単元の見通しを持つ	・すでに自分の学習したい種目が決まっている ・仲のよい友達と相談する 技の学習をしつつ、個人戦や団体戦も行なうんだな	・武道選択の学習の概要を説明する《適切な選択人数になっているか》 ・人数の偏りが大きい場合には、移動を促す ・前回の剣道の学習を思い起こさせ、この単元での学習の進め方を説明する	1
なか	ねらい1 連続して打ったり、相手の竹刀を払ったり、素早く打ち込んだりし、打ち込みたい部位への一本を得ることを大切にした試合を楽しむ			
なか	3. 基本事項の確認 ・防具の着装 ・準備運動 ・竹刀の扱い方と構え ・足の開き ・竹刀の向き ・声出し ・素振りの仕方 4. 基本打突の確認 ・ペア決め ・面打ち ・小手打ち ・胴打ち 5. 互角稽古 復習した基本打突をお互いに出し合う	・着装の順番や紐の結び方に戸惑っている ・剣先の高さや弦の向きを半数位は意識できていない ・振りかぶりが小さい 大きな声を出すのは恥ずかしいな ・仲の良い友達と、素早くペアを組む ・打ちが弱い ・竹刀のコントロールがつかない ・横振りになっている ・つまずきとして、相手がしっかり構えていても打っていく ・打つことよりも、防御に意識がいって下がっていく 狙って打っていってもなかなか決まらないな	・できている生徒をモデルに、全体で着装の順番と紐の結び方を確認する《視界から両手が消えるくらい大きく振りかぶっているか》 ・教師対全員、仲間と1対1で声出しの勝負をしてみる ・ペア決めの条件を提示し、そのねらいと活動内容を説明する ・大きな振りかぶりから、素早く降ろし打突時のしぼりを意識させる ・面や小手と同じように、胴も頭上に振りかぶることの大切さを説明する ・打ちが決まったと思ったときは、開始線まで戻ることを約束し、相手の技を認めることを教える ・手加減するのでなく、真剣に打つことの大切さを説明する	3
なか	6. 相手のスキをつき有効打突をとるための工夫 その1 （ペアで学習） ・素早い打ちで振り抜きざまに ・払い技で 払い面 払い小手	相手に素早く小手を打ち込んでみたいな 相手の竹刀が邪魔なので払ってから、面を打ち込んでみよう	・いろいろな技の紹介 相手の構えが十分でない時の打ち方→素早く打つ 相手の竹刀が気になって切り込めないときの打ち方→払って打つ	4

表10-2 （つづき）

段階	学習活動	予想される活動（生徒の心情）	指導・助言《評価》	時間
な	・フェイントで 　小手を攻めて面 　面を攻めて小手 　面を攻めて胴 ・連続技で 　面面 　小手面 　小手小手 　小手胴	小手を打つふりをして，面を打ってみよう 面を打つふりをして，胴を打ってみよう 連続して打つ時のリズムが気持ちいいな もっと竹刀がコントロールできるといいな	狙っている所と違う部位を本当に打つように攻めてから打つ→フェイントをかけて打つ 決まるまで連続して打つ→連続技	5 6
な	7. 個人リーグ戦 ・三ペアを基準に，ブロックを組む ・試合の進め方 　（対戦二名，審判一名，記録一名を交代で） ・審判法の確認 ・判定基準 　…気剣一致 　（1分半の多本勝負）	何勝できるかな，たくさん勝てるといいな 今まで練習してきた技が決まるといいな 審判は，よくわからないので不安だな まだ技が決まらないので他にもスキを作る技が欲しいな	・対戦表を手がかりに，ブロックごと進行できるよう約束事を決め出す ・判定基準をその都度確認する 《「剣」は，正しい打突部位と打ちの音を手がかりにしているか．「気」は，きちんと聞き取れる声で，タイミングが合っているか》	7 8 9 10 (本時)
か	ねらい2 相手の動きに応じて打つなどの，新しく獲得した技を使って打ち込みたい部位への一本を得ることを大切にした試合を楽しむ			11
か	8. 相手のスキを作る工夫からの打突 ・出ばな技 　出ばな小手 　出ばな面 ・引き技 　引き面 　引き小手 　引き胴 ・抜き技 　小手抜き面 9. 団体リーグ戦 ・試合の進め方 ・力のある人が後のほうになるオーダーで対戦する	後ろに下がっていく相手に有効な打ち方ができるようになりたいな 鍔迫り合いから技を出したいな 相手の打ちをかわして打ち込みたいな ・最初は，男女の試合に抵抗がある ・頑張っていこうという励まし合いの声を掛け合う ・試合で一本決まるたびに拍手をし，認め合い応援する	・それぞれの希望に応じた技の習得を，壁資料とビデオによりイメージを掴み，自分達で学習できるように説明する 《動きが滑らかで途切れていないか》 ・ビデオで掴みきれないところは示範し，説明する ・ペアを基本に，力が釣り合うようなチーム編成を考えるよう助言する ・各チーム三人ずつのグループに分かれ，2試合同時進行で対戦させ，審判を順番に行なわせる	12 13

表10-2 （つづき）

段階	学習活動	予想される活動（生徒の心情）	指導・助言《評価》	時間
なか	・男子対女子の試合も出てくる（三人の取得本数を合計して勝敗を競う） ・審判は，打突の部位や音と声を手がかりに判定する（気と剣の一致）	・試合後の反省からチーム練習を工夫する 次の試合のオーダーはどうしようかな	・オーダーは三人の中で強い人が後にでるように組んでいるか確認する ・△リーグで，1時間に2試合ずつ行なうよう組ませる ・空いている二チームが練習を行なうので，練習内容の確認をする	14
まとめ	10. 単元のまとめ ・個人でのまとめ ・ペアでのまとめ ・グループでのまとめ	・単元の願いは達成されたか確認する ・単元を通して分かったこと，できるようになったことをノートにまとめる	・個人でまとめた内容を全体で発表し，確認し合う ・単元を通しての取り組みについて，出された意見からまとめ，次の学習につなげる	15

(5) 実証の観点

①相手のスキをついて打ち込むことができるようになりたい生徒に，連続技の手がかりを与えたことは有効であったか．

②技の獲得のために，動きの流れを掴むビデオや，技のポイントを知るための資料を生徒に与えたことは有効であったか．

(6) 展開（表10-3）

10. 授業分析

 前述の本時案に沿って実践した授業について記録したものを，それぞれの活動ごとに文節として区切り，教師の働きかけに対して，生徒はどのように反応し・活動したかをまとめた．また，どの生徒にも学習が成立しているか掴むために，学習が停滞しがちな生徒を，抽出生・抽出ペアとしてその学びの姿を浮き彫りにした．さらに，それらの文節ごとに考察を加えることから，これまでの研究が授業生徒の学びの実態に則していたのか分析を行なった．

＜分節１＞準備運動（表10-4）

 準備運動は，身体のウォーミングアップとともに，剣道の気勢を発し打突する

表10-3　1時間の流れ

段階	学習活動	予想される活動	指導・助言《評価》	時間(分)
はじめ	1. 防具の準備と準備運動 2. 集合，整列，黙想，活動の確認と注意事項を聞く 3. めあての確認	・防具・竹刀を準備し，垂れと胴をつけたらコート内でグループの仲間と準備運動を始める ・集合の合図がかかるまで，竹刀に打ち込む練習を行なう ・各コートからステージ前に集合し，姿勢を正し黙想の号令を待つ ・ペアでめあてやお互いのアドバイスの観点を話し合う	・ペアが欠席などでいない場合は，同じコート内のペアと活動できているか確認する ・かかわりがうまくいっていないペアの話し合いに入る 《学習ノートを開き，練習方法について確認しているか》	12
なか	4. 練習 　資料で打ち方のイメージを高めたり，約束練習や互角練習を行なう 5. 試合 　各コート6試合 　時間1分30秒で交代を1分 　一本の基準は，大きな声で，正しい部位を打つ	・全体で面打ちを行なう ・壁の資料を手がかりに，さばきや振りのポイントを掴む ・技の流れが分からないときには，ビデオで確認する ・必要に応じて，他のペアに打突を見てもらいアドバイスを受ける ・対戦順に従い，審判や記録係を分担し，試合を進行する ペアで応援や励ましの声が出るだろう 試合後も喜び合ったり，慰め合ったりするだろう	《めあてとして決め出された活動が行なわれているか》 《ペアのかかわりに問題はないか》 ・素早く打つと相手に入り込んで元打ちになってしまうので，受け手が後ろに下がりながら行なうよう助言する ・進行上困っていることや，判定で迷っている場合は，内容を確認し，助言する ・コートを巡り，試合相手を尊重できていない言動は，その場で注意し，よい技は拍手で認め盛り上げる	15 15
まとめ	6. ペアでの反省 7. 集合・整列 8. まとめ 9. 黙想・片づけ	・ペアでよかった点や改善すべき点について話し，ノートに記入する ・仲間の発表や先生の話を聞く中で次時の意欲を高める ・コートに戻り，防具をまとめ，棚に戻す	《ノートを囲み，活動を振り返っているか》 ・学習の中でよかった姿を，全体に返す	8

表10-4　＜分節1＞準備運動

時間	教師の動き	生徒の動き	抽出生・抽出ペア
9：45	・防具を着けるのに手間取っている生徒に声を掛けて歩く ・準備運動のかけ声が大きくなるようコート毎に声を掛ける ・竹刀の振りが小さい生徒に声を掛ける	・防具を着けて，コート毎円陣を組み，準備運動を行なう ・前後の足さばきによる竹刀への打ち込みを行なう ・前進しながら，5本の連続打ちを行なう ・コート毎まとまって，会場をランニングする	・いつもは着装に時間のかかっているA男とB男も，コートの仲間に促されて手早く準備できた ・F男は，E男の構えている竹刀に，激しく打ち込んだ

表10-5 ＜分節2＞集合：めあての確認

時間	教師の動き	生徒の動き	抽出生・抽出ペア
9:48	・全体に「やめ」「集合」の号令をかける	・学習ノートを持ってステージ前に整列する ・ペアで向かい合い学習ノートに記述された内容について話し合う	・F男とE男そろって集合してくる
9:50	・ペアでめあての確認．生徒の列の間に入り，めあてについて話し合っているか確認する ・対戦表を配布し，確認するよう指示する	・ペアが休んでいるG子は，同じコートのH子と一緒にやろうと声をかけ，めあてを確認している ・コート毎対戦順を確認する	・A男とB男は，めあての確認をするが，会話がはずまない ・E男とF男は，相手のめあてについても意見を言い合っている
9:53	・「ペア毎に確認しためあてについて練習の中でお願いをしていきましょう」 「その内容について，言葉を返していきましょう」 「ペア試合では，応援したり指示を出して盛り上げていきましょう」 ・生徒の生活ノートから剣道の授業について書かれたものを読む 「今日の体育の授業で，剣道の試合の時，胴を4回もとれた．嬉しい．がんばったぞ」 「そんな嬉しいことが，ペアの反省でるといいですね」	・本時で大切にして欲しいことを，正座したまま静かに聞き入っている ・自分のものとわかっていなかったF男の反応に大きな笑いが起き，全体の表情が明るい	・F男は，自分の生活ノートを読んでもらっていることに気づいていなかったが，自分のものと分かると「4回じゃなくて，3回だった」と嬉しそうに反応した
9:56	・「移動」の指示を出す	・一斉に自分のコートへ移動	

ための準備として声を出すことができていた．コートごとリーダーを中心に，声を出していねいに準備運動ができた．その後の竹刀への打ち込みも気迫が感じられた．学習のスタートがよかったので，その後の活動もスムーズに流れた．そのためにも始業時の意欲とともに，活動場所に来たら，「誰と・何を・どのように行なうか」学習習慣を身につけさせておくことが必要であることを確認した．

＜分節2＞集合：めあての確認（表10-5）

　めあてについては，ペアでお互いに発表し合うことで確認したが，学習ノートに記入済みであったため，短時間ですんだ．しかし，抽出ペアのA男とB男は，特にそこからめあてについての会話が弾むということはなく，形式的であっ

た．日頃の人間関係がそのまま出てしまったのであろうが，相手の動きに対して気づいたことがいえるように前の時間に指導しておく必要を感じた．活動意欲を高めるため，仲間の剣道学習に寄せる思いについて書かれた生活ノートを読むことで，全体に伝えた．しかしそれが，当の本人が自分の物とわかっていなかったため，周囲から笑いが起き，緊張感で張り詰めた雰囲気が和らいだ．これも，その後の活動の活性化につながったと考えられる．

＜分節３＞ペア練習（表10-6）

　今回のようなそれぞれのめあてに従って練習を行なう場面では，生徒が必要とする情報がすぐ手に入るように，学習資料を充実させなければならない．ビデオデッキももう２台ほど設置し，待ち時間を少なくしていきたい．壁資料の活用状況は，Ｃ男がＤ男に説明するために，壁のイラストを使って説明していた．ビデオは，５組のペアが活用していたが，見ながら技についての会話が弾み，イメージを高め合うのに効果があった．これらは，練習途中でも気軽に使える資料として，有効であったと思われる．

　抽出ペアの活動では，なかなか活動にはまり込めないＥ男とＦ男も，面打ちを二人で研究し，活動に集中することができた．教師に質問するとともに，どうしたら一本を取れるかという工夫は，生活ノートでも紹介した剣道の特性に触れた楽しさから生まれてきたと思われる．また，かかわりがうまく持てず，活動が停滞しがちであったＡ男とＢ男も，会話は少なかったが，お互いの活動内容がはっきりしていたため，めあてに沿って交互に打ちこみ練習できた．この二つのペアだけでなく，多くのペアが約束稽古で技の習得に励んだ後，互角稽古で技の高まりを試すことができた．

　ペア学習については，多くのペアがお互いにアドバイスし合いながら活動が展開されていた．しかし，まだイメージが掴めずアドバイスに困っていたペアもあった．たまたまトリオ学習となった三人の活動では，小手胴の練習を行なうＧ子が，Ｈ子とともにビデオを見ていた．そこに見学者Ｉ子が加わり，三人で行ない方を確認できた．そのかかわりが練習の中の見学者Ｉ子の積極的なアドバイスを生んだと思われる．このことから，ペア学習を中心に研究を進めてきたが，動きを客観的に評価してくれる第三者がうまくかかわれるとで，トリオ学習も有効であることが分かった．今後トリオ学習の研究では，試合時間も確保しながら三人が交代し，練習やアドバイスする時間と方法について検討していく必要があ

表10-6 ＜分節3＞ペア練習(基本打ち→約束練習・互角練習)

時間	教師の動き	生徒の動き	抽出生・抽出ペア
9:58	・面を着けるのに時間がかかりそうなペアに声を掛けて回る	・女子のペアは，お互いに面を着け合っている．着け終えたペアから，コートに入って練習を開始する	・E男とF男は，何とか自分で面を着用し終えコートに入る
10:00	・「元気よく面打ちだけいきましょう」 ・挨拶の確認「竹刀を抜く前に挨拶をします」「お願いします」 ・「面打ち はじめ」	・きちんと挨拶せずに，竹刀を構えている生徒が何名かいる ・号令に会わせて一斉に面打ちをする ・引き続き，ペア毎の練習を開始する	・挨拶をきちんとせず，打ち始めようとしているF男，するとE男がたしなめる
10:02		・J男の「面・胴」を，K男が受けながら，アドバイスをしている．「ここあたっている？」「ちょっと遅いよ」	・E男とF男は，面打ちの練習を交互に行なう
10:06	・とりかかりの遅いペアを中心に練習内容を確認して歩く		・A男とB男は，取りかかりが鈍かったが，B男の素早く面を打とうとする練習から始める
10:10	・L子に相手の竹刀の払い方を，竹刀を使って教える	・L子は，その後いろいろな払い方から打ち込む方法を試す ・H子のペアもビデオで技の研究を開始する．その後H子は小手面の練習をし，ペアのG子は小手胴の練習を行なう．見学のI子が，アドバイスを与える．G子はそれにより，動きが良くなる ・M子が，フェイントからの小手の打ち方について，教師に質問する ・多くのペアが互角稽古を開始する ・やや集中力が欠けてきたペアが出てくる	・E男とF男は，いろいろな状況からの面打ちを二人で考え合う．鍔迫り合いのまま，面を打つ方法を試している．その後，F男は，「鍔迫り合いのまま面を打つのは一本になるか？」と教師に質問する
10:11	・「鍔迫り合いのままでは，一本にならないこと」をF男に伝える		
10:13	・G子の小手を打った後の胴の入り方についてアドバイスする ・竹刀の動きで，実際に面を打つように攻める方法を示し，M子の質問に答える		・A男とB男は，互角稽古を開始するが，大きな声で打ち込むことができない
10:16	・ブザーで練習終了を知らせる	・練習していたペアと終わりの礼を行なう	

る．
　また，今回のペアでの練習時間は，やや動きが鈍り始めたペアも出てきた頃終了したため，適切であったと思われる．また，活動量も十分確保できていた．

＜分節4＞試合（表10-7）
　試合中の応援は，第1試合でどちらかが一本を取るまで声が出てこなかった．

表10-7 ＜分節4＞試合

時間	教師の動き	生徒の動き	抽出生・抽出ペア
10：18	・各コートの準備を待ちタイマーをスタートさせる ・各コートの試合でよい技には「ナイス」と声をかけ拍手して盛り上げている ・試合中，柔道のブザーで動きが止まった時「今のブザーは違うよ．柔道のブザーだよ」と試合の継続を知らせる ・「さあ最後の試合だよ．盛り上げていこう」 10：32	・「がんばれー」「いけー」「攻めろー」「〇〇君面だ，面」「前々」「胴いけ」「小手いけ」とかけている声が聞こえる ・男子の本気で打ち合っている姿が目に付く ・全般に，縦の動きが中心で左右への動きが少ない ・審判は自分なりの基準で手を挙げ判定している ・Bコート H子が審判として「私，けっこう見逃したかもしれない．ごめん」という ・Dコート N男は，相手が面を打ってくるところを胴打ちを決める ・Fコート B男が，面・面・胴を積極的に打ちにいく．試合後「確か面も入っていたよな．見ていないんだもんな」とぼやく ・Bコートでは，欠席者があり，対戦が終了したので，練習を開始した ・全体的に応援の声が小さくなってくる ・試合終了のブザーで，各コートの端に正座して，面をとる	・F男は，ジャンプして相手に跳びかかるように打ち込んでいる 　1試合目0-3で負け 　2試合目2-4で負け E男はそれに対して「いけいけ」と応援している ・A男は，自分から打ち込もうとするが，相手が激しく打ち込んでくると，後ろに下がりさらに攻め込まれてしまう 　1試合目0-6で負け 　2試合目0-9で負け ペアの試合では応援をしている ・B男は，どんどん相手に打ち込まれてしまった 　1試合目0-4で負け 　2試合目0-9で負け ・E男は，積極的に打ちに出ることができた 　1試合目2-1で勝ち 　2試合目3-3で分け これに対し，F男は「いいぞ，いいぞ」と健闘を認めている

　試合開始の合図とともに，拍手をしたり「ガンバ」と声を掛けるなどの約束をしておくことで，試合はさらに盛り上がったものになったと思われる．

　審判では，大きなトラブルもなかったが，自信を持って判定ができていない生徒がいた．現状では，見逃した打突があってもしょうがないので，どちらか一方に有利な判定をしないことはもちろん，自分の感じたまま思い切って判定させ，周囲もその判定に素直に従うことで，試合を進めていかせた．また，剣道の特性

表10-8 ＜分節5＞反省・まとめ

時間	教師の動き	生徒の動き	抽出生・抽出ペア
11：39	・「集合」をかける 　「着座」 ・「どんな技を練習し，試合でどうだったかというめあてについて発表してくれる人？」 ・「I子さんが休んで，試合のなくなったところを，自分たちで練習の時間として活用できていたのはよかったですね」 ・「他にペアとのかかわりについてO男はどうだったかな？」 ・「それをP男はわかったかな？」 ・「何でN男に聞いたかというと，この前二人の仲が悪くて，コミュニケーションがうまく取れていなかったからです．今日は声を掛け合うことができたんですね」 ・次回はこれまでの対戦結果を生かして，男女混合チームによる団体戦を行ないます ・それでは片付けてください	・コートごとで対戦結果の確認を行なう ・ペアごと学習ノートの記入を開始する ・学習ノートを持って，ステージ前に集合する H子「小手打ちはあまりできなかったが，胴打ちの相手が良くできた．友達にたくさんアドバイスをもらえたので，次回に生かしていきたい」 O男「いつもの試合よりは，P男に指示を出せた」 P男「あまりよくわからなかった」 ・「黙想」「お互いに礼」	・E男の反省では，めあての面打ちが試合で決まって良かった ・F男の反省では，2試合とも負けたが，面と胴が決まって良かった ・A男の反省では，たくさん決められてしまった．次は頑張りたい ・B男の反省では，面を素早く打ち一本取ることができなくて悔しい
11：42			

を味合うためにも有効打突の基準を容易にしたことは，この生徒達の実態に合っていた．

　一方，抽出生のA男は，それまでの試合と同様に，2試合とも自分から打ちこみ，有効打突を得ることはできなかった．狙っていた面打ちも相手に通用せず，後ずさりして消極的なところを相手に打ち込まれていた．A男については，相手の打突にあわせて，竹刀を出していくとこで，凌いでいく方法も指導していく必要があった．

　その時のペアB男は，最初「いけー」と声をかけることができたが，どんどん

相手から一本を取られていくうちに，応援の声もなくなってしまった．ペアの応援を指示したが，かかわりの高まりから考えると，ペアの形勢不利なときこそ応援できるように指導することの必要を感じた．かかわりについては，試合後のアドバイスタイムを設けるなどして，さらに高めていく必要も感じている．

<分節5>反省・まとめ (表10-8)

　H子の発表のように，練習した技が試合で生かされなくても，仲間からアドバイスをもらい，だんだん技ができるようになってきたことに喜びを感じることができた生徒がいた．このように仲間とのかかわりから学習が深まっていくことの大切さを生徒に紹介し，友とのかかわりのモデルを提示していく必要がある．

　また試合で，練習した技を決めることができた喜びを，E男やF男の反省からも読み取ることができる．同様の内容が，多くの学習ノートに記述された反省から読みとれ，試合で一本取ることの喜びが，次の学習の原動力になっていることが分かった．A男の反省からも，自分の思いを大切に1本でも多く取れる試合を行なうために，練習時間での教師のかかわりを増やしていく必要性がある．

　全体のまとめでは，かかわりについて中心に取り上げたが，技能面での高まりについてもめあての達成度を聞くことから，めあてを達成できて良かったなどの声を全体に返していく必要があった．

　これらの研究から，仲間とのかかわりから，一人ひとりのめあての達成に向けた学習の深まりが生まれ，それが次の学習の意欲へ結びついていく，このつながりについてさらに研究を深めていきたい．

〔小出　高義〕

第3部

外国人から学ぶ日本の武道

11章　弓の道 ──ヘリゲルの弓道修行──
12章　東京大学医学部ベルツ教師の武道観
13章　E. ベルツの剣術・柔術理解
　　　──榊原鍵吉および三浦謹之助との出会いを中心として──
14章　日本学としての剣道
　　　──英国海軍将校の目から──
15章　近代スポーツ小史・体育教材の変遷

11章

弓の道
――ヘリゲルの弓道修行――

　オイゲン・ヘリゲル（Eugen Herrigel, 1884-1955）の『弓と禅』[1]は，日本の武道の真髄を海外に広く知らしめた書として有名である．この書には，1920年代後半の約6年間，ヘリゲルが師について弓を稽古し，ついにその奥義を会得するに至った過程が，劇的な事件も含めて，印象深く描かれている．

　けれども彼の意図は，「弓道における禅」という原書の題が示すとおり，弓道を通じて禅の世界へと読者を導くことにあった．弓道を習い始めた彼自身の動機も禅の世界に近づくことであったし，彼の師も弓道の奥義は禅に通ずると説いていた．ここで禅といっているのは，仏教の一宗派としての禅ではなく，それが問題にする「無心の境地」を指している．

　いきなりこのようにいっても理解不能であるので，ヘリゲルはここに至った自らの修行過程を書いたのである．日本の弓道を全く知らない西洋の読者にもイメージできるよう，技法的なものには立ち入らず，精神面の変化に焦点を当てながら，自分が理解や習得が困難であったさまざまな問題点と，それらをいかに克服したかを整理して書いたのである．

　外国人で弓道を本格的に学んだ最初であり，困難は多く壁も高かったが，それだけに，かえって日本の武道の独自の性格とともに，稽古を通した独特の教育の仕方がよく示されているといってよいと思われる．けれどもヘリゲルは，師を神秘化して描いており，技法的なものは書いていないため，具体的にどんな稽古をし，そのつど何がどう変わっていったのか，よくわからないところが多い．

　本章では，弓道の技法をふまえつつ，ヘリゲルの叙述を師の阿波研造（1880-1939）の遺稿[2]で補うことによって，彼が無心の奥義に至った稽古の過程を，具体的に考えてみることにしたい．

1. 師の阿波研造

　まずヘリゲルの師であった阿波研造について簡単に紹介しておく．

　阿波は，1880年仙台近くの商家に生まれたが，早くから武道に関心を持ち，23歳で，柔道・剣道・居合，そして弓道を教える塾をつくる．30歳からは，弓道の指導に専念，東北大学の弓道部の師範となるとともに，弓道の近代化に力を尽くした東京の本多利実の門に入り，弓道の全国大会で活躍している．38歳の時，大日本武徳会の弓道大会で近的2射，遠的5射，金的全皆中で，日本一の栄誉を得ている．阿波は30代までに，いわゆる百発百中の技を極めたが，40代からは弓道の精神的な意味を問題にし始めた．

　「我れ弓道を学ぶこと二十余年，徒らに形に走り，その神を忘れしこと，近年初めて自覚せり．弓道は禅なりと気付かざりし為，十年間無駄骨を折った」と述べ，「一射絶命」「射裡見性」を唱え始めた．

　このように弓が禅に通ずるという「弓禅一味」の思想は，当時，大平善蔵や梅路見鸞も唱えており，相互に影響し合ったようである．

　ヘリゲル来日の翌年の1925年，阿波は的中を競い技巧に走る弓道界を批判して，「大射道教」という全国組織をつくっている[3]．弓道を行なう中で無心を体験させ，本当の自己に目覚めさせる指導をすることを目標としていた．そのため，阿波は揺るぎなく妥協のない厳しい指導をしていたのである．

　すでに全国弓道大会で優勝していた神永政吉が，弓の精神性を求めて入門してきた時も，「そんな形で弓が引けるか」と二度もはねつけている[4]．阿波の稽古は「一言一句気合にも言うべからざる霊感，内的興奮の涌くものがあった」と弟子は語っている．阿波の自宅の道場には，雨や雪の日でも，毎朝5時から夜まで学生や門人が通ってきて，「命のやりとり」と称されるほどの真剣な稽古が行なわれていた．

　ヘリゲルに対しても，通訳つきであった以外，指導の仕方が変わることはなかった．『弓と禅』に描かれているのは，こうした阿波の稽古——教育のやり方なのである．

2. ヘリゲルの弓道修行

　阿波は，基本的な技法から順を追って指導している．ヘリゲルの修行過程は，大きく4つに段階づけられると思われる．

1) 呼吸に合わせ，全身一体で弓を引く

　まず最初に，実際に弓を引いて模範を見せてから，「弓は腕の筋力で引くのではない，腕の力を抜いたまま弓を引くように」と教えている．しかしヘリゲルが引くと，弓の力は強いので，腕のみならず全身の力を使わざるを得ず，師が言い模範を示すようにはいかない．きっと特別な技術があるのだと思い，ヘリゲルはいろいろ試みたがうまくいかなかった．

　どうすればよいか尋ねて初めて，師は呼吸法に問題点があると指摘し，次のように教える．「吸いこんだ息をゆるやかに押し下げ，下腹が張るようにして，暫くぐっと保つように．そしてゆるやかに一様に吐く．この呼吸のリズムに合わせて弓を引くように」．

　実際阿波は，弓を引いたときヘリゲルの下腹の丹田をたたいて，「ここを充実させよ」と指導していたという．けれどもヘリゲルには，わけがわからず，習得するのに非常に苦労したが，こうした身体を通した指導によって，この呼吸に即して引くことに慣れるにつれ，弓が楽に引けるようになってきた．

　なぜこのようになったのかヘリゲルは書いていないが，これは丹田を中心とした全身一体で弓を引けるように変わったためである．

　弓道では，まず足踏みをし，胴造りをする．丹田を中心に腰を定めることが重要である．そして弓をいったん上へ打ち起こしてから，上体が弓のなかに入り込むように弓を下ろしつつ引き分ける．この時，引き分けつつ息を下腹へと押し下げるように注意していく

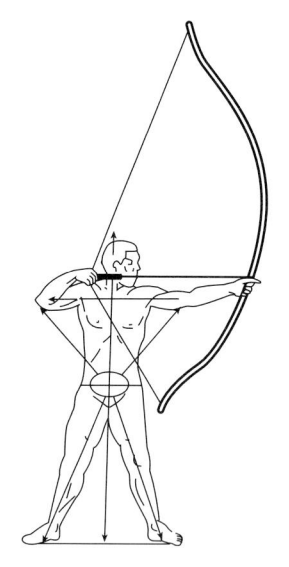

図11-1　射法八節図解「会」
(全日本弓道連盟：弓道教本 第1巻. 1977)

と，下腹が張り，丹田を中心として動きに焦点ができ，上体と下半身の動きが統一される．こうなると，丹田を中心として，左手は右足に，右肘は左足と協応して弓を引き分けることができる．こうなると全身一体でバランスがとれながら，無理なく引けるのである（図11-1）．

　ヘリゲルは，1年かかってこのように呼吸に合わせて楽に引けるようになってくると，弓の稽古以外の場面でも，力ずくでやるのでなく，呼吸に合わせ自然に内から生まれる力に合わせて行なうように心の用い方も変わってきたという．身体遣いが変わることで，心までおのずと変わってきたのである．

2）無心の離れ

　稽古の第2段階では，引き絞った弦をいかに離すかが問題になる．師は「どのように離そうか考えてはいけない．無心になって，離れが自然に生ずるのを待て」と注意している．

　離れは，射手が意図して離すのではなく，また弓の力に負けて離されてしまうのでもなく，「機が熟して自然に離れる」ものでなくてはならぬことは，弓道では古来から強調されていたことである．

　このような自然な離れは，弓を全身一体でいっぱいに引き絞った瞬間に，丹田を中心として左手で弓を押すのと右手で弦を離すのが同時に生じることであり，このとき，矢は最も勢いよく飛んでいく．この一瞬，左右にスパーンと開かれる体感があり，意識の転換が生ずるのである．

　これに対して，手先だけで離すのでは，このような意識の転換は生じず，本来の離れとはならない．手先の技巧で離すのでも的にはあてられるが，阿波は，それでは的にあてることを競うだけの「弓遊病」であり，弓の本来の意味を冒涜する「弓道に対する反逆」だとして厳しく否定するのである．実際ヘリゲルも手先で細工して離そうとして即座に見抜かれ，破門されかかったことがあった．いったん技巧に走ると，後で取り返しがつかない．阿波はひたすら自然の離れを求め，「心を集中して離れが生ずるまで待て」と教えている．

　ここには，スポーツ競技とは異なる弓道──武道の特性が端的にあらわれている．

　実際に自然な離れができるようになるためには，まず全身一体で引き分けていることが前提となる．そして弦を引き絞っているときに，いかに離すかと考えた

り，無心になろうと思ったり，こんな感じかと探ったりすれば，たちまち微妙な全身一体性は失われてしまう．そのようにあれこれ意識することなく，射そのものに真に集中し没頭していなくてはならない．

そのためには，射る前から心が集中していなければならない．阿波は，ヘリゲルに，道場に来る1時間前から稽古にのみ心を集中し，道場でも稽古前に静かに座って呼吸を整え，外の刺激に何ら煩わされぬくらいに精神集中せよ，射る場所に入るのも退くのも決められた礼法に則って，呼吸に合わせ厳かに歩けと教えている．ヘリゲルは，繰り返し礼法を稽古し，意識せずとも一つの流れでできるまでに習熟すると，確かに礼法に導かれて精神集中は持続するようになった．

けれども，離れの直前になるとどうしても離れを意識してしまう．師はわずかな意識の働きも鋭く見抜いては，「意識してはだめだ，もっと集中して無心になるのだ」と注意する．

「一本でもよいから命がけでやれ」「この一本で死ね，そうすれば新たな生命が得られる」と学生に教えていたという．「一射絶命」と阿波は唱していたが，もはや自分で意識してはできぬ「絶体絶命の境地」まで追い込んで一射に真に集中させるべく，阿波は強い弓を気力で必死で引き絞って持たせる「粉骨砕神の修行」をさせていたのである．

ヘリゲルは，無心の自然な離れは自分にはできないと絶望しながらも，ただ師の指導を信じて3年以上稽古を積み重ねていくうちに，ある日ようやく無心の自然な離れができるようになった．実際に体験されてみると，これは，精神集中の独特な飛躍によって開かれる境地で，「精神が全身の内をひとりでに躍動し，どこにでも必要な精力を必要なだけ呼び起こすことができる状態」であった．そしてこれが体験されると，「射手は，その日が今初めて明けたようなすがすがしい気分となり，その後はあらゆる正しい行為に対する心構えもできている感じとなる」とヘリゲルは書いている．

このような境地こそ，阿波が教えんとした「無心」なのであった．

3) 狙わずに的中する

弓を始めて4年あまり，無心の自然な離れが実際にできるようになって初めて，阿波はヘリゲルを的の前に立たせた．最初から的に向かうとあてる意識が出てくるので，それまではただ目の前の巻藁で稽古させていたのである．

的を射る第3段階に入っても，阿波は注意する．「的を狙ってはいけない．今まで通り正しい射法に則り，無心で自然な離れを待つように」．的中させるための技巧を否定し，「的にとらわれぬよういっそう精神集中を深くせよ，無心となるのだ」と教えている．

矢を射る射位に入るまでの「礼法をその瞬間の霊感から創造するかの如くに"舞う"ように」．的を目で見るのではなく，ちょうど仏陀が瞑想している時のように，半眼で的は見えるがままに見，「全身に精神が現在している状態」を保ったままで射れば，結果として的にあたると師は強調する．

けれども，主客を明確に分けるドイツの哲学者のヘリゲルには，狙わないでもあたることがどうしても心底から信じられず，行き詰まってしまった．その窮境を打開するために，阿波は，真っ暗な夜の道場で，28m先の的の前に線香1本を点じただけで，一手2本を射てみせた．暗闇で的も見えない中で，2本とも的中しただけでなく，第2射は第1射の軸を引き裂いて突き刺さっていた．

「正射必中」，前後左右上下にぶれず，弓矢と身心の状態が一致した正しい引き分けと無心の離れができれば，ねらわずともおのずからあたることを，阿波はまことに驚くべき技で実証したのである．

これ以後ヘリゲルは，師を心底信じ，その指導のいちいちが「以心伝心」で受け取れるようになった．師が少し射を正すだけで，内面ががらっと変わる．精神集中が少しでも落ち，途切れると注意する．本人の気づかぬ意識の働きも鋭く見抜く．正しい射法で，弟子の弓のわずかな歪みを直す．こうした厳しくかつ細やかな師の指導のもとで，的前に立って1年，ついにヘリゲルにも無心の正しい射ができるようになったのである．

無心となった射では，まるで「弓と矢と的と私とが内面的に絡まり合って一体となった」感がするとヘリゲルはいっている．第2段階でいわれた「無心」の境はよりはっきりしたものになり，もはや自分が射るというより，弓身一体のなかでおのずから射が生まれる――「それが射る」というべきものになるのである．

さらに阿波は注意する．「射がうまく出来ても喜ばず誇らぬように．又うまくいかずとも腹を立てぬように．常に平静な気持ちで，そんなことに超然としているように」．

こうして，心の奥底まで見通す師のもとで「生涯で最も厳しい訓練」を受けたヘリゲルは，「心の動揺にかかずらう衝動の最後の蠢きをも撲滅し」，弓を通じて

真の無心の何たるかを体験できたのである．阿波が「射裡見性」——弓を射るなかで悟りを得る——と呼んだ境地に，ヘリゲルも入り得たのである．ヘリゲルは審査を受け，5段を授与されたが，これはもう師なくとも一人で稽古して境地を深められる段階に達したことを意味していた．

4）弓道修行の究極にあるもの

　指導の最後の第4段階では，師は弟子が自分から離れて一人で歩めるようにさせる．弓を執っての稽古はわずかで十分だとし，弓道の奥義を筋を通して話している．奥義は，比喩や暗示によって説かれるが，無心の射を体験した者のみに正しく理解され，また彼がこれから歩むべき道を指し示すものになる．ヘリゲルにも「弓道の精神が，幾百年の歳月を超えて，どこまでも一つであること」が実感された．こうして"奥義"は，師から弟子へと伝えられた．

　阿波は最後にいう．「弓道の究極は，弓と矢なしに的の真中に的中させることである．ここまで達すると弓は禅の中に移っていくのである」．

　これから弟子は一人で稽古しその境を深めていかねばならないし，さらに弓だけでなく，日常生活においても「無心」の境で生きることが求められるのである．

3．弓道を通しての人間教育

　弓道修行において無心の何たるかをつかんだ者は，やがてものごとの見方も生き方も変わってくる——「思いもよらざる実存のあり様」へと開かれるとヘリゲルは書いている．

　阿波がめざしていたのは，弓の稽古を通してのこのような人間教育であった．

　今日見られる弓道の大半は，的中を競うものになっているように思われる．けれどもこれまで見てきたように，機が熟する自然の離れを求め，無心となり，おのずとあたるよう，一本一本の射の質を深め，日々精進していきたいものである．

［魚住　孝至］

● **文献および註**

1) Eugen Herrigel：Zen in der Kunst des Bogenschieβens. Otto Wilhem Barth Verlay, 26版, 1986.（稲富栄治郎，上田　武訳：弓と禅．福村出版，1980）またこの書の基となったヘリゲルの講演(1936)の邦訳『日本の弓術』（柴田治三郎訳，岩波文庫，1982新版）も合わせて考察する．
2) 阿波研造の遺稿は，桜井保之助『阿波研造―大いなる射の道の教え』（阿波研造生誕百年祭実行委員会刊，1981）所収のものに拠る．
3) 東北・関東を中心に97支部，会員は1万人を越えたという．
4) 神永政吉は，1923年に阿波門に入り，以後阿波の教えに忠実に従い，阿波没後第2代大射道教主となった．戦後は日本弓道連盟に合流，十段範士となった．

12章

東京大学医学部ベルツ教師の武道観

1. お雇い外国人・ベルツ

　昨年，東京大学は創立125周年を迎えた．わが国の最高教育機関としての役割とその功績は，日本の近代化に大きな影響を与えたことはいうまでもない．しかしながら，近代国家として遅れて出発したわが国は，欧米先進諸国から大量の「お雇い外国人」を雇い入れることによりその解決策を図っていった．当時，彼らには俸給や住居などで恵まれた環境が与えられ，例えば東京大学に雇われた者への俸給だけでも文部省における全予算の約1/3を占めていたといわれる．しかし，彼らの多くは各分野で主導的立場にたちその職責の大きさには想像を絶するものがあった．なかでも，わが国最高医育機関であった東京大学医学部[1]に26年間という長きにわたり教鞭をとり続けたエルヴィン・ベルツ（Erwin Bälz, 1849-1913）は「日本近代医学の父」と称されている．

　彼の名は「ベルツ水」あるいは彼の死後，息子・トクにより編集出版された『ベルツの日記（以後，「日記」と略す）』[2]として今もその名を留め，特に『日記』は種々，手が加えられたことがはっきりしてはいるものの，当時の政治・文化・科学の様子を伝える一級の資料として今なお多くの人に読まれている．しかし，この『日記』の最も興味を引くところは何気なく書かれた当時の風俗や出来事の描写ではなかろうか．それは，明治黎明期における政治や社会のさまざまな変遷に遭遇した彼がその貴重な体験を第三者の目で冷静に見つめ明治日本を著しているからである．

　明治9年に27歳という若さで東京医学校（翌年から東京大学医学部となる）の「お雇い教師」として来日したベルツは，日本近代医学の基礎づくりに貢献した．彼の講義を受けた者は800人以上になるというが，彼の著した著書などにより近

代医学を学んだその数は数十倍になるであろう．彼は大学で教鞭をとるかたわら患者の診療と医学研究にも従事し「精神病学」といったテーマでの講義も新しく日本ではじめてのものであった．当時，日本に多発していた寄生虫病や脚気などの原因究明に力を注ぎ，なかでも日本人の身体的特性は彼の大きな関心事であり日本人の系譜を生体計測，生体観察，頭骨，骨格の研究により初めて総合的に論じている．

　ところで，彼は明治16年6月に日本政府から勲四等に叙せられ旭日小綬章を授与されている．その際，彼の7年間の教鞭に対する叙勲申請書類には日本における業績目録があり，「洪水熱，胸膜之療法，写書生理，寄生性喀血病，産後出血制止法，多発神経炎ト脚気病ノ関係，日本伝染病，日本人体格論，人体新寄生虫論，日本食品・衣服・住居・体育ノ効用，十二指腸虫」と列記されている[3]．彼のこのような極めて広範囲に及ぶ研究は日本という異国に対する好奇心と「日本」および「日本人」をできるだけ早くそして正確に理解しようとしていた証であろう．

　そのような彼は，医学者を育てる一方で当時ヨーロッパで盛んになりつつあった自然環境を医療に応用することに関連して海水浴（水泳）を推奨したり，海水浴場の選定なども行なった．事実，片瀬海岸は彼が選定したものである．また，明治・大正天皇の侍医としての皇室とのつながりは彼の信頼を高め，多くの人々と交流を促すことになり当時の貴顕を診ることにもつながっている．その他，日本国民の衛生思想やその改善にも強い意欲を示し，当時の青少年の体力の状況に注目するとともにその改善のために鍛練などの重要性を強調した．しかも彼は自らの生活のなかでスポーツを実践してみせたほどである．そのため，わが国の伝統武道にも早くから大きな関心を寄せ嘉納治五郎や榊原鍵吉といった人物との交流もあった．こうした彼の活動は直接・間接に近代日本のスポーツの発展に少なからず影響を与えた．

図12-1　シュツットガルトで出版された日記（1937年・第3版）
（個人蔵）

2．有名武道家との人脈

　明治16年6月14日付『開花新聞』にはベルツが榊原に入門したことを伝える記事が載せられている．「我邦の撃剣は非常に備ふるのみならず衛生上に効能ありとて大学医学部の教師ドクトル，ベルツ氏は去る四月榊原鍵吉氏の門に入り頻に勉強せられし効ありて近来は大に上達されし由また同氏は如何にも其実用に注意して我邦従来の刀剣寸尺によりて竹刀を製し其術の秘訣奥義等を日々榊原氏に尋問さるるにより同校の生徒も追々にヤットウを励むという」．彼はこのように入門に際して自分の竹刀をあつらえるほどの力の入れようであった．また，妻である花・ベルツは『エルキン・ベルツ博士の思ひ出』のなかで明治も十年後のこととして榊原との仲を次のように語っている．「日本固有の武道保存を兼ねて日本の武術を普及させ度いと申しまして，榊原鍵吉さんを招きました．（中略）浪士とか壮士とかいふ連中と来ては寔に物騒なものでした．そういふ連中が榊原さんにぞろぞろと随いて来て，他人の懐具合などテンデお構なしに，ビールや酒を煽り傍若無人に大言壮言を始めます．此には宅もホトホト閉口致しました．（中略）榊原さんが余り大酒をされるので，ベルツは当人の健康の為め，一度懲してやらうと，其頃は珍らしいベルモットを客席に五六本置放し，鯨飲勝手にして置きました．（中略）其後榊原さんに"先日差上げた酒はどうでした"と尋ねますと，榊原さんは苦笑され"貴方といふ人は私達を泥鰌扱にされ，とうとう酒で潰されました．帰りには同僚達と竹刀を杖に，二人手を組合って歩きましたが，竹刀を杖にヨサヨサと歩く處を衆人の目に曝らし，何とも面目次第もありませんでした，今後は気を附けますから，彼様にいじめて下さるな"と申した事が御座います」[4]．

　また，柔道に関しては嘉納治五郎との交際が深かったようである．当時，嘉納は西洋のスポーツ事情を学びたいとベルツの門を叩いたといわれている．この嘉納に対し彼は，日本には西欧的スポーツを超える伝統的敢闘精神と伝統的身体修練法すなわち柔術があるではないかといい，いわれた嘉納は翻然とし，このことがきっかけとなりその後嘉納は柔術から柔道への道を邁進するようになったとさえいわれている．後に彼は，ベルツの紹介により草津に別荘をもつほどであった．ベルツはこのように当時一流の武道家たちと出会う中で日本の伝統武道を正しく理解しようと努めていたといってよいであろう．

図12-2　2列目：右5人目から三宅，スクリバ
3列目：左6人目ベルツ（明治35年撮影）（個人蔵）

3．明治16年における「剣術柔術調査」の不可解さ

　文部省は明治16年5月，「剣術柔術等教育上所用ノ利害適否」を体操伝習所に諮問した．この調査には，東京大学医学部長三宅秀（1848-1938），同じく医学部教師ベルツ，スクリバ（J.C.Scriba, 1848-1905）があたり主として医学的検討から翌17年10月13日に復申し，武術の正課採用を不適当と結論づけた．しかし，この調査結果についてはこれまで多くの先行研究に取り上げられているものの，その不可とした根拠を当時の日本医学界最高首脳陣たちがどの程度示していたか等その理由を示すものは見当らず詳細は不明である．

　もとより，この調査依頼については『文部省第11年報』等により明らかである．しかし，その復申内容については多くの先行研究が高野佐三郎著『剣道』に著された「二術の"利とする方"五つ，"害若くは不便とする方"九つ」の部分を引用しており，この他にこの調査結果を越える資料などは示されていない．

　しかし，日頃から武道に対し理解を示していたベルツがこの諮問委員会のメンバーに加わっていたにも関わらず，なぜこのような結論が復申されたのであろうか．彼の『日記』には残念ながら明治16年から明治21年12月中旬までの内容が削除されているためその詳細を読み取ることはできない．この『日記』の編者トクは，ナチの新聞"Völkischer Beobachter"に記事を掲載している人物であり，さらにこの『日記』は出版される際に戦争や内政の問題，そしてドイツで発表をはばかる批判部分など相当に省略または削除されたという[5]．

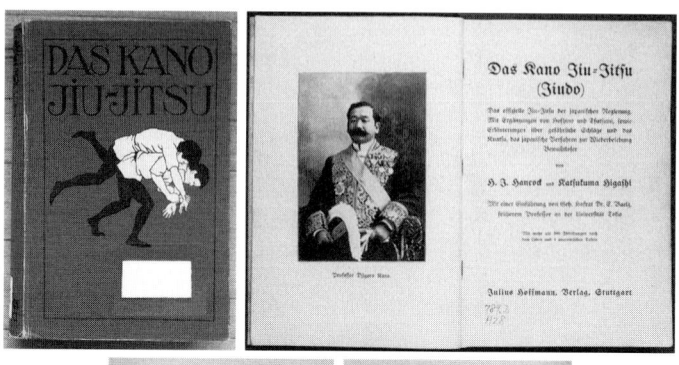

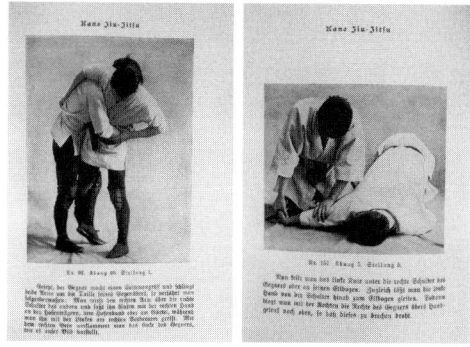

図12-3　DAS KANO JiU-JiTSU

　それはともかく，ベルツの直弟子である三浦謹之助（1864-1950）によれば「ベルツさんは公私共に忙しいにもかかわらず，体育のことを怠らなかった．病院から帰って用がすむと榊原鍵吉という剣客に剣術を習ったり，ローンテニスをしたりしました」と述べている[6]．しかし，これは自身の健康のためだけではなく日本の若人の啓蒙のためにその範を示すためであったことが本国・シュツットガルトで出版された書"DAS KANO JiU-JiTSU"[7]の序文に著されている．「東京大学の学生は栄養が悪く，そして勉強をし過ぎしばしば一晩中座って本を読み，身体運動はしておらず衰弱しきった青年たちばかりであった．私は，それらを近いうちに良い方向へと変化させようと努力した．しかし，学生に体育館またはグラウンドでの運動の機会を与えようとしたが許可は下りなかった．剣術は卓越した訓練法であると認め，私は復活するように推薦した．しかし，剣術は頭を打つから危険であり乱暴なスポーツであると反対された．この先入観に打ち勝つために自身で剣術師範で有名な榊原から稽古を受けた．そして新聞により安全である

という事実が知れわたると，外国人でしかも東大医学部教師が剣術を稽古するのであるから，それは野蛮でも危険でもないということが一般に解って，新たに脚光を浴びてきた．同時に柔術に関心を持ちこれを推奨した．それからは，日本における剣術・柔術は再び脚光を浴びることとなった」．このなかの「剣術は頭を打つから危険である……」という部分は，明治35年に出版された『内外名家体育論集』においても20年以前のことと前置きしたうえで同じような主旨のことが述べられている．20年前といえば「剣術柔術調査」のころであり，日頃から武道に対し理解と推奨を示していた彼にとり「剣術柔術調査」の復申は彼の考えとはまったく違う結論が出されたわけであり微妙な問題が想起される．

　ところで，この調査の復申はすでに記した通り翌年の明治17年10月13日に出されている．しかし，彼はその2ヵ月前の8月17日に6年以上勤めた外国人教師への特権として与えられる1年間の休暇を利用し帰独しているのである．帰独理由はプライヴェートなことなので記さないが，それはともかく彼がこの調査に最後まで関わっているのであればその復申は10月ではなく8月となるのが必然であろう．ベルツ帰独後の約2ヵ月間は何を意味しているのであろうか．

　その他，この調査は主として医学的検討から調査したといわれるが当時の社会的情況も影響していたのではないかと思われる．なぜならば，当時，有能な日本人医学者が海外留学から帰国すると高額な俸給を得ていた外国人は契約更新が難しくなりその多くが故国に帰り始めるようになる．そのため明治10年代後半にはベルツとスクリバの二人だけとなってしまう．また，その頃，政府は医師の速成を急務としていたことから外国人教師によりドイツ語で行なわれていた授業を彼らの反対を押し切り日本人教師により日本語で学べる「別課」という制度を作りあげ，多くの日本人医学者を誕生させたのである．この制度は外国人教師の役目は終わったとする意を告げるものであった．しかし，大学の管理運営に関し権限がない彼らにはこのような制度に対して何ら反論できなかったのである．そして，この「別課」制度新設と発展に努めたのが医学部長の肩書きを持つ三宅秀であった．

　また，政府はその頃から彼らに対し冷淡で横柄な態度をとるようになったともいわれている．しかし，そのような中でも日本滞在を望んでいた者たちは日本人の役人とうまく付き合ってゆかねばならなかった．若干時代的な隔たりはあるものの当時官傭として招かれたR.H.ブラントンはその一つの方法として「事を荒

立てず，そっとしておくことである．すなわち事は成行きに任せるのである．助言を求められたときは助言を与え，たとえその通り行なわれなかったとしても気に止めないことである．（中略）政府の雇いとなった大部分の外人がとったこのような態度が，当然の結果として，政府が推進した明治初期の事業に付随した汚職や醜聞をもたらしたと思われる」と述べている[8]．このことはベルツも例外ではなかったと思われる．なぜなら，彼にとり日本は新しい研究の継続という意味で重要な場所であり，そして高額な俸給により祖国の家族を救おうとしていた彼はおそらく長期滞在を望んでいたと思われるからである．

彼の明治33年4月18日付『日記』には，「今日，重大な行動に出た．（中略）大学を辞職するむね通告したのである．（中略）外人教師を取扱うやり方が，次第に我慢できなくなって来たからだ．（中略）医学部内に事実，すべてを独力でやろうとする傾向のあることは，総長も自認せざるを得なかった」と著されている．また，東京大学を退職する前年の明治34年9月27日付『日記』には「これで，自分の一生の重大な転換期がやって来たわけだ．そこで自分はようやく自由な人間となり，時間に縛られず，好きなようにして学術上の研究に従事することができるのだ」と著している．この「自分はようやく自由な人間となり」という部分は先の事柄と照らし合わせると大変興味深いものである．このようなことから「剣術柔術調査」内での二人の外国人の立場はどのようなものであったのだろうか．

しかし，現時点においては文部省や体操伝習所とベルツとの間にこのような事実が存在したかを裏付ける資料等は見出せず今後の課題であるが，雇主である政府高官と被使用者である外国人との間の人間関係の摩擦が時として政府の政策に少なからず影響を与えていたといわれる点はベルツについても今後検討してみる必要性を感ずる．それゆえ，こうした点から「剣術柔術調査」の種々の再検討を痛感する．

4．東京大学での武道採用について

三宅雪嶺は自伝『自分を語る』のなかで「東京へ移ってから体操がなく，佛蘭西語の教師で事務にも與かった古賀護太郎氏が撃剣を課するが宜いとて，医学部のベルツ氏に相談し，ベルツが大賛成で，榊原鍵吉氏を聘することになった．

氏が幾人も門弟を引連れて来り，講義室を道場にした」と回顧している[9]．その後，ベルツが一貫して高い評価をし推奨していた剣術は柔術とともに1888（明治21）年5月，東京大学における学生の活動として認められることとなった[10]．もちろん，これらは対象者が大学生であるということを踏まえるべきであるが，しかし，彼は明治19年12月18日に刊行された『大日本私立衛生会雑誌』の第43号において「日本人種改良論」という演題のもと「日本人ハ体小ニシテ一時ノ働作力多クハ驚歎スル程ナラズト雖モ天性甚ダ百事ニ巧ナレバ其智能ヲ練習発達セシメンコトヲ務ムベキナリ此ノ練習ノ如何ナル功効ヲ奏シ得ルカハ柔術ヲ見テ知ルベシ此体操法ハ普ク学校等ニ行ハレンコトヲ希望スル所ナリ」と述べ，学校教育における柔術の推奨・奨励を行なっているのである．

そればかりか，彼の明治36年12月12日付『日記』には「嘉納は柔術の方式改革により，国民に多大の貢献をした．身体を強健にし，これを組織的に完成するためには，おそらくこれ以上に完全な方法はないと思う」とあり，さらに翌37年4月17日にも「一日中，自分と寺めぐりをやって，なんの疲れも見せない七十三歳の北畠老の，驚くべき元気さにはあきれざるを得ない．氏はその昔，盛んに柔術をやった．この柔術は，およそ身体を鍛錬する方法の中で，最上のものである」とその価値を一貫して著している．

以上のことから彼は常に日本の武道に高い理解を示し教育的にもその価値を認めていたのである．

5．ベルツをとりまく人々

ベルツは滞日29年間の間にどのような日本人と接しわが国の武道やスポーツを理解していったのであろうか．

その一人として，彼とともに長い間日本の医学教育に携わった三宅秀があげられよう．彼は，明治14年から約9年間東京大学初代医学部長を務めた人物である．そんな彼は，医学以外にも世界のさまざまな最新情報をいち早く入手しており，それらは学校体育の現状やスポーツ事情等も例外ではなかった．そのため彼は著書や各地での講演活動等を通してそれらを直接・間接にわが国に紹介している．例えば，これまでの先行研究では，スウェーデン体操がわが国で初めて紹介・推奨されたのは明治34年10月12日にミス・ヒュースによって行なわれ

たのがそのはじめだとされてきた．しかし，著者の調べでは彼女が最初に「すすめた」とされる17年前の1884年にすでに三宅が自著『治療通論・中巻』の中でスウェーデン体操に触れ推奨しており，わが国でスウェーデン体操が紹介されたのは，彼女の紹介よりもかなり早かったことがわかった[11]．このように体育・スポーツに医学者としていち早く関心を示していた三宅の存在はベルツにとり日本の体育・スポーツ事情を学ぶ上で貴重な存在であったろう．

次いで，忘れてはならない人物として最年少でベルツの指導を受けた森林太郎（鷗外）がいる．著書『独逸日記』には彼とライプチヒで再会する場面が幾度か著されている．当時ベルツは森のことを「今一ツ予の忘れることのできぬ日本人が一人ある．それは君達の先輩ドクトル森のことだよ．（中略）森といふ男は實は智慧の満ち満ちた立派な頭をもってゐる．どうしても只の日本人ではないネ」と評するほどであった[12]．卒業後陸軍入りした森にとり近代的軍医体制を整えるうえでベルツから多くの教えが必要であったことだろう．また，現時点では資料等は見出せず今後の課題であるが，1850年代にはドイツにスウェーデン体操が伝播していることを想起すればおそらくベルツはスウェーデン体操の存在を知っていたと思われる．したがって，森は海外の体操事情の一つとしてその情報を彼から得ていた可能性もある．軍医総監としての道を歩む森にとり，軍隊体操を含むスウェーデン体操の情報は後の軍国主義体制を進めるうえで重要となったのではなかろうか．それゆえ，その後展開される「体操か武道か」の問題とも合わせ二人の関係は非常に興味深いものである．

むすび

以上，ベルツの活動・交遊などから彼の武道についての考え方の手がかりとなるものを見てきたわけであるが，彼は一貫して剣道や柔道を中心とする武道に高い評価を与えてきたことがわかる．

帰独まもない彼の『日記』（明治36年12月24日）には，卒業生百名を前にし「非常に目立つのは，これら当代の人達が二十年前の先輩連に比べて，遥かに堂々たる体格をし，強壮で端麗な点である．これは体育向上とスポーツ愛好の結果である」と日本人の体格の向上を心から喜んでいる部分がある．これは日本人の健康の改善に対し彼が常に深い関心を持っていたということであり，また彼にとってその改善策の一つとして，近代化しつつあった武道を推奨・奨励してきた

ことに誤りがなかったことを確認したためといえよう．

　外国人である彼は日本の伝統武道のよき理解者であり，そしてそれらに好意をもって接していた．しかし，彼のこのような武道観はわが国の近代化が文物を移入するだけの西洋化にならないよう，自らの力で近代化を成し遂げるためには伝統文化の再評価が必要であることを同時に示していたのではなかろうか．

[頼住　一昭]

● 文献および註
1) ベルツの滞日中，大学の名称は3回変更されている．ここでは東京大学に統一した．
2) トク・ベルツ編（菅沼竜太郎訳）：ベルツの日記（上・下），第5版．岩波書店，1992．
3) 東京大学所蔵「ベルツ解雇之節勲等ニ叙セラレ度稟請」を参照．
4) 鈴木双川：エルキン・ベルツ博士の思ひ出，東京医事新誌 3026：52，1937．
5) トク・ベルツ編：前掲書2)，p.427．
6) 三浦紀彦編：一医学者の生活をめぐる回想，p.49，医歯薬出版，1955．
7) H.Hancock and H.Katsukuma：DAS KANO JiU-JiTSU．Julius Hoffmann,1906．
8) R.H.ブラントン（徳力真太郎訳）：お雇い外人の見た近代日本，第4版．p.169，講談社，1992．
9) 三宅雪嶺：自分を語る，朝日新聞，p.121．1950．
10) 読売新聞，第4008号，p.2，1888年5月19日
11) 頼住一昭：三宅秀の紹介によるリングの体操について．平成9年度東海体育学会第45回大会抄録集，p.9，1997．
12) 長谷川泉監修：軍医森鷗外．p.100，日本図書センター，1992．

13章

E. ベルツの剣術・柔術理解
——榊原鍵吉および三浦謹之助との出会いを中心として——

　エルヴィン・ベルツ（Erwin Bälz, 1849-1913）は，1876年に東京医学校（現在の東京大学医学部）の傭外国教員いわゆる「お雇い外国人」として来日し，離日するまでの約29年間の長きにわたり日本近代医学の基礎作りに尽力した人物である．この間，彼は現在の東京大学医学部がわが国唯一の最高医育機関であった時期に「医学部内科教師」として約26年間，講義を行ない直接の門下生を800人以上育てたという．

　そのようなベルツは滞日中，東京大学における医学教育以外にも極めて広範囲な研究を行ないその成果を世界に発表している．なかでも日本人を人類学的に研究した『日本人の身体形質』"Die Körperlichen Eigenschaften der Japaner 1, 2"は，その生体研究において1,400名，身体計測男性2,500名・女性242名をそれぞれ調査しており，人数に関する限りそれまで日本人についてこれほど多くの資料を用いた研究はなく，彼の最大の業績としてあげられている[1,2]．また，日本国民の衛生思想とその改善に関心を示したベルツは当時の青少年の体力の状況に注目するとともにその改善のために日本の剣術・柔術による鍛練の重要性を強調し推奨している[3-5]．

　彼が剣術や柔術についてどのような機会に理解を深めたかなどについては，これまで先行研究などによりいくつか紹介されている[6,7]．しかし，それらは1883年に文部省により行なわれた「剣術柔術等教育上ノ利害適否調査（以下「剣術柔術調査」と略す）」において彼が調査委員として参加していたことや調査以降における剣術・柔術あるいは体育論との関わりについてのものである．

　したがって，「剣術柔術調査」以前における彼の剣術・柔術との関わりについての詳細は明らかにされていない．また，この調査結果の公表までの経緯についても不明な点が多い．しかしながら，この調査結果で剣術・柔術は不適当とされた

にもかかわらず，著者のこれまでの研究では調査したはずのベルツが剣術や柔術に否定的考えを持っていたという事実を得るには至っていない．彼の当時の活動の様子と調査結果の隔たりを埋める手がかりを得るために，さらには，近代日本の医学界に大きな役割を演じたドイツ人医師が，後の近代剣道や柔道の先駆者達と親交を深め，日本古来の身体修練を評価していた背景を見ていくことの必要性を痛感する．

そこで本章では，「剣術柔術調査」の委員の一人でありしかも外国人でもあったベルツが，どのような人物との関わりの中から剣術や柔術に理解を深めていくことになったかを考察することを目的とした．取り上げた人物は，剣術については榊原鍵吉，柔術については三浦謹之助（1864-1950）である．三浦は，ベルツ来日初期からの生徒であり通訳であった．後に，三宅秀（1848-1938）の娘婿となり，また日本内科学の確立につとめた明治期の代表的な医学者である．彼は，柔術の心得があり嘉納治五郎とともにベルツの柔術理解に大きな役割を演じた一人といえる人物である．

図13-1　E.ベルツ（明治38年12月，医科学卒業生記念より）
（個人蔵）

1．「剣術柔術調査」の復申内容とベルツの剣術に対する考え方との違いについて

体育・スポーツの分野からベルツの存在が注目された初期の例として，先行研究でも取り上げられている1883年5月5日，文部省の依頼によりベルツが調査委員として参加した「剣術柔術調査」があげられよう．

この調査は，「文部省が体操伝習所に諮問するとともに東京大学医学部長・三宅秀，同じく医学部教師・ベルツ，スクリバ（Julius Scriba, 1848-1905）の医学者三名を招くとともに，剣術・柔術の流儀伝習に従事する者に1流あたり拾円交付しその流派教授の順序勢法等を討問演習させるなどした」[8]ものである．

ところで，この調査は翌年10月13日に復申され，「武術の正課採用は不適

当」として結論づけられ，その後，剣術・柔術が学校教育における体操科に加えられるようになるのは1911年7月31日の中学校令施行規則改正以後のこととなる．

　この調査結果の内容については，先行研究のほとんどが高野佐三郎著『剣道』に著された「二術の"利とする方"五つ，"害若くは不便とする方"九つ」[9]の部分を引用しており，この他にこの調査結果を越える資料等はこれまで示されていない[10]．

　したがって，この「不適当」とされた根拠について当時の日本医学界最高首脳陣の3名がどのような考えを開示していたか等，その理由を示すものは見当らず詳細は不明である．また，彼の死後，息子であるトク・ベルツ（Toku Bälz, 1889-1945）により編集出版された『ベルツの日記（以下「日記」と略す）』からも残念ながら1883年から1888年までの内容がほとんど削除されているためその詳細を知ることはできない[11, 12]．『日記』の編者であり息子でもあるトクは，母である花・ベルツ（1864-1937）からの手紙を1942年1月6日付のナチの新聞"Völkischre Beobachter"に掲載しプロパガンダに使わせている人物であることからわかるように，この『日記』は出版される際に戦争や内政の問題，さらにはドイツで発表をはばかる批判的部分など相当に省略または削除されたものだからである[13-15]．

　それはともかく，彼がこの調査の時期と平行して日本の剣術を理解するために当時撃剣興行などで最も有名であった榊原鍵吉の道場に通い自らその術を学んでいたことが1883年6月14日付『開花新聞』において次のように明らかにされている．「我邦の撃剣は非常に備ふるのみならず衛生上に効能ありとて大学医学部の教師ドグトル・ベルツ氏は去る四月榊原鍵吉氏の門に入り頻に勉強せられし効ありて近来は大に上達されし由また同氏は如何にも其実用に注意して我邦従来の刀剣寸尺によりて竹刀を製し其術の秘訣奥義等を日々榊原に尋問さるるにより同校の生徒も追々にヤットウを励むというふ」[16]．

　このことから彼が剣術を理解し深めるのはこの榊原の下に入門した1883年4月以降からであるといえよう．

　また，花・ベルツの回顧によれば榊原とベルツの関係はこの入門以降，親交を深めていったといい，当時物資に恵まれなかった榊原門下の豪傑連が再々ベルツ邸を訪れ高価な洋酒類を飲み荒らし帰っていくほどの仲になったという[17]．

この榊原鍵吉への入門については，彼の日記[18]を 1939 年に日本ではじめて翻訳した渡邊正彦が『學生と日本』の中の「ベルツと日本」において「西南戦争後数年間の文字どおり必死の勉学により肺を蝕まれ学業の途上に夭折する大学生・高校生が多くいたために大学の当局と学生が当時ベルツが行なっていた日本古来の武術，なかでも剣術により体位改善を試みようとした．しかし，剣術は頭部を強打するために脳へ害はないのかという疑いが生じたため寄宿舎幹事がベルツにその可否を訊ねて来たことによる」[19]と述べている．

　この「脳に害あり」という問題については，ベルツ自身も 1906 年に本国・シュットガルトで出版された H. Hancock の書"DAS KANO JiU-JiTSU"の序文において次のように著している．「当時の学生は栄養不良で勉強のし過ぎで衰弱しきった青年達ばかりであった．彼らは徹夜で勉強することが多くその為に身体的休養あるいは身体的訓練をとることがない．私は，それらを良い方向へと変化させようと努力した．しかし，学生に体育館またはグラウンドでの運動の機会を与えようとしたが認可が下りなかった．私は，日本伝統の剣術を適当なものとして推奨したが，過敏だとか頭部を激しく衝撃を与えるとかの理由で危険なものとして一蹴された．しかし，高名な剣術師範の榊原から教授を受け，その記事が新聞に掲載されると外国人であり国立学校唯一の医学校の教師が学んだのであるからそのことが紛れもない証拠となり，その結果，剣術が西洋人にも野蛮なスポーツだとは思われなくなり，また健康上決して危険なものでもない，ということが了解されるようになった」[20]．

　ところで，この内容は 1902 年に日本体育会から発行され「二十年以前に於て」と前置きしたうえで著された『内外名家体育論集』[21]の内容ともほぼ一致する．20 年以前といえば「剣術柔術調査」の前年の頃のことである．したがって，このことからも彼はすでに「剣術柔術調査」の開始時には学生の健康改善のために剣術の推奨を行なっていたと思われる．しかも，竹刀を製すまでに至るベルツの剣術に対するこのような行動には当時の日本人の多くが抱いていた「脳に害あり」といった剣術に対する誤った認識を払拭させようという思いがあったからといえよう[22]．

　それはともかく，1883 年に東京大学を卒業した三宅雪嶺（1860-1945）もまた，自伝『自分を語る』の中で「東京へ移ってから体操がなく，佛蘭西語の教師で事務にも與かった古賀護太郎氏が撃剣を課するのが宜いとて，医学部のベルツ

図13-2　道場及運動場（明治42年12月，東京帝国大学医科大学）（個人蔵）

氏が大賛成で，榊原鍵吉氏を聘することになった」[23]と大学内におけるベルツの剣術の推奨を紹介している．

しかも，これらはいずれも時期的には「剣術柔術調査」以前のことである．また，調査期間中である6月頃にもベルツは榊原を医学部に招き，学生とともに剣術を試みその演習に大変満足していることが1883年6月25日発行『医事新聞』第89号において次のように著されている．「東京大学医学部にては運動の為なるか予科四級の甲乙生徒三十名許申合せ競武社と云ふものを設け榊原鍵吉氏を聘し剣術を習行するよし此程内科教師ドクトル，ベルツ氏も之を試みられ大に賛成せらるれは追日加入するもの多きよし己に昨廿四日には大演習を催されしと」[24]．

このように，ベルツが一貫して高い評価を示し推奨していた剣術は5年後の1888年5月，東京大学における学生の活動として認められることとなった．5月19日付『読売新聞』にはその時の道場開き式の様子が次のように著されている．「柔剣術　今度帝国大学へ剣術柔術を教科に加らるる事になり右稽古所を新築せしに付去る十六日榊原鍵吉氏を教員とし当日世話掛りには渡邊総長はじめ本郷警察署長，御雇独逸人，剣士教員臨場の上開場式を行はれしが柔術の方は嘉納治五郎氏を教員とし昨十八日午後二時より開場式を行はれしが生徒は毎月水金曜日を以て教授さるる事になりしと云う」[25]．

ところで，文中の世話掛りの一人である「御雇独逸人」とはベルツのことであろう．なぜなら，1888年における東京大学での「お雇い外国人」はベルツとスク

リバの二人だけとなっており，これまでの経緯と榊原との関係からもベルツであると思われる[26]．

したがって，医学界最高権威の一人であったベルツのこのような剣術推奨活動は，当時一部で論ぜられていた衛生的見地からの剣術有害論に対する反証として行なわれたものであったと考えられ，彼によるその推奨は「剣術柔術調査」の以前からはじまり調査期間中も剣術に対し常に高い評価と理解を一貫して示していたといえよう．

以上のことから，少なくともベルツが「剣術」についての理解を深めるのは榊原の下に入門しその教えを請た1883年4月以降とみることができよう．

2．ベルツの柔術理解と三浦謹之助の存在

一方の「柔術」についてはいつごろ，どのような人物との関わりの中から理解を深めたかなどその詳細は不明であり，これまで明らかにされていない．

ところで，1889年に帝国大学医科大学を卒業と同時にベルツの助手となりその後内科医として活躍した入澤達吉（1865-1938）[27]は，自己の体験と資料を調べ当時を回想し著した『雲荘随筆』の中の「明治十年以後の東大医学部回顧談」において，「湯島天神町に井上敬太郎と云ふ人が磯の門人で天神真楊流の柔術を教へて居って，大分習ひに行った生徒もあった」[28]と当時の医学生について回想している．

このことから，柔術についての情報は当時のベルツの教え子であった医学生から伝えられたとも考えられる．そして，当時の医学生の中で最も注目される人物として，1878年に東京大学医学部予科に入学した三浦謹之助があげられる．

彼は，大学卒業後内科教室のベルツの助手を約2年間つとめた直弟子であり，また彼の義父は「剣術柔術調査」においてベルツらとともに日本人医学者として唯一人参加した三宅秀である[29]．その三浦は，自著『懐古』において当時のベルツを語る中で「私は柔道を天神真楊流の井上先生に習って居りましたので，柔道の事に興味を持って居られました」[30]と述べている．また，英・仏・独語に堪能であった三浦は日本語の不自由なベルツの通訳として早くから日本人として彼に接しており，離日まで常にベルツの身近にいた．

通訳としての役割については彼自身，「私が始めて先生と知ったのは大学予科

図13-3　1905（明治38）年，ベルツの送別会にて．後列2人目から三浦，ベルツ
（三浦義彰氏提供）

のときである．予科教師のランゲだったかブロードだったか明瞭に記憶して居ないが，三浦は貧乏で独逸語が出来るから使って貰ひたいとベルツ先生に紹介された」[31]と述べている．この予科教師であったランゲ（Rudolf Lange, 1850-1933）とは1874年から1882年の間，一方のブロード（Adolf Groot（Groth?）, 1854-1934）は1880年から1885年の間，それぞれ東京大学医学部においてドイツ語・ラテン語の教師として勤めている[32]．

このことから，ベルツと三浦が最初に出会った正確な時期については現時点では特定できないものの，三浦が予科に入学した1878年から遅くとも予科を修了する1883年の間ということができる．

さらに，三浦はベルツの日本語力について質問された際，「終ひには相当出来ました．大体病人の言ふことがわかるくらゐにまでなったんです，けれど詳しくいふことはなかなか解らないので，ベルツさんのプライヴェートの患者も，よく私がベルツさんの家に行って通弁してやりました」[33]と述べていることからも二人の関係が理解できよう．ところで，この「プライヴェートの」とは来日の際に日本政府との間で交わされた契約の一つである「診療自由のこと」[34]を意味しており，その回数や人数は自由とされ，さらにその際の往診料はすべて自分のものとなっていた．

このようにプライヴェートな面でもベルツの身近にいる機会の多かった三浦は当時ベルツからしきりとスポーツを勧められていたという．しかし，当時の彼は遊びのスポーツは暇つぶしに過ぎず運動するなら同時に護身法の習える武術がよいと考え柔術以外の運動競技はやらず，ベルツからスポーツを勧められると逆に日本には昔から伝わる武術があってそれによって体を鍛えているのだと説明し，

ベルツに自分の習っていた柔術を見せていたという[35]．

そのため，西洋人でありしかも好奇心旺盛であったベルツにとり，天神真楊流の初段[36]まで進んだという三浦の存在は，彼が柔術について理解を深める契機となった最も初期の人物と考えられ，その後，彼が一貫して日本の柔術を推奨していく上で直接・間接に関係していたと考えられる．

なぜなら，後に（1898年）三浦はわが国で活躍していたドイツ人の学者や専門家の集まる「ドイツ東亜自然科学民族学協会（Deutsche Gesellschaft für Natur-und Völkerkunde Ostasiens）」の25周年記念祭でベルツから日本の柔術について講演をドイツ語でするよう依頼されているからである．『日本医事新報』に掲載された「恩師ベルツ先生の傳」には1901年11月22日に小石川植物園において行なわれたベルツ来朝25周年祝賀会の席上における三浦の演説の一部が載せられているがそこには，「剣道は榊原鍵吉氏に指導を受けられ柔道にも興味を持たれ，小生にも其方法等を聞かれたる事ありて，小生も亦独乙東アジア自然並に民族協会に於て演説の後，実地を多数の独乙人に供覧せし事あり」[37]と述べられている．さらに謹之助の長男・紀彦が編集した『一医学者の生活をめぐる回想―名誉教授三浦謹之助の生涯―』には，「ドイツ人が東京に沢山いる頃にはドイツ東亜自然科学，及び民族学会という会がありましてね，そこでいろんな演説をやり雑誌を発行しました．私なんかも引張りだされて，人相のことだの，柔道のことなど演説したことがあります．それで柔道は柔道をやる人を頼んでやってみせたりしたことがあります」[38, 39]とその時の様子が語られている．

ところで，三浦のいう天神真楊流の初段とは現在の講道館が用いているような「初段」，「弐段」，「参段」といった階級を示すものではなく，天神真楊流の場合には「形」としてその教授段階を「手解」，「初段」，「中段」，「投捨」，「試合裏」，「極意上段」の六つに分け，技を順次習得していくという教授方法をとっている．したがって，彼のいう初段とはこの教授段階における初段のことだと思われる[40]．

それはともかく，この「ドイツ東亜自然科学民族学協会」とは，1873年3月22日に当時の駐日ドイツ公使フォン・ブラント（Max August Scipio von Brandt, 1835-？）と医学校の教師ミュルレル（Leopold Müller, 1824-1893）によって創設されたものであり，この協会は日本で活躍しているドイツ人の学者や専門家が集まりその研究成果を発表し，さらにドイツと日本の友好関係の育成に大きな貢献

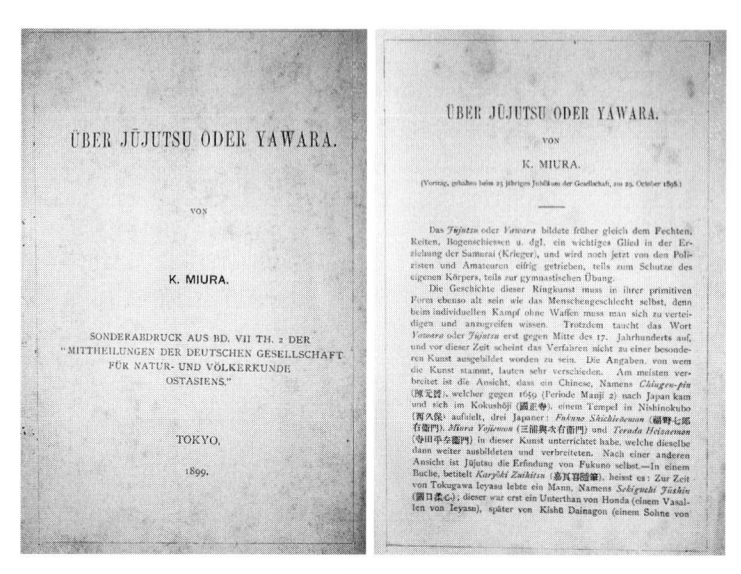

図13-4　三浦謹之助著"ÜBER JŪJUTSU ODER YAWARA"の表紙と本文

をしたものである．また，当協会での日本人会員は創立当初からドイツ語を話す者とされており三浦が入会したのは東京大学第一内科教授となった翌年の1896年3月25日のことである．

　ベルツから依頼されたこの講演は，1898年10月29日に"ÜBER JŪJUTSU ODER YAWARA"という演題のもとに行われ，その際，天神真楊流の井上敬太郎が外国人を前に実演もしている．さらに，この講演での内容は，その翌年に出された協会の研究報告集"MITTEILUNGEN DER DEUTSCHEN GESELLSCHAFT FÜR NATUR-UND VÖLKERKUNDE OSTASIENS"において"ÜBER JŪJUTSU ODER YAWARA"という論題のもと掲載されている[41]．

　また，このような親交が続くなかでベルツは1886年12月18日刊行『大日本私立衛生会雑誌』の第43号の「日本人種改良論」という演題のもと「日本人ハ体小ニシテ一時ノ働作力多クハ驚嘆スル程ナラズト雖モ天性甚ダ百事ニ巧ナレバ其智能ヲ練習発達セシメン事ヲ務ムベキナリ此ノ練習ノ如何ナル功効ヲ奏シ得ルカハ柔術ヲ見テ知ルベシ此体操法ハ普ク学校等ニ行ハレン事ヲ希望スル所ナリ」[42]と述べるなど「学校教育」における柔術の推奨・奨励も行なっているのである．

3．三浦と嘉納との出会い

　ベルツの『日記』に嘉納が初めて登場するのは1903年12月12日のことであり，そこには「正午，柔術の嘉納，富田両師範と共に，英国公使館のホーラーのもと．嘉納は柔術の方式改革により，国民に多大の貢献をした．身体を強健にし，これを組織的に完成するためには，おそらくこれ以上に完全な方法はないと思う」[43]とすでに彼の名前とともに柔術を高く評価している様子が著されている．また，現時点においてベルツに関するその他の史料では二人の出会いについての記述は見受けられない．

　しかし，ベルツは滞日中，嘉納治五郎との関係も親密であり嘉納はベルツから西洋のスポーツ事情を学びたいと何度か群馬県の草津の地を訪ねベルツに教えを受けていたという．後に彼はベルツの紹介により草津に別荘を持つまでになっている[44]．

　このような，二人の関係にも三浦が関与していたのではないかと思われる．なぜなら，三浦は嘉納と同じ天神真楊流の門人であり，柔術を通して早くから嘉納を知っていたからである．このことについて三浦は，「あの人（嘉納）は天神真楊流という柔道を習って，それから他の派も習い，そのよい処をとったわけです．私の先生もやっぱり天神真楊流で，井上という人で嘉納さんもよく来て居りました．（中略）嘉納さんの柔道の先生は下谷の井上先生の，又先生（磯又右衛門正智）だったそうで，その人から古い頃から嘉納さんが習って，井上先生からも多少習ったようです．私等が一緒になったのは井上さんのところでして」（括弧内の人名著者）[45,46]と述べている．

　嘉納が磯又右衛門正智から天神真楊流を学んだ時期とは，それまでの師福田八之助が死去した1879年8月からその磯又右衛門正智も死去する1881年6月までのことである．したがって，正確な時期については現時点では不明であるものの，二人の最初の出会いはこの1879年8月から1881年6月の間であるといえよう．さらに，このことから1877年に上京した三浦が井上道場に入門した時期は，1877年から1881年6月までの間であったとみることができる．

　このように，ベルツと当時予科生であった三浦の正確な出会いの時期は特定できないため，最大約5年間という時期を設けねばならないし，またその時に彼が天神真楊流を学ぶようになったかどうかも不明である．もっとも，この不明期間

は最大約 2 年である．また，現時点において嘉納がベルツと最初に出会った時期が明らかでないためベルツが三浦と嘉納のどちらから先に柔術についての情報を受けたか特定できない．

まとめ

　以上のことから，ベルツは剣術については 1883 年 5 月における「剣術柔術調査」の開始以前にすでに主として榊原を通して，また柔術については常に彼の身近にいて天神真楊流を学んでいた三浦からその情報を受けていた可能性が極めて高いとみることができよう．

　トク・ベルツは，1940 年 10 月 5 日に文化映画制作のために 12 年ぶりに東京に来日しているが，その際，彼は父の思い出を次のように述べている．「私が今でも面白いと思ってゐるのは父が今から六十年も前に現在ドイツ，日本等で言はれてゐる体位向上を考へてゐた事です．当時父が教職にあった医学校（帝大医学部の前身）の学生があまり勉強ばかりして次第に体が悪くなるので学生に剣術・柔術をすすめ自らも之を行ったのです」[47]．

　また，ベルツ自身も 1903 年 12 月 24 日に卒業生を前にし「非常に目立つのは，これら当代の人達が二十年前の先輩連に比べて，遥かに堂々たる体格をし，強壮で端麗な点である．これは体育向上とスポーツ愛好の結果である」[48]と日本人の体格向上を心から喜んでいる部分がある．これは，日本人の健康改善に対し彼が常に深い関心を持っていたということであり，彼にとりその改善策の一つとして日本の剣術と柔術の推奨・奨励に努めてきたことに誤りがなかったことを確認したためではなかろうか．

　なぜなら，彼の帰独まもない 1904 年 4 月 17 日付『日記』には，「一日中，自分と寺めぐりをやって，なんの疲れも見せない七十三歳の北畠老の，驚くべき元気さにはあきれざるを得ない．氏はその昔，盛んに柔術をやった．この柔術は，およそ身体を鍛錬する方法の中で，最上のものである」[49]と日本の柔術について高い評価をしているからである．

　したがって，これまでベルツの剣術・柔術に対する考え方や推奨活動に最初に影響を及ぼした人物として榊原鍵吉，嘉納治五郎といった当時の有名武術（武道）家の名がまず取り上げられ論じられてきたが，少なくともその時期は，剣術については，榊原の門に入った 1883 年 4 月以降ということができよう．一方，

柔術に関しては，ベルツと時間をともにすることが多かったと考えられる三浦謹之助が，天神真楊流を習いかつまた，予科の学生としてベルツの通訳となった，1878年から1883年の時期を考えることができる．この最大約5年の間にベルツが嘉納から柔術の知識を得ることができた可能性は残っているものの通訳としての三浦は，ベルツにとって最初の柔術理解の契機を与えるうえでその存在は決して小さくなく，彼に影響を及ぼした人物の一人として再評価されるべきであろう．しかも，その可能性は，予科に入学した三浦が，ベルツの通訳になった時期が早ければ早いほど高いといえる．

［頼住　一昭］

● 文献および註

1) 鈴木　尚：小金井良精とErwin von BAELZ博士．人類学雑誌 82：5，1974．
2) エルヴィン・ベルツの人類学研究の成果は，「人体学的人類学」の体系を築いた研究者として名高いC.H.シュトラッツ（Carl Heinlich Stratz.1858-1924）にも大きな影響を与えたことなど注目されよう．世界の識者によって正当にも高く評価された『女体の人種美』（1920）における日本の女性に関する研究などはベルツの影響をかなり受けたといえよう．
3) エルヴィン・ベルツ：児童生年ヨリ学齢ニ至ル体育如何．大日本教育会雑誌 12：20，1884．
4) エルヴィン・ベルツ：女子教育上ノ弊害ニ就テ．大日本教育会雑誌　号外：107，1889．
5) エルヴィン・ベルツ（伊東鎮太郎訳）：死と日本人．p.25，青年書房，1940．
6) 能勢修一：体操伝習所を中心とした明治体育史の研究．pp.397-411，逍遥書院，1965．
7) 木村吉次：エルヴィン・ベルツ．体育の科学 14：700-705，1964．
8) 文部省：文部省處務概旨．文部省第11年報附録，p.19，920，1883．
9) 高野佐三郎：剣道（復刻版）．pp.288-291，島津書房，1986．
　「二術の利とする方」とは次の五つである．
　　　①身体の発育を助く
　　　②長く体動に堪ふる力量を得しむ
　　　③精神を壮快にし志気を作興す
　　　④柔惰の風恣を去りて剛壮の姿格を収めしむ
　　　⑤不虞の危難に際して護身の基を得しむ
　「害若くは不便とする方」とは次の九つである．

①身体の発育往々平等均一を失はん
②実修の際多少の危険あり
③身体の運動適度を得しむること難く強壮者脆弱者共に過劇に失し易し
④精神激し易く輒もすれば粗暴の気風を養ふべく
⑤争闘の念志を盛にし徒らに勝を制せんとの風を成しやすし
⑥競進に似て却て非なる勝負の心を養ひがちなり
⑦演習上毎人に監督を要し一級全体一斉に授けがたし
⑧教場の坪数を要すること甚大なり
⑨柔術の演習は単に稽古着を要するのみなれども剣術は更に稽古道具を要し且常に其衣類及道具を清潔に保つこと生徒の業には容易ならず

10)「文部省，處務ノ部，文部省第12年報, p.5, 1884」には，「十三日體操伝習所ヨリ剣術柔術ノ教育上利害適否ニ関スル申報ヲ領ス」とのみ記載されその詳細については一切明記されていない．また，その他文部省から出された関連文章にもその詳細は見当らない．

11)トク・ベルツ編（菅沼竜太郎訳）：ベルツの日記(上)，第5刷．pp.122-125, 岩波書店, 1992.

12)若林操子：ベルツ日本再訪．pp.631-689, 東海大学出版会, 2000.

13)花が当時11歳の息子（トク）宛てに書いた手紙は，"Ein tapferes Herz-Abschiedsworte einer japanischen Mutter an ihren Sohn-" という題名のもと掲載された．

14)トク・ベルツ編：前掲書11)（下），p.427.

15)ベルツ自身が著したものの中で2000年にはじめて翻訳出版された『ベルツ日本再訪』には「エラ」という章を翻訳するにあたって訳者から次のことが注解されている．

「本稿の半分以上を占める1881年3月12日分のテクストには「オリジナルA」，「オリジナルB」，「校訂稿」と記された三種類がある．読み比べると，オリジナルBは手書きの原稿からタイプに打ったままの状態と思われる．オリジナルAには，Bのテクストのうち，生々しい部分や過激な表現に修正，書き込みがほどこされている．これを改めてタイプ打ちしたのが校訂稿である．1878年，79年分のテクストは「オリジナルA」と記されており，かなり多くの書き込みと線で消された箇所がみられる．一般に，ベルツの遺稿をタイプに起こしたのは息子のトク・ベルツとされるが，「エラ」に関するテクストの書き込みと訂正がだれの手で行われたのかは明らかでない．いずれにしても，書き込み，訂正，抹消には，ベルツやネットーのイメージを損ないかねないとの判断がはたらいたと考えられる」．

このように，現時点においてもベルツ本人が著した当時の日記や資料などを新しく入手することができてもすでに誰かの手が直接加わっている場合が多い．

したがって，彼の見解をそのままのかたちで考察することが非常に難しく，今日におけるベルツ研究の限界はこのあたりにある．
16) 開花新聞，第81号，p,3，1883年6月14日．
17) ベルツ・花子：欧州大戦當時の獨逸．pp.285-286，審美書院，1933．
18) 日独文化協会創立10周年記念として『ベルツの日記』と題し岩波書店から刊行された．
19) 河合栄治郎：学生と日本．p.566，日本評論社，1940．
20) H.Hancock and H.Katsukuma：DAS KANO JiU-JiTSU. pp.9-16，Julius Hoffmann，1906．
21) 岸野雄三監修：近代体育文献集成第Ⅰ期(第3巻総論Ⅲ)．p.204，日本図書センター，1982．
22) この他にもベルツは，1884年10月31日に発行された『大日本教育会雑誌』第12号の「児童生年ヨリ学齢ニ至ル体育如何」p.20において剣術の推奨をしている．
23) 三宅雪嶺：自分を語る．p.121，朝日新聞社，1950．
24) 医事新聞，第89号，p.9，1883年6月25日．
25) 読売新聞，第4008号，p.2，1888年5月19日．
なお，本文の「教科」という表記については，「おそらく課外活動もしくは校友会運動部の一種目という意味ではなかったか」という指摘もあり，『東大剣道部百十年の歩み』(赤門剣友会，1997年，p.17)においても「検討の余地がある」とされている．この件については今後の課題である．
26) 宗田　一編：医学近代化と来日外国人．pp.156-158，世界保健通信社，1988．
27) 入澤達吉の主な経歴としては，1921年・東大医学部長，1924年・侍医頭，1924年・同大学名誉教授を歴任．また，文才にも恵まれ『随筆楓荻集』(1936)，『伽羅山荘随筆』(1939)など多数ある．
28) 入澤達吉：雲荘随筆．p.346，大畑書店，1933．
29) 三浦謹之助の主な経歴としては，1889年・ヨーロッパ遊学(パリでシャルコーに師事し神経学を学ぶ)，1895年・第一内科教授，1902年・呉秀三と共に日本神経学会創立，1903年・日本内科学会設立発起人，1912～45年・宮内省御用掛，1918年・東京帝国大学附属病院長，1949年・「内科学に対する貢献」により第八回文化勲章受賞などがあげられる．
30) 三浦謹之助：懐古．p.52，冬至書林，1944．
31) 三浦謹之助：ベルツ先生追憶の夕べ．日本医事新報 709：52，1936．
32) 宗田　一編：前掲書26)，p.168．
33) 三浦謹之助：前掲書30)，p.45．
34) トク・ベルツ編：前掲書11)（上），p.34．
35)「加藤豊次郎，三浦謹之助先生，1964，p.499」と謹之助の御子息からの談

話と手紙による．

36) 三浦紀彦編：一医学者の生活をめぐる回想―名誉教授三浦謹之助の生涯―．p.235，医歯薬出版，1955．
37) 三浦謹之助：恩師ベルツ先生の傳．日本医事新報 1299：19，1949．
38) 三浦紀彦編：前掲書36），p.234．
39) 「……人相のことだの」とは，"Mitteilungen"の第9巻第1部(1902)に掲載された「日本人の人相学について」"Aus der Japanischen Physiognomik"である．ここでは，手の人相すなわち手相を欧州のChiromantieと比べ論じている．また，第10巻第3部(1906)には「日本の夢占いについて」"Über Japanische Traumdeuterei"がある．
40) 吉田千春，磯又右衛門：天神真楊流柔術極意教授図解．青木嵩堂，1894．
稲垣正浩編：柔道にはなぜ黒帯があるの？．大修館書店，p.14，1991．
嘉納行光ほか監修：柔道大事典．pp.321-322，アテネ書房，1999．
横瀬知行：日本の古武道．pp.225-239，日本武道館，2000．を参考
41) Kinnosuke MIURA：ÜBER JŪJUTSU ODER YAWARA, MITTEILUNGEN DER DEUTSCHEN GESELLSCHAFT FÜR NATUR-UND VÖLKERKUNDE OSTASIENS, BD. Ⅶ TH.2, pp.273-284, 1899．
42) エルヴィン・ベルツ：日本人種改良論．大日本私立衛生会雑誌 43：19-20，1886．
43) トク・ベルツ編：前掲書11）（上），p.345．
44) 当時，草津に別荘を持つ人は皆ベルツと関係のある人が多く嘉納もその1人であった．その後，嘉納は自分の土地を別荘分譲するためにパンフレットを作っている．
45) 三浦紀彦編：前掲書36），p.235．
46) 井上敬太郎が磯又右衛門正智の代稽古を勤めることがあったことは，嘉納先生伝記編纂会：嘉納治五郎．p.43，講道館，1977．などにより明らかにされている．
47) 朝日新聞，第19583号，p.7，1940年10月6日．
48) トク・ベルツ編：前掲書11）（上），p.351．
49) トク・ベルツ編：前掲書11）（下），p.60．

14章

日本学としての剣道
―― 英国海軍将校の目から ――

1．軍隊への憧れ

　60年代のイギリスで子ども時代を過ごした著者は，幼い頃から軍人になろうと思っていた．当時の連合王国は，もうすでに帝国のほとんどがなくなっていたが，帝国の建設と支配の中心的な存在でもあった軍隊の影響は，依然イギリスの社会に幅広く浸透していたのである．皇太子のプリンス・オブ・ウェールズはもとより，王子と王女もそれぞれ軍や部隊に属し，祝日やイベントのたびに，彼らの制服姿を目にしていた著者は，それに強い印象を受けたであろう．
　徴兵制度がないイギリスでは，軍に入るのはごく普通の就職と変わらない．長い伝統と歴史を自慢する士官学校に入るのは競争が激しく，将校の社会身分は高いため，青年の著者が海軍将校をめざしていたときも親や学校の先生などの反対は受けることなく，かえって周りに激励された．

2．武装への関心

　海軍士官学校に入るための勉強をしながら送った少年時代，著者は核兵器によるステイルメイトが特徴であった20世紀の冷戦とは違う1対1で戦ったヨーロッパの中世の戦争のありかたに関心を持っていた．
　剣を手に，直接敵に向かう方がどんなにか勇気がいることであっただろうと想像していた著者は，昔の武人の心持ちに大きな関心をもつようになっていった．
　完全な武装で登場した騎士たちは，兜を被っていたために顔は見えなかったが，派手な兜飾りをつけたり，盾や鎧の所々に紋章をつけたりすることで，互いに自分の立派な家柄を見せ合っていた．このために，ヨーロッパでは中世の武装

に対する美意識が生まれ，武具などがその恐ろしい戦うという目的以上の美的な意味を持つようになってきた．

3. 日本武士文化との出会い

このように中世の騎士に関心をもっていた著者は，ロンドンの博物館で日本の大鎧をはじめて目にしたときには，たいへん感動させられた．「なんと美しいものだ」と思った．まるで美しい昆虫の殻のように見えた．

その美しさに惹かれると同時に，日本の鎧はなぜ西洋の鎧とこんなに違うのか，武人の心持ちの面のみならず，西洋文化と日本文化の違いについても広く深く考えさせられた．

4. 武道との出会い

著者は海軍士官学校を卒業したのち，少尉として北ロンドンにある NATO の基地に駐屯した．ある日，同僚の友人に「空手をやらないか」と誘われ，一緒に行ってみた．その道場では空手だけではなく，合気道や坐禅も修練していた．稽古が非常に厳しく，技の練習によって相手を倒すことよりも自己を鍛錬することが強調されていた．

武術に闘争的な意味以上の要素を昔から求めていた著者は，このきわめて伝統的なアプローチに強く惹かれた．稽古への参加によって，日本武道，とくに武道の精神的な側面に対して強い関心をもつようになった．

5. 武から文へ

武道を始めてから 2 年後，軍艦に駐屯することになった．そんなある日，著者が乗っていたヘリコプターを運ぶ小型航空母艦はフォークランド諸島へ向かうことになった．フォークランド紛争は 1 年ほど前に終わっていたが，正式な終戦にはまだなっていなかったために，南大西洋を巡回するのが目的であった．戦争は 95％ は退屈で 5％ が戦いだとよくいわれているが，その 6 ヵ月間の巡回もほとんど退屈で終わった感じがする．

武道を練習しようと思っても相手も場所もなかったために，NATO基地時代に通っていたロンドンの道場の先生がいつも使っていた日本語の武道専門用語を少しでも身につけようと思い，イギリスから日本語のテープと教科書を送ってもらった．その6ヵ月の間，著者は仕事をしていないときは大体一人で日本語の勉強をしていた．

　武道への関心は，次第に日本語や日本文化全体への深い興味に移っていった．そして，著者は8年間の常備海軍勤務を終えたのち，ロンドン大学の日本学科に入った．

6．剣道との出会い

　著者が初めて剣道を目にしたのは，ロンドン大学の日本学科の1年生が留学する北海道の札幌教育大学の剣道部の稽古を見学したときであった．そのとき一番印象に残ったのは剣道の色彩であった．剣道は圧倒的に藍色であった．少年時代の鎧に対する感動が再び戻ってきた．「格好いい」と思い，すぐに防具を購入し，剣道を始めた．

7．剣道の魅力

　前にもいったが，戦争では戦っているときよりも待機している時間が圧倒的に長いために，戦争中であっても退屈なときがほとんどである．くる日もくる日も基本的な手順の復習が中心であるシミュレーション・トレーニングを行なわなければならないのである．この退屈さはある種のストレスになると思われており，このストレスの影響によって士気が落ちるために，軍隊では深刻な問題として考えられている．

　同様に剣道の稽古においても，何回も素振りなどの基本的な動作をくり返さなければならないために，当然誰でも退屈するはずである．しかし，その退屈さを乗り越え，集中を保っていくようにすることは，体育より知育であり，剣道の人間形成的な効果の一つだと思える．

　剣道の稽古を実戦的な側面から考えてみると，刃のない，やわらかい竹刀を使い，防具で守られている所のみを打突部位にする剣道は，柔道や空手と比べてみ

ると，自己防衛からは遥かに離れているといわなければならない．

このため，自己防衛のためでなければ，何のために剣道の技を身につけようとしているのか考える必要がある．「学のない剣道は暴力」とはよく聞かれる言葉であるが，剣道における技の修練によって行なわれる「学」とは，体育・知育・徳育の「三育」のことである．すなわち，剣道は全人教育をめざしているのである．

そして，この三育の内容にある「体遣い」「克己」「忍耐」や「思い遣り」を比較文化的な立場から考えてみると，日本人の人間観と精神性がはっきり見えてくると思われる．したがって，著者は日本文化の基本的なところを理解するために剣道を学んでいるといってよい．

8．躾と剣道

礼儀作法を教えてもらおうと思い，子どもを道場へ連れてくる親は少なくないであろう．しかしながら，その躾になじんでいない子どもたちがそれに反発し，剣道から離れていくことも多いようだ．しかし，著者は剣道のきちんとした礼儀作法に息苦しさを覚えたことは一度もない．かえって，ある種の開放感を感じる．

海軍では将校と海兵は区別され，日常生活において海兵は将校の命令に従い，将校に対して名前で呼びかけることはせずに「Sir」と呼ぶ．そのために軍人としての生活はきわめてきついだろうと想像している人々は少なくないかもしれないが，実はそうでもない．地位が決まっているからこそ，お互いに尊敬を表す呼び方があり，そして仕事の流れや責任の範囲に対して何も不明瞭なところがないわけである．このために，海軍ではこの階級制度が人間関係の基盤となり，その枠内では自由な行動ができるから，何も息苦しいことはないと思う．

剣道における礼儀作法がめざしていることは，ほぼ同じことだと思う．剣道は「礼に始まり礼に終わる」といわれているように，地稽古の始めと終わりで行なわれる立礼などが，その間における立場に関係なく自由に行なわれる打ち合いの区切りのようなもので，その自由をもたらす前提とさえいえるであろう．同様に，先輩と後輩との関係においても，何もあいまいなところがないので，指導者は指導者なりに，初心者は初心者なりに，自由に行動ができる．

しかし，この階級制度(ヒエラルキー)には危険もある．海軍では指揮には大きな負担も伴ってくると思われている．将校は海兵に「忠誠」を求めるなら，逆に彼らに対しても同じく「忠誠心」を示さなければならないと著者は士官学校で教わった．海兵たちを横柄に扱うより，丁寧に育てていくのが将校の第一の義務なのである．
　同じように，剣道においても，単に自分より年下のメンバーから特別な権利や権威を享受するだけでなく，よい先輩とは針のごとく糸の後輩を引っ張っていかなければならないといわれているように，後輩を育てる義務がある．この先輩・後輩制度がとくに強調されている高校の剣道部や大学の体育会剣道部のメンバーには，この普遍的な原理を身につけてほしいと思っている．
　イギリス人と日本人の性格は似ているとよくいわれる．確かに，両文化には前にいったようなきちんとしたエチケットや交際法への関心が見受けられる．外からはこの人間関係における「遠慮」（reserve）は排他的な態度あるいは冷たさとして受けとられることもあるが，イギリスでも日本でも，マナーは人間関係の枠組みであり，よい人間関係の前提であるととらえられている．穏やかな雰囲気をつくるためには人前で憤慨したり興奮したりしてはいけないし，常に自制を忘れず他人を思い遣らなければならない．
　よい人間関係を保つことこそが，健全な人間を形成するうえで常に求められていることなのであろう．確かに，長期間にわたって家族と離れなければならなかったり，勤務時間も長いわりに給料が安い海軍においては，仲間との頼り合いによってできる海軍独自の親密な人間関係が非常に重要視されている．
　とくに，外港にも寄れず，太陽の光さえ見ることのできない潜水艦の乗組員たちにとっては，一人前のsubmarinerとしてチームワークに携わるなかでの「仲間づくり」というのが，潜水艦隊の一員であることの唯一の魅力であるとまでいえるであろう．
　剣道の道場においても，長年にわたって，一緒に汗をかき，先生に叱られ，試合に勝ったり負けたりすることによって，互いに構えることをやめ，はじめて「仲間」になり合うのであろう．現代の日本社会においては，このような，互いにありのままの姿で向き合える人間関係をつくる機会が少なくなってきたと思える．

9. 捨て身技

　しかし，剣道の道場はけっして「穏やかな所」とはいえない．切り返し，掛かり稽古，地稽古が「気合」という大きな発声を出しながら行なわれているからである．これはイギリス文化とはかけ離れているものだといわざるを得ない．フェンシングやボクシングの試合で同じように気合をしたなら，おそらく失格になる．しかし，自制と遠慮を非常に重視する日本文化の伝統の一つである剣道で，この（イギリス人にとっては）「みっともない」行動（unseemly conduct）が許されているのは，イギリス人の目から見ると不思議なことなのである．

　著者は，近くに道場がなかったために，スカッシュ場で仲間と二人で剣道の練習をしたことがある．壁を隔てたとなりのスカッシュ・コートで二人の中佐が一生懸命スカッシュの試合をしていたようだ．著者たちが剣道の練習をし始めて5分ほどたったとき，スカッシュ場のドアが叩かれ，開けてみると中佐が立っていた．「申し訳ないが，できれば叫ぶのをやめていただけないでしょうか」と，著者の剣道姿を完全に無視しながら丁寧に頼んできた．

　しかし，この稽古における発声などは，日本文化において求められている「思い切り」につながっていると考えられる．普段はイギリス人よりも自意識過剰で恥ずかしがりやである日本人が，礼儀作法によってきちんとできた人間関係の枠内においては，全く遠慮せず，大声を出しながら思い切って打ち合うことができるということは，イギリス人の著者にとって非常に魅惑的であった．

　さらに，打てるか，打てないか，打たれるか，次の技はどうするかなどの自分自身に対する配慮をなくして，「捨て身のある技」に展開することが求められてくる．著者はこの「捨て身技」という言葉を"striking with abandon"と訳しているが，実は，イギリスでは"abandon"（我を忘れた状態，無我夢中）という言葉には，多少だらしのない，悪いイメージが伴う．ところが，この「我を忘れた状態」は，武道だけではなく，日本文化においては，芸道や禅の瞑想法などにおいて，非常に重視されている．日本の伝統文化における「技」は決して単なる身体的な動作だけではなく，精神的な内容も必要にするからこそ，人間としてのあり方，「人間形成の道」とつながっていくとさえいえる．

むすび：「日本学」としての剣道

　剣道を深く理解するためには，日本の歴史・社会・心理・宗教など，さまざまな分野を勉強しなければならないため，武道研究は一つのアカデミックなパラダイム（理論的枠組み）には入りきらない．しかし，比較文化的な立場をとる，日本文化全体を理解することを目的にした「日本学」にとっては，剣道は日本人の人間観や精神性を探究するうえで確かなる足がかりになると思う．

　剣道を日本学的な視点から研究するためには，剣道の物理的な面を問題にする「エテック」的なアプローチより，その機能的な面に重点を置き，「イーミック」という人間行動を研究する人類学的なアプローチをとらなければならないと思われている．つまり，剣道のなかに入って，剣道を体験しながら，自分の文化と比較することである．著者自身もそのようなアプローチによって，剣道に見られる日本の文化を研究している．

　ところで，海軍将校であるという個人的な背景は，著者が二つの異なる文化を比較研究するうえで大きなメリットになっていると思う．というのは，イギリスの国民意識において，The Royal Navy（英国海軍）は王室とともにイギリス社会の中心に存在し，海軍における教育，あるいはその文化は，いくぶん保守的で，きわめてイギリス的なのである．それゆえに，著者自身はいわゆるイギリス人らしさを身につけてきたかもしれず，日本文化とイギリス文化，とくに武人の文化の面における共通点と相違点をより的確に区別することができるのではないかと思っている．

　両文化の共通点に焦点を絞り，人間社会の普遍的なところまで研究を進めていくならば，人種や国籍を区別せず人間としてのあり方に辿り着くという，比較文化的な日本学の最大の目標を達成できるかもしれない．

［Steven Harwood］

15章

近代スポーツ小史・体育教材の変遷

　明治・大正時代の代表的文学者かつ思想家として有名な森鷗外（1862-1922）は，『雁』や『舞姫』など数多くの名作を著す一方，東京大学医学部を満19歳5ヵ月という異例な若さで卒業した医学者でもある．

　彼は，大学卒業後すぐに陸軍入りし1884年6月7日，衛生学を修め，兼ねて陸軍医事を研究することを命じられドイツに旅立った．若き二等軍医・鷗外（林太郎）が留学を終え帰国したのは1888年秋のことである．

　そんな鷗外が，『雁』および『灰燼』とともに試みた3編の長編現代小説の一つである『青年』（1910年雑誌『スバル』に掲載）でスポーツを次のように登場させている．「それから官能的受用で精神をぼかしているなんということは，精神的自殺だが，神経の異様に興奮したり，異様に抑圧せられたりして，体をどうしたら好いか分らないようなこともある．そう云う時はどうしたら好いだろうと，純一が問うた．大村の説では，一番健全なのはスエエデン式の体操か何かだろうが，演習の仮設敵のように，向うに的を立てなくては，倦み易い．的を立てるとなると，sport（スポルト）になる．sport（スポルト）になると，直接にもせよ間接にもせよ競争が生ずる．勝負が生ずる」[1]．

　ここで著者が注目したのは，「一番健全なのはスエエデン式の体操か何かだろうが……」という箇所である．このように表現した「大村」とは医科の学生として登場する人物であり，この小説で鷗外はこの大村なる人物に自分を映しているともいわれている[2]．したがって，鷗外自身，軍医総監まで務めた高名な医学者であっただけに，この「医療体操」や「軍隊体操」を含む「スエエデン式体操」（スウェーデン体操）なる西洋式体操のすすめは当時すでにその効用を認知していた鷗外自身の推奨であったといえよう．

　そこで本章では，若きエリート・鷗外も推奨した19世紀後半のスウェーデン

体操とは一体どのような体操であり，さらに，わが国における体育教材としてそれはどのような紹介・普及のされ方がなされたかを概観してみることにする．

1. 当時のスウェーデン体操について

スウェーデン（瑞典）体操とは，19世紀のはじめスウェーデンの体操家P.H. リング（Per Henrik Ling, 1776-1839）によって創始された体操である．この体操は，スウェーデンのみならず20世紀前半までに王立中央体操研究所（Kungliga Gymnastiska Centralinstitutet 以下「G.C.I.」と略す）の卒業生や留学生によって，特に国民国家形成期の世界各国に紹介・導入され，その数は50ヵ国近くにのぼるといわれている．

この体操は，その体系が次の四つに分類されているところに特徴がある．

①「教育体操」（Pedagogisk gymnastik）
　身体各部の天賦の才能を調和的に発展させるもの．
②「軍隊体操」（Militär gymnastik）
　敵対者の身のこなしに関連した身体と武器の調和が求められるもの．
③「医療体操」（Medikal gymnastik）
　失われた身体各部の不統一の回復が図られるもの．
④「芸術体操」（Ästetisk gymnastik）
　心身の統一性が表現されるもの[3]．

しかし，以上のような四つの体系の中で創始者P.H. リングが主として取り組んだものは「医療体操」と「軍隊体操」の二つであったという[4]．

その後，1839年にP.H. リングが他界し，G.C.I. を引き継いだのは彼の教え子であり「医療体操」の面に力を入れていたL.G. ブランチング（Lars Gabriel Branting, 1799-1881）であった．この彼が1839年から1862年までの長期にわたってG.C.I. の校長に在職したことにより，結果として他の分野に対し力が注がれず，このようなことが遠因となり，後のG.C.I. 内部の後継者による衝突を引き起こすこととなる．

このような中でスウェーデン体操は二つに大分され，一つはHj. リング（Hjalmar Fredrik Ling, 1820-86）やL.M. テルングレン（Lars Mauritz Törngren, 1839-1912）らを中心として発展させた厳格な形式を主張しその保守性を高めた

図15-1　スウェーデン本国における「リング主義」(左)と「自然的方法」(右)の潮流
（左：Kungl. Gymnastiska Centralinstitutet. : GYMNASTISKA STÄLLNINGAR OCH RÖRELSEFORMER. Kungl. Boktryckeriet. P. A. Norstedt & Söner. Stockholm, 1893.
右：Balck, V. : ILLUSTRERAD IDROTTSBOK III. C. E. Fritze's K. Hofbokhandel. Stockholm, 1888.）

「リング主義」(The Lingianism) といわれるものであり，もう一つはG. ニュブレウス (Gustaf Nyblaeus, 1816-1902) や V.G. バルク (Viktor Gustaf Balck, 1844-1928) らが中心となって推奨した，体操にあまり規定を加えずに，動きの自然な方法に重点を置いた「自然的方法」(The natural method) というものである[5].

2. 東大医学部長が医学者として最初に紹介

　このスウェーデン体操が，いつ頃わが国に最初に紹介されたかについては，今後の課題であるが，これまでの著者の調べでは1884年にはすでに当時の東京大学の初代医学部長を務めていた三宅秀（1848-1938）が，自ら編纂した『治療通論・中巻』の「第五・運動療法」において「患者自己ノ運動ヲ為スニ當リテ介者ノ反抗スル有ルカ故ニ反對筋ノ作用ヲ除キ唯其所用ノ筋肉ノミニ収縮ヲ喚起セシムルノ法ナリ蓋シ此反抗運動法ノ創意者"リング"氏ノ目的ハ吾人ノ平素屈伸運動ヲ営ムニ屈筋ヲ用ヒントスレハ之カ反對筋タル伸筋ニ必ス不随意ノ神経感作アリテ（以下省略）」と著し，「医療体操」的な内容としてリングの体操を紹介している[6]．明治17年のことであり，その前年，文部省は東大医学部首脳陣に諮問した結果，学校正課体育における「武術禁止」処置をとっている．（詳細は2章・12章・13章参照）

3. アメリカ経由で紹介されたわが国のスウェーデン体操

　1901（明治34）年10月12日，ミス・ヒュース（Hughes）は帝国教育会で「今日に於て私の最も完全な体育法と思ふは瑞典に行はれて居る体育法であります」と講演している．これが「日本教育会」への最初の紹介である[7]．
　その後，わが国では1902年前後からアメリカのボストン市を中心に，海外の体育事情を学んだ川瀬元九郎（1871-1945）や井口あくり（1870-1931）により，著書や講演活動等を通してスウェーデン体操が紹介・普及されていくこととなる．
　川瀬は1892年初夏，アメリカに渡り，約7年間の滞在中に医学と体操を学び，帰国後の1902年には『瑞典式教育的体操法』[8]と『瑞典式体操』[9]の2冊を著した．
　著書の内容を検討すると，厳格な形式を重んずる内容がほとんどであり，本国においてP.H.リング没後展開される「リング主義」的体操と考えられよう[10]．そのため，彼が帰国後，わが国においてスウェーデン体操を具体的に紹介するにあたってその拠り所とした考えは，従来の学校体育で行なわれていた「普通体操」の欠陥を記憶体操と結論し，音楽や号令で，一連の体操を間違いなく行なうため

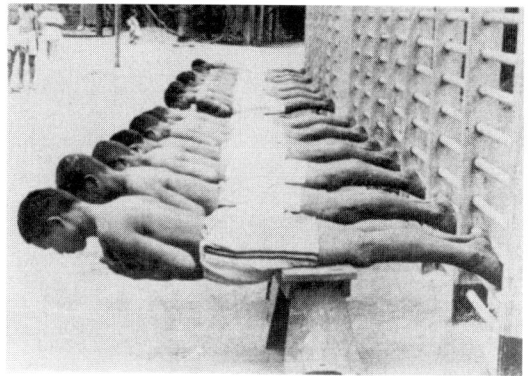

図15-2 小学校で実施されたスウェーデン体操の授業風景
(上：今井学治：合理的体操学．p.188，廣文堂書店，1920．
中・下：成田十次郎編：スポーツと教育の歴史．p.82，不昧堂出版，1988)

には種目や連続を記憶させる体操を形式主義と批判し，一つ一つの運動を言葉で示しながら，演習の基本順序に基づいて行なうというものであった[11]．

一方，井口は，1899年5月に「教育学（体育）研究ノ為三年間米国留学ヲ命ス」との辞令を文部省から受け，体育を勉強するためにアメリカへ派遣され約3年間滞在した．そこでの彼女は，スミス・カレッジとボストン体操師範学校を中心に体育を学んだといわれ，特にスミス・カレッジではその体操をG.C.I.で学んだ最初のアメリカ人女性，S. ベレンソン（Senda Berenson, 1868-1954）が担当していた[12]．その後，1903年に帰国した彼女はさっそく女子高等師範学校の国語体操専修科の主任教授となりスウェーデン体操の指導にあたっている．そして，1906年には『体育之理論及実際』[13]と『各個演習教程』[14]の2冊を著すこととなる．しかし，彼女によるスウェーデン体操の紹介はこのような文筆活動よりもむしろ講演会を通じて行なわれることとなった．

4．富国強兵政策によるスウェーデン体操の紹介と普及

1904年，日露戦争開戦と同じ年にわが国の学校体育界では「体操遊戯取調委員会」が設立された．この調査委員会は，1902年以降から始まった川瀬や井口らによるスウェーデン体操の普及により従来学校体育で行なわれていた普通体操との選択を迫られその決断をすべくものであった．

そのため，委員の一人であった永井道明（1868-1950）は翌年の12月にアメリカとスウェーデンに派遣されることとなった．彼は，まずアメリカに約1年半滞在した．しかし，その時に見たアメリカ国内で行なわれていたスウェーデン体操にはあまり共鳴しなかったようである．その最も大きな要因はアメリカでは主に女子の間にスウェーデン体操が行なわれていたからであった[15]．しかし，その後（1907年）スウェーデン本国に渡りG.C.I.で見た体操は彼を大きく引き寄せたのである．なぜなら，本国では陸海軍の将校達がその訓練にスウェーデン体操の技術を用いていたからであった[16]．永井は，この内容ならば当時の日本に最も適合すると考え帰国後，スウェーデン体操を学校体操の基本にする意向を固めたのではないかと考えられる．また，その当時のG.C.I.の校長（1887-1907）は，「リング主義」のリーダーであったL.M. テルングレンであった．

しかし，1909年2月に「海外体育事情調査」を終了し帰国した永井であったが，

当時のわが国では文部省側と陸軍側の意見の違いから学校体操の統一は難航していた．そこで彼は「統一案」の趣旨を説明するために数度にわたりその具体案を示すことに尽力した．その結果，陸軍側はスウェーデン体操に折れたのである．その経緯について岸野雄三氏は，「永井は世界列強の体育の動向を語り，体操が祖国の繁栄を動機として生まれ，日進月歩を以て改善されていること，軍隊体育に於いてもスエーデン式体操が重視されつつあること，国情に応じてスエーデン体操にも種々の方法があり，この"統一案"も単なる外国模倣ではなく，真に祖国を愛する精神に出発していることなどを吐露した．その結果，遂に陸軍側は永井道明の案を認めた．"余が至誠奉公の胸中に我が学校の為のみでなく，我が帝国陸軍の為めに深く信じて期する所があったからである"という彼の述懐の通り感情化していた軍部に一種の共感を与えたのは，医学的根拠や合理的な考え方ではなく，永井のいわゆる"至誠奉公"の精神であり，それ故に陸軍はスエーデン式に折れたのである」[17]と述べている．

おわりに

以上の経緯において，わが国では明治30年代中頃から学校体育の教材にスウェーデン体操が紹介されはじめた．しかも，はじめて具体的に紹介されたその体操は本国における二つの流れのなかの厳格な形式を重んずる「リング主義」的体操であった．

しかし，日清戦争が終わり日露戦争へと向かい一層国民教育（富国強兵政策）に重きを置いていた当時のわが国では「リング主義」的体操はその時流とともに急速な勢いで武道に代わり全国に普及していった．その後，スウェーデン体操は1913年1月28日に文部省訓令第1号をもって制定された「学校体操教授要目」により学校体育の中心教材として取り入れられることになる．

鷗外が『青年』を書くことを思い立った時期について高橋義孝氏は夏目漱石の『三四郎』が発表された1908（明治41）年頃ではないかと推測している[18]．したがって，1907年には陸軍軍医としては最高の陸軍軍医総監となっている鷗外にとり『青年』を構想し著す際には国民教育の一環として広く学校教育の現場で実施されていたスウェーデン体操に関する多くの情報は軍部や西洋医学書などを通してすでに入手していたとみることができる．

それゆえ，1910（明治43）年に発表した『青年』で彼は軍部も推奨したこの体

操を「一番健全なのはスエエデン式の体操か何かだろうが」と著し紹介したのではなかろうか．

このように，明治期の富国強兵政策をはじめとして，その後，1930年以降の戦争準備体制，さらに1945年の敗戦，戦後の米国式教育制度……という政治・歴史的背景のなかでわが国の体育教材は変遷を続けている．

[頼住　一昭]

● 文　献
1) 森　鷗外：青年．p.169，新潮社，1995．
2) 唐木順三：青年．吉田精一編，森鷗外全集別巻，p.162，1985．
3) 野々宮徹：スウェーデン体操．岸野雄三編，最新スポーツ大事典，p.475，大修館書店，1987．
4) 野々宮徹：体操の日本的展開．中村敏雄編，外来スポーツの理解と普及，p.123，創文企画，1995．
5) Lindroth,J.：LINGIANISM AND THE NATURAL METHOD 〜 THE PROBLEM OF CONTINUITY IN SWEDISH GYMNASTICS 1864—1891,8th International Congress for The History of Sport and Physical Education,pp23-33，1979．
6) 頼住一昭：三宅秀の紹介によるリングの体操について．平成9年度東海体育学会第45回大会抄録集，p.9，1997．
7) E.P.ヒュース：英国人の立場より見たる女子教育．教育公報 254：5，1901．
8) 大日本教育会編：瑞典式教育的体操法．岸野雄三監修，近代体育文献集成第Ⅰ期(第10巻体操Ⅲ)．日本図書センター，1982．
9) 川瀬元九郎：瑞典式体操．岸野雄三監修，近代体育文献集成第Ⅰ期(第10巻体操Ⅲ)，日本図書センター，1982．
10) 頼住一昭：スウェーデン体操のわが国への受容過程に関する一考察．体育史研究 9：5-13，1992．
11) 岸野雄三,竹之下休蔵：近代日本学校体育史．pp.63-64，日本図書センター，1983．
12) 木村吉次：川瀬元九郎とH.ニッセンの体操書．中京体育学論叢 13 (1)：159-160，1971．
13) 井口あくり，他：体育之理論及実際．岸野雄三監修，近代体育文献集成第Ⅰ期(第11巻体操Ⅳ)，日本図書センター，1982．
14) 井口あくり：各個演習教程．岸野雄三監修，近代体育文献集成第Ⅰ期(第5巻総論Ⅴ)，日本図書センター，1982．

15) 永井道明：体育講演集．p.53，健康堂体育店，1913.
16) 野々宮徹：LINGIANISM AND NATURAL METHOD IN JAPAN. HISPA. XI. 335−336，1985.
17) 岸野雄三，竹之下休蔵：前掲書11），p.90.
18) 高橋義孝：青年(解説)．p.228，新潮社，1995.

第4部

武道を科学する

16章　礼儀の動作学 ──着座の重心動揺──
17章　柔道を科学化する努力
18章　柔道背負投の科学
19章　合気道投げ技の動作分析
20章　剣道選手の技術水準と体力
　　　　──武・舞は技か体力か──
21章　剣道選手の筋力・筋パワー特性
22章　武道と体力科学

16章

礼儀の動作学
――着座の重心動揺――

1. 礼儀作法に想う

　高等学校の「柔道」の授業での1コマ．見学する生徒に靴下を脱いで道場内に入るよう求めたところ，生徒のなかには「面倒くさい」といいつつ，そのまま入室しようとする者がいた．礼儀を"失する"行為であることを説明すると，それを理解したか否かは別として，靴下を脱いで道場に入ってくれたことを思い出す．

　昔から武道には礼儀に関する教えが存在することは周知の事実であり，武道の教習書（入門書）にも礼儀作法について記されている．それは，師あるいは相手に対する礼儀ばかりではなく，黙想に見られるように自己の精神面に対する作法も含まれている．

2. 武道に求められる礼儀作法

　現在，高等学校の学習指導要領には体育分野の内容に「武道」が位置づけられている．ここで，高等学校における「武道」に関する調査結果を岩崎が報告している．岩崎[1]によれば，有効回答が得られた120校中96校（80％）において「武道」の授業が実施されており，なかでもこれらの半数（48校）が"礼儀作法"に重点を置いていると報告している．

　これは，学習指導要領において中・高校生の"態度の育成"を担う教育内容がほかに存在するとはいえ，日本古来の武道には，「勝敗のこだわり」「技術の習得」以前に，"礼法"を重んじる特異的な傾向があると解釈される．学習指導要領にある「武道」に対し"礼儀作法の体得"を大きな目的とするよう求めている．

図16-1　稽古前に黙想する(国際武道大学卒業アルバム, 1988)

3.「礼に始まり礼に終わる」

　「武道」の内容の一つに取りあげられる剣道では，練習（稽古）の始まりと終わりに正座にて着座し，黙想さらには座礼する作法がある．練習中にも対峙する相手に対して立礼をし，常に礼儀を失することはなく，とくに目上の者（師あるいは先輩）からの助言は，そのほとんどは「正座」して受けることになる．この座り方は，主に礼式で求められる一時的な姿勢のほか，武道，あるいは華道・茶道など日本の伝統的作法でもしばしば行なわれるが，現在の日常生活ではあまり見られなくなりつつあるものが多い．

　「武道は礼に始まり礼に終わる」と評した先人の言葉は，技の力量以外に礼儀を重んじる精神鍛練が必要であることを意味している．剣道において日々の稽古前後の黙想および防具の着脱に至るまで"正座"が求められることは，この考えが浸透しているためといえよう．まして"段位試験"では，技量以外に着衣・礼法までを審査の採点対象としており，技術の修得度を測る昇段試験では必須となる．ゆえに，"礼儀作法"が「武道の教育」では重要な作法の一つとなるのは当然といえよう．

4. 正座としびれ

　テレビの時代劇で，門弟が正座し，剣術の稽古を見学する場面を見ると，学生時代の一コマを思い出す．稽古終了とともに，100人を越す同輩が速やかに正座する（図16-1）．荒れた息を押し殺しながらの黙想に続き，諸先生方の講話を

いただく．やがて，正座する姿勢が数分経過すると，足の"しびれ"との格闘が始まり……．解散する頃には，容易に立ち上がることができぬほど，足の感覚を失っていた．

この足の"しびれ"は，主に正座する姿勢を続けることで起こることが多いようだ．正座によって自らの体重が下腿にかかり，足の指先（末端）への血液の循環が抑制されるために，足のしびれを感じるのである．

テレビに映し出される正座する姿は，今も昔も同じでありながらも，昨今のわれわれの生活では見ることも，足の"しびれ"を感じることもめっきり少なくなっている．

先日，外国人の友人に「（正座する様をみて）日本人はなぜあのようにすわるのか？」と聞かれた．著者の乏しい知識と身振り混じりの説明では，公の場において用いられる座り方であることを理解したか否かは別として，正座する姿は，外国人にとって奇妙な座り方にしか見えないようである．

近年では西洋の生活様式が日本の一般家庭に浸透してきたため，正座する習慣が少なくなってきた．食卓を囲む際に見られた正座する姿が，礼式を求められるときと，日本古来の武道・芸能（華・茶道など）において見られるぐらいである（稀に，反省を促す場合に正座させることもあるようだ）．

5. すわる：坐ると座る

一般に，態度に表れる礼儀作法としては"敬礼""黙礼""目礼""座（坐）礼""立礼"があげられよう．ここで座（坐）礼について触れている武道書を見ると，「座」と「坐」の二通りの表現がある．「坐」は（人）＋（人）＋（土）からなる会意文字で，人が地上にしりをつける，あるいは向き合う二人が土に膝をつけてすわるさまを表している．一方，「座」は「广（いえ）」のなかですわる場所，そして椅子などにすわる位置を指し示す．ところで，日本の当用漢字では，動詞・名詞ともに「座」に統一しているが，武道には前者の意味合いが合致しているように思えるので，本論では，以後「坐」を用いることにする．

6. 武道書に見る坐り方

　武道書が教える礼儀作法としての"正坐"の手順は，多少の違いはあれ，おおむね次のようにまとめることができる．

　①左足から膝をつき，次いで右足を曲げ着坐する．一方，立ちあがる際は，右足から順に繰り出す．これは，「左坐右立」あるいは「左坐右起」の教えといわれる．②正坐した両足の間隔は拳一つあるいは二握り分ほど開け，両手は大腿（太股）のつけ根にそっと置く．③顔は正面を見つめ，顎を引き，背筋を伸ばすとともに両肩の力を抜く．④足の親指を重ねる（合わせる）．

7. 坐禅を組む：身体の揺れを見て取る

　著者が剣道の練習の一環として「坐禅」を組んだ折，前に坐る同輩の身体が揺れるのを見たことがある．道士の"喝"に怯えたのか，足のしびれが原因かについては不明とはいえ，上半身が揺れていたことは事実である．

　この身体の揺れの源について考えるとき，子どもの遊技である「だるまさんがころんだ」を想起する．鬼役の子が相手の身体のわずかな動きを見つけて「動いた」といえば，動きを悟らせぬよう"じっと"していた子は「動いていない（静止している）」と一悶着するものである．

　ここで，人間が安静姿勢を維持している場合，身体の揺れを認めることが困難なことは経験的に知られることである（もちろん，片足立ち等の不安定な姿勢は除く）．しかし，科学的に見た場合，身体が静的状態であっても，微視的には絶えず動いているのである．これは，身体の重心（立位や坐位では丹田付近に位置する）について測定すると明らかとなる（次節参照）．

　とはいえ，この微少な動きが視覚で見分けがつかぬ程度であることも確かである．よって，先ほどの「動いた，動いていない」の問題の真偽（動いたか否かの境界線）については判断しがたい問題となる．

8. 坐を科学する：日本人の坐位姿勢

　ここで，圧力板という機械を用いて身体の揺れを測定する著者らの研究を紹介

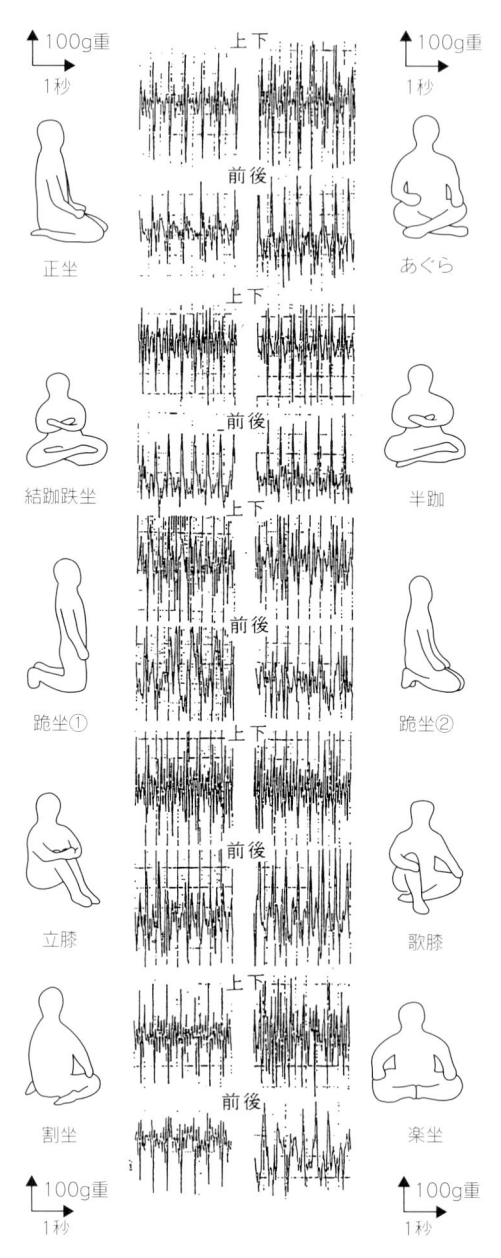

図16-2 各種坐位姿勢における床反力

する．武道に見られる坐り方に科学のメスを入れてみた．

　静的な姿勢における身体重心の動揺を測る圧力板は，力の測定範囲が 10 g 重から 1,000 kg 重まできわめて広く，微少な身体の揺れを測定することが可能である．図 16-2 に，日本人にみられる 10 種類の坐位姿勢を示す．入澤は"正坐"をはなはだ迷惑な坐り方であると述べながらも，これが今日（大正時代）の日本人における正しい坐り方（真の坐り方）であると記している．"安坐（あぐら）""立膝"は，日常的になじみの深い姿勢である．

　さて，正坐のように坐りつつ，下腿を大腿の外側に添えることで，殿部が床に接する坐り方を"割坐"という．また，片膝を立膝とし，他方を「あぐら」のようにする坐り方を，歌人の歌を詠む坐り方に似ていることから"歌膝"といい，足の裏を合わせ「あぐら」に似た"楽坐"は楽器を奏でるときの坐り方を指す．仏教徒に見られる坐り方に"結跏趺坐""半跏"がある．前者は，殿部を床につけ，左右の足を曲げ，一方の足を他方の大腿に交互にのせる坐り方をいい，後者は片足だけを他方の大腿にのせ，一方は足の下に置く坐り方をいう．

　さらに，頭から膝まで真っ直ぐにし，膝を直角に曲げ，下腿と足の甲は床に接するよう坐る姿勢を"跪坐（跪の一）"という．なお，この"跪坐"には足の甲を床につけないで足の指（趾）を爪先立て，殿部を踵に接し体幹を支える坐り方（跪の二）もあり，これは主に弓道に用いられる基本姿勢の一つになっている．このほか，"なげ足""亀居"，さらには現在の蹲踞に似た"跪坐（跪の三）"などがある．

9．坐位姿勢の床反力

　図 16-2 に，10 種類の坐位姿勢によって得られた床反力波形（身体の動揺を示す曲線）を示す．ここに表示した上下・前後方向は，それぞれ脊椎の走る方向となる体幹の向きと一致した鉛直（頭尾）方向を，腹から背中へ矢が貫く矢状（腹背）方向を表す．ここで，ほとんどの波形に，ほぼ 1 秒間に 1 拍程度の極大値と極小値を持つ振幅が両方向にみられる．これらは，安静姿勢における身体重心の動揺，とくに心臓の収縮と弛緩によって引き起こされる血液放出の反動運動（心拍動）である．現在，心弾動図（バリストカーディオグラム）と呼ばれているが，この現象については 100 年前に研究が始まった．床面との接地面積の大きい坐

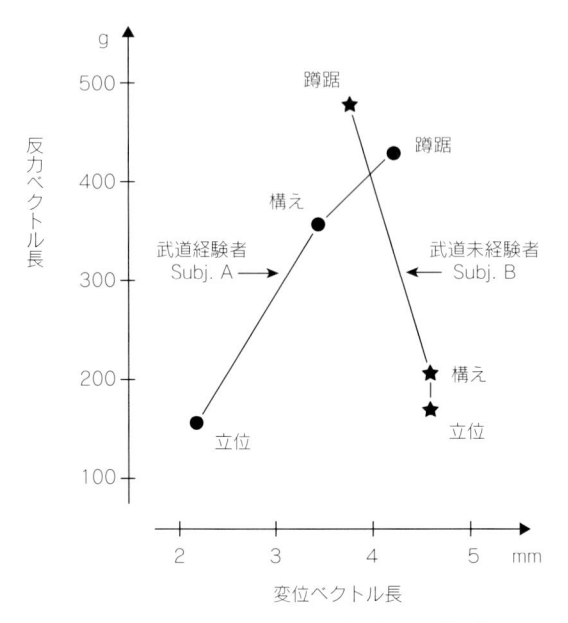

図16-3　武道経験者は重心動揺（反力や変位）が少ない

位・臥位姿勢の反力波形に明瞭な心拍動がみられ，接地面積の小さい起立姿勢では，それを見つけ出すことは困難になる．すなわち，"正坐"における波形をみると，両方向において約5秒間に六つの極大・極小を持つ振幅（心拍動）が見られ，本図から心拍動が1分間あたり約70拍と換算される．これらの振幅の概略値を示すと，上下・前後方向の順に300〜400g重，200〜300g重（極大・極小の差）になる．"跪坐"や"楽坐"では不明確である．

次に，すべての坐位姿勢について見ると，床反力の大きさは姿勢によって波形パターンに違いはあるものの，両方向において200〜400g重の範囲にある．坐位姿勢の床反力が，剣道の竹刀（500g前後）の重さと同程度もしくはそれ以下であることは特筆すべきことであるとともに，この微視的な床反力の程度がわれわれに「静的」と判断させている限度といえよう．ところで，"跪坐（跪の一，二）"の床反力波形に，ギザギザの高周波成分が増えることは，床面との接地面積の小さい坐り方であることと，股関節・踵関節が作用する筋収縮のためであろうと推察される．しかしながら，「立膝・歌膝・楽坐」に高周波成分が多く見られる理由については，いまのところ解釈の不明な点である．

10. 経験者は身体の揺れが少ない？

　ある特異な姿勢を維持することに慣れた者が，慣れていない者と比べ，身体の姿勢維持能力に優れる（安定している）といった仮説を立てることは容易なことである．そこで，剣道経験者と未経験者との静的姿勢の動揺の程度を比較する実験を試みた．蹲踞姿勢は主に剣道において用いられる姿勢の一つで，大腿と下腿との背面が接するまで膝を屈曲し，爪先立ちにて身体を支持する姿勢を指す．
　"起立位（自然体）""中段の構え（以下，構え）""蹲踞"の3種を実験対象として用いる．ここで，身体重心の動揺の程度を表す床反力と，それを数値積分することで重心変位を求めた．図16-3は，上下・前後・左右における3方向のベクトルから求めた反力・変位のベクトル長について示したものである．Subj.A（経験者）では立位・構え・蹲踞の順に反力・変位のベクトル長が増加する傾向を示す．一方，Subj.B（未経験者）では立位・構えの変位ベクトルにおいて高い値を示すが，蹲踞ではわずかに減少し，反力ベクトルが高値となる．本結果から"蹲踞"の反力・変位の重心動揺は他の姿勢に比べ大きいことが明らかとなるが，経験者と未経験者との間に明らかな差はなく，現時点では単なる個人差と考える．

11. 武と礼儀作法

　著者が教師として経験した体育の授業場面で，生徒がダラダラと身体を揺する行為に対し，「動くな」と叱咤したことがある．生体が静止することはいわゆる「心臓の停止＝死」を意味することでもあり，身体の揺れを無視した認識の浅い言動であったと今になって想う．厳密にとらえれば，微少とはいえ絶えず身体は動いているため，「動くな」はいわば科学的視点から見ても不可能な現象であり，「動かすな」といった方がまだ正解に近いであろう．
　武道に見られる礼法の坐位姿勢は，日常生活においては希有な姿勢ともなりうる状況にある．一般的な礼儀作法を"知らない"日本人が増えることは避けねばならないであろう．「礼儀作法」は学校教育さらには家庭教育での反芻によって形成される可能性が高い．これを「武道」にばかり求めることは心苦しいところではあるが，体系的に効率よく教えることが可能となる場は，"体育"の「武道」

であると考える．

[松野　義晴・大道　　等]

● 文　献

1) 岩崎優香：中学校・高等学校における武道領域の一考察．国際武道大学 1998年度修士論文．
2) 入澤達吉：日本人の坐り方に就て．史学雑誌 31（8）：589-617，1920．
3) 松野義晴，大道　等：負荷心弾動図の測定．国際武道大学研究紀要 13：79-85，1997．
4) 松野義晴，大道　等：安静姿勢の運動力学．国際武道大学研究紀要 15：149-157，1999．
5) 松野義晴，大道　等：心と体にいい汗をかこう・効果ある運動のすすめ．武道 394：74-79，1999．
6) 大道　等：重心運動の力学的計測とその演繹性．バイオメカニクス研究 1（1）：70-93，1997．
7) 鎌田　正，米山重太郎：大漢語林．大修館書店，1992．
8) 藤堂明保，編：漢和大辞典．学習研究社，1980．

# 17章

柔道を科学化する努力

　著者は，小さい頃から柔道選手が誰しも抱く選手として強くなることを目指し，「他人より強く」「勝ちたい」「チャンピオンに」といった目標を持ちトップ選手を目標に学生生活を励んできた．一方，大学院へ進学して修士論文ではルール改正が競技成績に影響するかについて，一般・大学・高校の全国大会を対象に改正前後の試合結果を分析した．さらにその試合に参加した選手を対象に意識調査を行ないルールと競技成績の因果関係を分析した（24章参照）．それらでは柔道を科学化する重要性を学びはしたが，そこでは競技者偏重であったきらいがあろう．さらにその後，国際武道大学教員になってからは学生指導と自分の競技活動に追われ，「自分が頑張る姿が学生のため」と正当化して研究活動が自発的のものではなかった自分も存在する．現在，大学教員として出身校や年齢にとらわれることなく「指導に役立つ柔道研究」をコンセプトにした共同研究に励んでいる．

　グループでの研究は，1984年「大学柔道選手ための基礎体力組テスト」で柔道選手に適した基礎体力組テストの作成をめざし，大学柔道トップ選手の体力構造を知るために行なわれている（2000年武道学会研究第33巻「大学柔道選手の基礎体力評価尺度の構成―五段階尺度の構成―」あるいは，2001年日本武道学会筑波大学大会報告参照）．現時点では，大学柔道選手の基礎体力と得意技の関連について関心があるので以下に報告する．

　柔道選手の得意技の種類と諸特性との関係を検討した先行研究は，得意技と体格・形態・姿勢・体力・運動能力・心理特性・筋電図特性などの関連から，多くの指導者や研究者によって，主張・報告され，柔道選手においての得意技が競技力に影響を及ばすことを示唆している．先行研究[1]のなかで，羽川[2]は「得意技とは各人の体力・体格に即した技であり，体力体格を最も有効に行使してい

る技」と述べている．このことから，現在の大学生柔道選手の得意技を知るとともに，選手個人の体力から，柔道指導における最も適した得意技の処方を計るべく，また今後の選手養成・指導の一助としたく，われわれの作成した基礎体力組テスト[3-12)]と得意技の関連を検討することを目的にした．

(1) 被験者

国際大会，全日本学生柔道体重別選手権大会出場を含む5大学柔道部員452名で，段位は初段から四段，年齢は平均19.61年，標準偏差1.13，経験年数は平均11.22年，標準偏差は11.98年であった．また，測定は新階級後の被験者のみを用いた．

(2) 測定項目

われわれが先行研究[3-12)]で報告した項目に，上肢の瞬発持久性能力を知るためにPush-up with claps項目を加えた8要素11項目，①長育：身長，②幅量育：体重，体脂肪率，③静的筋力：背筋力，肩腕力（引），④敏捷性：反復横跳び，⑤瞬発力：垂直跳び，⑥無気的持久性（上肢・下肢）：Push-up with claps，400m走，⑦柔軟性：伏臥上体反らし，⑧動的平衡性：Bassバランステストである．

(3) 得意技選定

各選手に三つまで得意技を記入してもらう自己申告制をとった．抽出した得意技は26種類に及んだ．そのうち先行研究で浅見氏が報告している上位6種類，①背負投157名，②大外刈74名，③内股98名，④大内刈21名，⑤払腰37名，⑥体落13名を検討した．また，形態機能との関連からみた得意技の分類では，一本足前方系群（内股，払腰）135名，一本足後方系群（大外刈，大内刈，小内刈，小外刈）95名，二本足系群（背負投，体落）170名の3群に分け，これを検討した．

(4) 分析方法

選定した得意技と各体力測定項をOne Way ANOVAを用い比較した．さらに得意技間の近似的な同時信頼区間（Joint confidence intervals）を求めるに際しBonferroni joint confidence intervalsを用いて分析した．

表17-1は，得意技別基礎体力の平均値，標準偏差，分散分析結果と得意技間の近似的な同時信頼区間である．背負投，大外刈，内股，大内刈，払腰，体落の6種類の得意技間において身長，体重，体脂肪率，背筋力，400m走，Push-up with clapsの6項目で1%水準において有意差が認められ，また反復横跳び，Bass

バランステストの2項目で5%水準において有意差が認められた．さらに得意技間の近似的な同時信頼区間においては，背負投群が体脂肪率とBassバランステストの項目で得意技群と比較し有意に優れていることが解った．しかし身長，体重の項目で他の有意に劣っていることが解った．他の得意技では払腰群は体重と背筋力項目で得意技群と比較し有意に優れていることが解った．しかし体脂肪率，400m走，Bassバランステストで有意に劣っていることが解った．

このことから背負投を得意とする選手の体格は，小柄な選手が得意とする技であり平衡性（バランス）の良い選手であることが解った．また，逆に払腰を得意とする選手の体格は，大柄な選手が得意とする技であり，さらに背筋力の強い選手であることが解り得意技の特徴といえる．また，先行研究[13]で村瀬氏は大学生は得意技修得の過程に敏捷性が関与すると報告しているが，本研究では体格要素以外に静的筋力，敏捷性，上下肢無気的持久性，動的平衡性の4要素が関与していることが解った．

また，今回の大学生柔道選手の得意技は背負投，大外刈，内股，大内刈，払腰，体落までの6種目を選定したが，1999年インターハイ出場選手500名の調査（近代柔道9月号）でも背負投，大外刈，内股，大内刈，払腰，体落，6種類が報告されている．また先行研究[14-16]で五十嵐氏は昭和39年調査での得意技は背負投，大外刈，内股，跳腰，払腰，体落の6種類と報告している．したがって今回の得意技選定が妥当であると考えるとともに，柔道の得意技は時代差が存在しにくいことが解った．

表17-2は，形態機能別基礎体力の平均値，標準偏差，分散分析結果と形態機能別間の近似的な同時信頼区間である．一本足前方系，一本足後方系，二本足系の3群の得意技間において身長，体重，体脂肪率，背筋力，400m走，伏臥上体反しの6項目で1%水準で，またPush-up with claps，Bassバランステストの2項目で5%水準でいずれも有意な差が認められた．さらに得意技間の近似的な同時信頼区間においては，二本足系群が体脂肪率と400m走，Push-up with claps，Bassバランステストの項目で他の形態機能別群と比較し有意に優れていることが解った．したがって小柄で上下肢無気的持久性，動的平衡性に優れている選手で構成されていると推察された．また，先行研究[1,13]と比較すると形態面では3群とも同様な傾向であった．しかし機能面では敏捷性，柔軟性，平衡性の要素が関与していると報告しているが，本研究では静的筋力，柔軟性，上下肢無気的持

表17-1 大学柔道選手の得意技別基礎体力の分散分析表（多重比較Bonferroni）

体力要素	項目		背負投 N=157	大外刈 N=74	内股 N=98	大内刈 N=21	払腰 N=37	体落 N=13	F-test
①長育	身長	M	168.99	178.19	175.56	175.20	177.01	174.13	40.89
		SD	5.17	5.46	5.45	5.64	4.90	5.59	**
		Bonferroni		**	**	**	**		
②幅量育	体重	M	76.41	90.17	84.62	86.93	100.59	93.52	16.67
		SD	14.99	17.96	16.91	10.12	21.21	22.47	**
		Bonferroni		**	*		** *		
	体脂肪率	M	13.27	16.27	15.27	15.71	19.23	18.59	10.74
		SD	4.48	5.22	5.46	2.87	5.99	6.89	**
		Bonferroni		*	**	*	** **		

第4部 武道を科学する

③静的筋力	背筋力	M	166.81	177.52	176.22	172.90	186.86	182.04	3.57
		SD	26.52	34.38	31.80	23.33	29.84	35.86	**
		Bonferroni			**				
	肩腕力	M	52.14	54.27	52.27	54.00	55.75	57.29	1.23
		SD	10.44	10.22	13.01	10.72	12.95	8.46	
④敏捷性	反復横跳び	M	49.25	47.48	49.05	47.62	46.15	48.92	2.50
		SD	5.46	6.01	5.45	3.67	6.39	4.58	*
⑤瞬発力	垂直跳	M	57.27	56.68	57.33	57.95	53.97	56.17	1.46
		SD	6.81	7.77	7.37	4.92	7.97	8.56	
⑥無気的持久性	400m走	M	71.45	72.70	72.01	73.06	82.31	74.38	9.53
(上肢・下肢)		SD	7.07	8.24	8.39	7.50	12.71	10.62	**
		Bonferroni			**	*	*		
	Push-up with claps	M	32.80	28.94	34.20	32.37	28.50	31.58	3.94
		SD	8.88	7.61	9.59	4.68	10.24	9.79	**
		Bonferroni		*	**	*			
⑦柔軟性	伏臥上体反らし	M	50.41	48.51	52.27	48.53	51.96	50.54	1.94
		SD	8.17	10.67	8.76	7.65	8.11	7.15	
⑧動的平衡性	Bass バランステスト	M	90.13	89.18	88.12	91.71	83.21	92.17	2.66
		SD	9.50	10.58	12.84	8.48	15.41	6.52	*
		Bonferroni			*				

* $p<0.05$, ** $p<0.01$

表17-2 大学柔道選手の形態機能別得意技別基礎体力の分散分析表（多重比較Bonferroni）

体力要素	項目		一本足前方系 N=135	一本足後方系 N=95	二本足系 N=170	F-test
①長育	身長	M	175.96	177.53	169.38	89.53 **
		SD	5.33	5.61	5.36	
		Bonferroni	** **			
②幅量育	体重	M	88.97	89.45	77.72	21.06 **
		SD	19.45	16.56	16.25	
		Bonferroni	** **			
	体脂肪率	M	16.32	16.14	13.69	11.42 **
		SD	5.85	4.78	4.91	
		Bonferroni	** **			
③静的筋力	背筋力	M	179.10	176.49	168.01	5.47 **
		SD	31.53	32.19	27.55	
		Bonferroni	**			
	肩腕力	M	53.20	54.22	52.52	0.67
		SD	13.03	10.27	10.37	
④敏捷性	反復横跳び	M	48.31	47.51	49.22	2.83
		SD	5.82	5.52	5.39	
⑤瞬発力	垂直跳	M	56.42	56.97	57.19	0.42
		SD	7.66	7.21	6.93	
⑥無気的持久性 (上肢・下肢)	400m走	M	74.67	72.79	71.67	4.23 **
		SD	10.64	8.03	7.39	
		Bonferroni	**			
	Push-up with claps	M	32.78	29.69	32.71	3.85 *
		SD	10.02	7.19	8.93	
		Bonferroni	* *			
⑦柔軟性	伏臥上体反し	M	52.19	48.51	50.42	4.88 **
		SD	8.56	10.04	8.07	
		Bonferroni	*			
⑧動的平衡性	Bassバランステスト	M	86.85	89.80	90.28	3.64 *
		SD	13.66	10.12	9.31	
		Bonferroni	*			

* p<0.05, ** p<0.01

久性，動的平衡性の要素が関与していることが解った．

　以上の結果から現在の大学生柔道選手の得意技において体格が大きく関与していることが解り，得意技の基礎体力機能別の特徴が知ることができた．今後は，調査対象を増やし体格差を考慮した形の得意技の特徴を知ることにより，選手個々人に最も適した得意技の処方・選手養成・指導の一助となることが課題である．

1．今後の研究課題として

　著者は，「指導に役立つ柔道研究」をコンセプトに，大学柔道選手の基礎体力から競技力向上を目指す研究を継続して行なうとともに柔道を通じての人間教育・柔道ルネッサンスに取り組んでいる．21世紀を迎え，柔道の国際化，競技化，スポーツ化が進み，競技の成績，試合の勝ち負けのみに注目が集まっているが，嘉納師範が柔道の究竟の目的を「己の完成」「世の補益」と提唱された原点に立ち返って，再び人間教育に重点を置き，文武両道の面からも今後の柔道の発展の一助としたいと考える．われわれも指導者として正しい柔道の普及・発展をはかり，また指導上の理念確立のため，益々加速する国際化時代に適応する柔道修行者の育成のため，柔道の稽古が精神的，心理学的にプラスの影響があることを検討することは重要であると思う．David 松本（サンフランシスコ州立大学）により異文化コミュニケーションや異文化心理学の分野での使用を目的に開発された ICAPS（Intercultural Adjustment potential Scale）[17,18] は柔道修行の心理学的相関の研究にも応用性があると考られる．この ICAPS は，①感情制御（Emotion Regulation），②開放性（Openness），③柔軟性（Flexibility），④自主性/創造性（Autonomy Creativity）の四つの領域に分類され，特に，①感情制御は，自己規制，さらに感情コントロール等に関係しており，柔道の特色ともいえる心理形成であると考えている．したがって今後は，心と人格の形成は柔道の稽古に伴うものであるとの仮説を実際に ICAPS を使い検討し研究を進めていきたいと考えている．

　多くの柔道関係者が，競技を科学的な見知から解明したいと考えることは多いだろう．しかし，科学研究として取り組もうとすると何をしたらよいのか解らないのが事実である．柔道研究に興味をもたれたら，気軽に日本武道学会に参加

していただきたい．柔道専門分科会は若い研究者の育成に協力したいと考えている．

＜柔道専門分科会の連絡先＞
事務局：〒154-0023 東京都世田谷区若林 4-33-1 国士舘大学武徳研究所内
TEL:03-5481-5495 FAX:03-5481-3207 E-Mail:tnakajim@kokushikan.ac.jp

[若山　英央]

● 文　献
1) 浅見高明：柔道における技術的特性の科学的解明．武道学研究 11（2）：112-113，1978.
2) 羽川伍郎：柔道得意わざの指導に関する考察．武道学研究 2（2）：35-40，1970.
3) 青柳　領，松浦義行，浅見高明ほか：形態変量による無差別級柔道選手の競技成績の予測につて．体育学研究 27（1）：55-63，1982.
4) 飯田穎男，松浦義行，青柳　領ほか：大学柔道選手のための基礎体力組テト．体育学研究 29（1）：35-42，1984.
5) 飯田穎男，松浦義行，武内政幸ほか：大学柔道選手のための基礎体力テスト―テスト項目と実施方法―．大学柔道科学研究グループ，1993.
6) 飯田穎男，松浦義行，武内政幸ほか：大学柔道選手の基礎体力診断のための測定項目に関する研究．武道学研究 27（2）：37-44，1995.
7) 若山英央，柏崎克彦，石井兼輔ほか：大学柔道選手の基礎体力の因子構造―国際武道大学柔道部を対象として―．武道学研究第28回大会研究発表抄録，5：20，1995.
8) 若山英央，柏崎克彦，石井兼輔ほか：大学柔道選手の階級別基礎体力の因子構造―国際武道大学柔道部を対象として―．武道学研究第29回大会研究発表抄録，5：39，1996.
9) 若山英央，武内政幸，飯田穎男ほか：大学柔道選手の階級別基組テストの妥当性の検討―試合成績との相関関係―．武道学研究第31回大会研究発表抄録，1：1，1998.
10) 中島多木，飯田穎男，武内政幸ほか：大学柔道選手の基礎体力の評価尺度（その1）―正規性の検定―．武道学研究第31回大会研究発表抄録，1：2，1998.
11) 飯田穎男，中島多木，若山英央ほか：大学柔道選手の基礎体力の評価尺度（その2）―5段階尺度の構成―．武道学研究第31回大会研究発表抄録，1：3，1998.

12) 若山英央, 飯田穎男, 松浦義行ほか：基礎体力評価の妥当性の検討―国際武道大学柔道部100kg級・100kg超級について―. 日本体育学会第49回大会号：563, 1998.
13) 村瀬智彦, 出村慎一, 井浦吉彦ほか：大学及び中学柔道選手の投げ技における得意技習得に関与する要因. 武道学研究 29 (1)：43-53, 1996.
14) 五十嵐敬一, 金　芳保：柔道得の得意技に関する研究その1　得意技の因子について. 体育学研究 10 (2)：88, 1965.
15) 五十嵐敬一, 金　芳保：柔道得の得意技に関する研究その2　得意技と運動能力及び行動特性について. 体育学研究 10 (2)：275, 1966.
16) 五十嵐敬一・金　芳保：柔道得の得意技に関する研究その2　得意技と精神特性について. 体育学研究 11 (5)：80, 1967.
17) David 松本：日本人の国際適応力―新世紀を生き抜く四つの指針―. 本の友社, 1999.
18) David 松本：The New Japan. Intercultural Press, 2002.

18章

柔道背負投の科学

　背負投とは柔道創始時より一本背負投を含めた総称であったが，平成9年の改正で背負投と一本背負投に分離された．ここでは相手を背負って投げるという広義の意味で背負投と分類する．背負投は，多くの柔道の技のなかにおいて，普及と人気度がNo.1である．日本人選手の40％以上が得意技として使用しているとされる．また，背負投は階級を問わず得意技とする選手が多いことが報告されている．著者らも背負投を得意としており，この技のすばらしさとむずかしさは実感している．

　一方で，われわれ柔道家は，畳の上でも書物の中でも「重心」という言葉を頻繁に使う．本章では，「背負投」「重心」と"平成の三四郎"「古賀稔彦選手」を，科学的視点から分析する．

1．柔道の鍵概念：なぜ「重心」なのか

　武道・スポーツにおいて「重心」という言葉はしばしば使われるものの，その用法は日本独特のものがある．英語辞書における center of gravity は理学用語の意味合いがきわめて強く，国語辞典を見ると，「①均衡，つり合い，バランス，②物体の各部分に働く重力の作用と等価な合力の作用すべき点．質量中心．重力中心（理）」（『広辞苑』）となっているように，日本語常用においては明らかに②の意で用いる場合が圧倒的に多い．

　「彼の生き方は重心が高いから，すぐ挫折する」「からだの重心を失ってころぶ」「駕篭屋が重心を踏み分けて走る」という用例に，われわれはいかに「重心」という言葉を比喩的・文学的に使っているかを思い知ることができる．

　体育・スポーツの指導場面でも「重心」という言葉は頻繁に用いられ，武道で

はもっとそれが先鋭化された概念なり魂が込められてくる．スポーツ場面では，単に「腰」「下半身全体」「バランス」という言葉に置き換えても，実質的にほとんど変化が生じない．

しかし，武道文化ないし日本的社会の倫理においては，「肚」の意味に近く，東洋医学の「丹田」なる概念も援用されつつ理論化される場合は，物理学的に規定される「重心」の意味も加味されてくるのが特徴である．

口言葉で武道指導の際に発せられる「重心」の用法は，武道固有の文化的意義が存在していると考えられるのである．「肚が据わらぬ輩である」などという表現も，その一環として理解することができる．

2. 身体重心の科学

しかし，後半に紹介するように，「重心」を科学するということは，やはり重要であって，たとえば力学的に柔道の身体重心を研究してみる価値はある（バイオメカニクス）．

確認しておきたいことは，「重心は身体のフォームを変えると在りかを移動させること」「腰やヘソの一点に静止していないこと」である．5円玉の重心は5円玉の実質にはなく真中の穴の中心にあり，走り高跳びのベリーロールにせよ背面跳びにせよ，やはり身体がバーをクリアしている際に重心は身体の外部に出ていることがある．

柔道の場合，構えの姿勢では確かにヘソの裏側数 cm のところに重心は位置していようが，一歩右足を踏み出せば，重心は前方にも上方にも右方にも数 cm 移動する．ジョギング中も右手左足をあのように動かしているが，重心は上下に5 cm，左右に1 cm 程度動揺している．

3. 武道の比較動作学：背負投の重心移動

図18-1は，柔道着を着せたダミー人形（20 kg のカーペット）を背負投によって2台の圧力板上で投げ，重心移動を測定しているところである．左は日本人高段者，右は外国人の初段で，最大の違いは技に入る際の腰の高さである．左は腰を沈め相手を腰に乗せて投げる「屈膝型」であり，右は腰を沈めず高い位置から

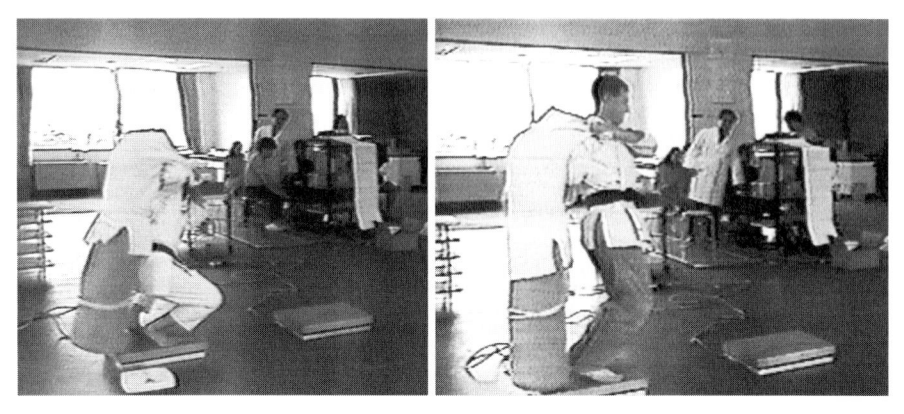

図18-1 背負投実験風景(左:師範,右:初段)

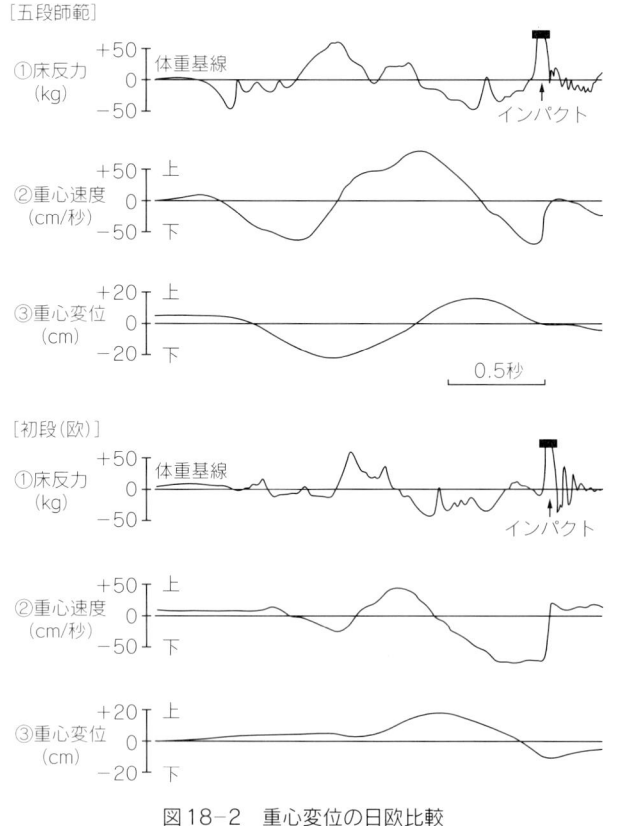

[五段師範]

①床反力 (kg)

②重心速度 (cm/秒)

③重心変位 (cm)

[初段(欧)]

①床反力 (kg)

②重心速度 (cm/秒)

③重心変位 (cm)

図18-2 重心変位の日欧比較
(大道 等:背負投げの重心上下動.武道 262:30-32,1988.)

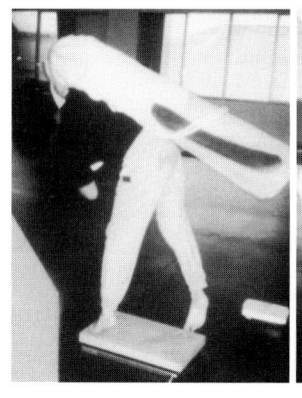

図18-3　初心者（伸膝に注目）

投げる「伸膝型」である．

　記録された反力値から電算機で力学的に重心変位を計算した結果が図18-2である[1]．上の高段者の場合，試技開始から下方に重心を25cm落とし，その後上方に40cm挙上させる．重心は構えの高さより15cm挙上していた．それに対して，下の初段者の場合，試技開始から1秒間上下動せず（沈み込まない）上方に20cm挙上している．

　1988年，ソウル五輪で「技の日本が力の外人に負けた」苦い思い出が想起されるではないか．日本のお家芸が西洋の腕っ節に負けた悔しさであった．

4. 伸膝型 VS 屈膝型と古賀選手

　一般的に伸膝型の背負投は初心者に多く見られ（図18-3），練習していく過程で腰を曲げるのではなく膝を曲げるようにと指導されることが多い．

　ところで，1922年，バルセロナ五輪に全盛期を迎えた古賀選手の背負投をイラストで見てみよう．図18-4はオリンピック直前のTV放送番組のビデオを資料とし，古賀選手の背負投をイラストにしたものである（図18-4A）．

　その特徴は，①膝を床に着かず立ったまま入る（伸膝型），②背負投に入るスピードが速い（約1秒），③背負投をかける動作と小内刈をかける動作が同じである，④腰が素早く相手の帯の位置に入っている，⑤体をひねらず頭を下げて投げる，さらに注目すべきは，⑥古賀選手の他の実戦ビデオを総覧すると，投げぎ

A 古賀選手

B 一般選手

C チョン選手

図18-4　背負投の比較

る際の脚が伸び切ったフォームが練習時と変わらない，ということである．

それに対して，他の選手の背負投を比較してみると，図18-4Bは一般選手に多く見られる背負投で，屈膝型の典型例である．

図18-4Cは当時，古賀選手の最強のライバルであった韓国のチョン選手の背負投（屈膝型）である．Cは相手がよく崩されており，股の下に入り相手を投げ，その際に右脚を伸ばすことで相手の腰を乗せているのが強さの秘訣である．

さて，古賀選手がなぜ伸膝型の背負いで相手を投げることができるかは，①体を前傾したときに立った姿勢でいられること，②極端な伸膝で技を繰り出せるのは下肢の筋力がきわめて強いこと，であると推察される．

5．名人の背負投を分類する

背負投を得意技としていた名選手の背負投に関する資料[2]から，名選手の特徴を分類してみた．背負投を得意とする階級は，軽量級22名，中量級17名，重量級7名で，背負投を使う選手は軽量級に多く，重量級の選手には少ない．

技をかけ始める位置を，組み手，種類，引き手，釣り手，腰の位置，膝の位置，投げる方向，に分けた．

組み手は，全体では右組27名，左組19名，種類は，右一本背負7名，左一本背負7名，右双手背負18名，左双手背負14名と一本背負より双手背負の方が多い．

引き手の位置は，前腕中央部30名，肘屈曲部3名，脇部4名，襟部9名で，前腕中央部を持ってかける例が多い．

釣り手の位置は，脇17名，横襟4名，前襟25名であった．脇は一本背負であり，横襟・前襟は双手背負である．

腰の位置は，高位4名，中位16名，低位26名と，投げに入る際は腰の位置は低い．重量級では，軽量級より腰の位置は少し高めであった．

膝の位置は，伸ばす4名，中ぐらい16名，深く曲げる23名，膝付き3名で，屈膝型が大半である．軽量級で伸膝は1名であった．重量級では膝をついて技をかけている人はいなかった．

投げる方向は，右前方8名，左前方9名，正面方向29名と，正面に相手がいることが多い．

体育における柔道指導では，単なる「根性育成」「形練習」にとどめず，名選手の創作した「芸術的技能の科学的合理性」の説明に，時間を少しでも多く割り当てたいものである．

[平岡　政憲・若山　英央・大道　　等]

● 文　献
1) 大道　等：背負投げの重心上下動．武道 262：30-32, 1988.
2) 佐藤宣践監修：柔道：技の大百科．ベースボールマガジン社，1999.
3) 講道館監修，醍醐敏郎著：講道館柔道：投技．本の友社，1999.

19章

合気道投げ技の動作分析

1. 目　的

　合気道は現代武道の九つの中の一つであり，専守防衛の体術を主体とした武道である．大きな特長としては試合，試合形式の稽古を行なわないことがあげられる．一般的に合気道の練習は師範（または指導員）が手本の技を見せた後，二人一組になり交互に技を掛け合う形（かた）稽古によって行なわれ，その上達の評価の一つとして他の武道と同じように段位による技の修得の格付けがある．手本を見てその模倣をするわけであるが，同じように動いているつもりでも，初心者と上級者の間では動作の performance は異なる．

　武道の技術差については，剣道で恵土ら[1]，空手では加藤ら[2] 道原ら[3,4]によって分析的な報告がなされている．また大道[5]は，力学的身体重心を人形を投げる実験的条件で柔道の背負投について，あるいは物的標的に向かう空手の突・蹴りについて圧力板を用いて計測している．しかし，武道の対人試技において，両者別々に力学的な重心分析を行なった研究は見当たらない．そこで本章は合気道の技術水準の差異を重心分析の視点から先駆的に記述する．

2. 方　法

　図19-1のように両手取りから相手を後方に投げる「天地投げ」といわれる代表的な投げ技[5]における，「取り：投げ手」と「受け：投げられる側」両者の重心分析を行なった．そこでは「取り」が左足前の半身構え，「受け」も左足前の半身構えをとる相半身において，「受け」が一歩踏み込み両腕を取りに来たところを，「取り」が右手刀を上，左手刀を下に向け，左足を一歩踏み出し，次に右足を「受

174

[受け] [取り]

Ⅰ相：スタート（STR）

Ⅱ相：コンタクト（CNT）

Ⅲ相：崩し（CLP）

Ⅳ相：終了（END）

図19-1　天地投げ

表19-1 被験者特性

被験者	段位	合気道歴	身長(cm)	体重(kg)
A	3段	7年	166.0	73.0
B	初段	2.5年	167.0	66.7
C	4級	0.5年	169.8	62.0
D	4級	0.5年	167.0	65.2
E	1級	1.5年	170.0	66.0
平均			168.0	66.9

図19-2 実験風景

け」の右後方に一歩踏み出して天地投げを行なう．

　被験者の「取り」としては合気道上級者A（3段）と中級者B（初段），初心者C（4級）とD（4級）の4名，「受け」は同一個人被験者E（初段）1名とした（表19-1）．

　身体重心を計測するために被験者各々に20ヵ所のポイントを設定し（図19-2），試技の様子を被験者の側方10 m，レンズ高1 mから，フォトソニック社製16 mm高速度カメラ16 mm-VNを用いて，100コマ/秒で撮影した後に，NAC社製モーションアナライザー，SPORTIAS100[6]によって2コマおきに重心解析を行なった．

　測定された時系列データは微分して速度を求めたが，その誤差が増大するため[7]，SPORTIAS100内蔵のソフトウエアにてデータの平滑化を行なった．

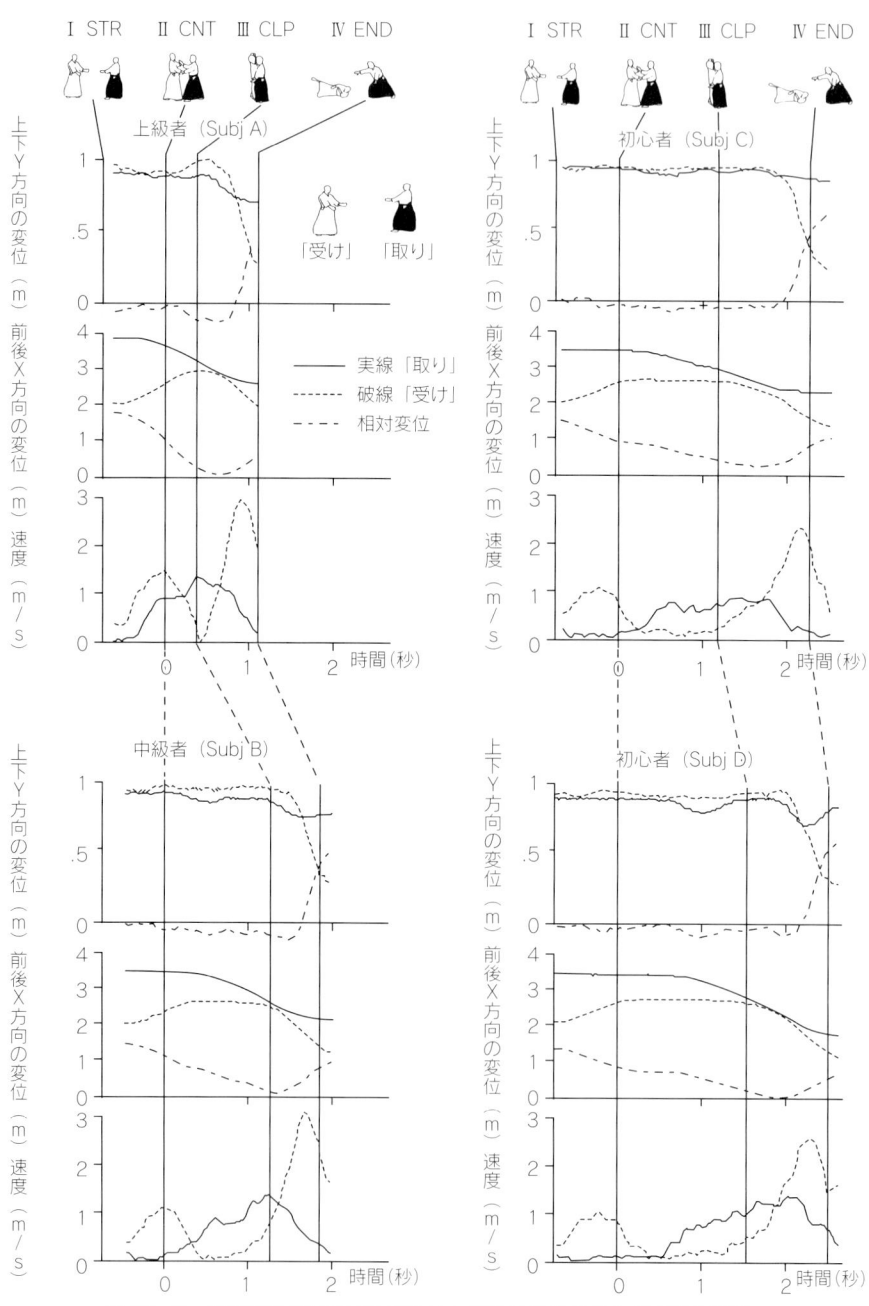

図19-3 「天地投げ」における「取り」と「受け」の身体重心の変位と速度
（基準時刻0秒はⅡ相CNT）

3. 結果と考察

　図19-1に示したⅠ，Ⅱ，Ⅲ，Ⅳ各に示された「天地投げ」の四つの相を次のように定義した．

　「受け」と「取り」が向かい合い「受け」が両腕をとる（攻撃）ために動いたところをⅠ相：スタート（以下 STR と略記，スローモーション画像においても経験者にはその時刻の特定が容易），「受け」が「取り」の両腕を取ったところをⅡ相：コンタクト（以下 CNT），「取り」が「受け」を投げる動作を開始した時点をⅢ相：崩し（以下 CLP，腰部は静止しているが肩の動きで経験者には同定が容易．「崩れているか否かは別問題」），「受け」が「取り」に投げられ「受け」の手が離れたところをⅣ相：終了（以下 END）と命名した．

1）身体重心の変位と速度

　図19-3に経過時間を第Ⅱ相 CNT を基準にして，「取り」「受け」双方の重心変位および相対変位を示す．「取り」の速度は上下 Y と前後 X 方向の合成ベクトル長の値である．

　どの被験者も STR から CNT までほぼ同じ高さに重心が位置し，CNT から CLP まで僅かな差こそあれ下降して，END までに5～20 cm 下降を続ける．

　「受け」E の上下 Y 方向変位は subj A 以外の被験者の場合で CLP 相より前ではほぼ同じ高さを維持し，END になる過程で急降下する．

　図19-4では，CNT から CLP 前後まで1/50秒毎に重心高データを平滑化せず拡大した．上級者 A は「受け」E を10 cm 挙上させていること，反対に初心者 D は E よりも12 cm 自らの重心を下降させていることが明らかとなっている．subj B と C は相対変位を5～10 cm のほぼ一定の間隔に維持して CLP に移行する．上級者 A は自らの重心高をかえずに上肢で「受け」を上方に挙上しつつ投げ，初心者 D は重心を自らが下げて投げ技をかけているが，「受け」の身体重心は挙上しない，ということが示唆されている．

　図19-3の前後 X 方向の相対変位をみると，どの被験者も CLP の直後に重心どうしが接触ないし最接近する．図19-3の速度曲線は，その最高値を取るのが上級者 A，中級者 B では CLP 時点，初心者 C，D では CLP から END の中間時点である．「受け」E の最高速度は A から D のどの場合にも END の0.2秒前で

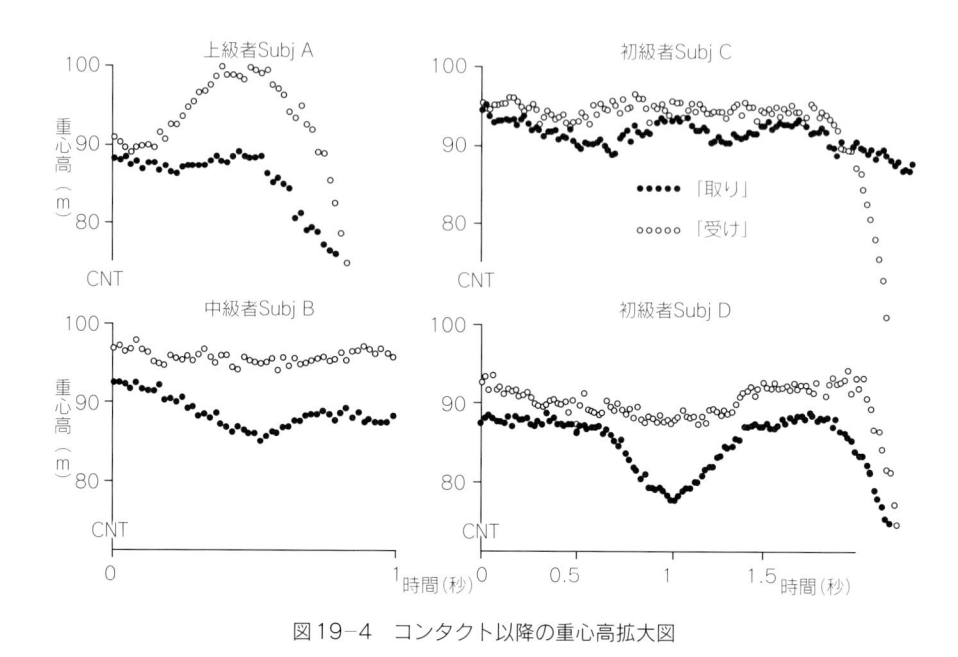

図19-4　コンタクト以降の重心高拡大図

あった．

　速度曲線においては「受け」の曲線が一度0に近くなり後に上昇する．Aとでは他の被験者より急激に下がり直ちに上がるが，他の被験者とでは変化が緩慢である．上級者Aの時には「受け」の速度がCLPではまだ下降しているのは，今まさに投げようと「取り」がしているときに「受け」の身体重心がいまだ止まっていないのである．他の被験者とでは「受け」の身体重心速度が0に近くなった後は，「取り」の速度が加速するのに併行して「受け」も加速してCLPをむかえる．

2）場面ごとの身体重心速度変化と経過時間

　4相の各々で身体重心速度をみると表19-2のとおりである．さらに，この表からCNTを基準時刻0秒として経過時間と速度の関係をベクトル的に矢線表示したのが図19-5である．本実験で解析した「天地投げ」では身体重心のトップスピード（M.V）は，「取り」の技が上，中級者と初心者間に差はあるものの，必ずしもそれは重要な因子ではない．初心者は技をかける所要時間で遅く，上級者は素速く試技を完了する．それゆえ身体重心が加速する程度に意味ある差が観察

表19-2　場面ごとの身体重心速度と経過時間
（「受け」の数値は（　）で示した．M.V:maximum velocity）

スタートからの経過時間(s)

Subj	CNT	CLP	M.V	END
A	0.64	0.94	1.02(1.54)	1.64
B	0.5	1.64	1.72(2.16)	2.3
C	0.68	1.86	2.14(2.84)	2.96
D	0.74	2.28	2.76(3.02)	3.3

場面ごとの身体重心速度(m/sec)

Subj	CNT	CLP	M.V	END
A	0.9(1.5)	1.2(0.6)	1.4(3.0)	0.4(2.6)
B	0.2(1.1)	1.2(0.5)	1.4(3.0)	0.4(2.4)
C	0.1(0.7)	0.7(0.2)	0.8(2.3)	0.1(2.0)
D	0.1(0.7)	1.0(0.5)	1.3(2.5)	0.5(1.5)

できる．つまり「取り」「受け」ともにCLP，M.V，ENDにおいて速度の立ち上がりの速さが，上級者，中級者，初心者の順に急である．これが，図19-5から明らかである．

　身体重心の変位については「取り」がCLPに至るまでに重心の上下動は，上級者で下方4cm，上方2cmの範囲にあった．柔道の背負投では「取り」重心の上下動は構えから下方25cm下がった後に，それから上方40cmに変位し，構え位置より正味15cm高い位置（「受け」が投げられている時）になると報告されている[8]．これは柔道と合気道の違いというよりも技の種類の違いと見るべきであろう．

　初級，中級者の被験者においても，Y方向の上下動が見られ，特に初心者Dが10cmの下降している．これは初心者がしばしば行なう「腰をおろして相手をつり上げようとする」意図の結果と考えられる．しかし効果的な「うまい」投げとして成就しない場合は経験的によく見出されることであって，本結果もそれに該当しよう．この分析結果を技術向上のための指導法にどう応用するかが急務の課題である．

　また，上級者では「受け」の身体重心速度は減速してすぐ加速し停滞することなくENDまで上昇することや，CLPに至るまでに「受け」の身体重心がY方向に9cm上昇することは，上級者の技の「崩しが効いている」状態であるといえる

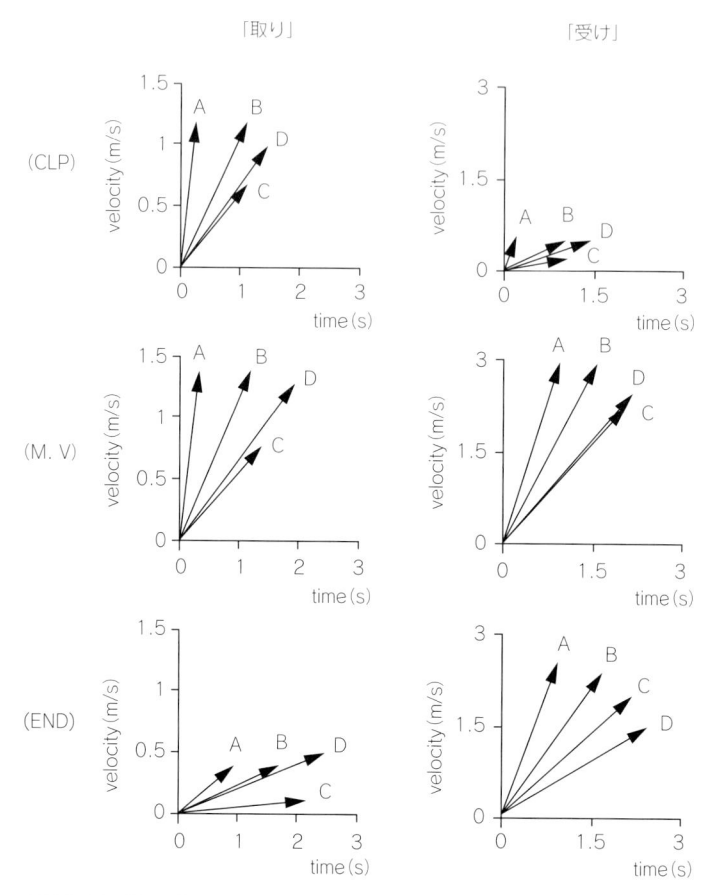

図19-5 場面ごとの身体重心速度(縦軸)と経過時間(横軸)のベクトル図
(基準時刻はⅡ相CNT，M.V.:maximum velocity)
A：subj A，B：subj B，C：subj C，D：subj D

のではないか．つまり，CLPになる直前までに，少しずつ「受け」の身体重心が上昇しているのは，「取り」が「受け」につかまれている両腕を操作していることによる，と推察されるのである．他の被験者には，この傾向は見ることはできない．

本研究では合気道の代表的な投げ技に写真分析を試み，身体重心の変位と速度変化に絞って熟練度（技術）の差の記述を行なった．しかし手・足，四肢の相対動作，つまりフォームの分析も重要であろう．さらに身体特定部位と重心位置と

の差,あるいは「受け」の運動・位置エネルギーを「取り」がどのように利用して投げているか,の2点は今後の研究課題である.

[立木　幸敏]

● 文　献

1) 恵土孝吉,松井秀治:剣道技における習熟過程. Jpn J Sports Sci 9：246-251, 1987.
2) 加藤芳雄,中山正敏:空手の動作分析. 拓殖大学論集 25：1-14, 1960.
3) 道原伸司,圓　吉夫:空手の基本技術に関する研究. 武道学研究 11：23-29, 1978.
4) 道原伸司,真野高一,池田守利ほか:空手道基本技の動作解析に関する研究. 競技種目別競技力向上に関する研究―第5報―. pp.29-37, (財)日本体育協会スポーツ科学委員会, 1981.
5) 大道　等:武道科学事始め. 杏林書院, 1994.
6) 植芝守央:写真で学ぶ合気道. pp.32-33, ベースボール・マガジン社, 1986.
7) 三浦望慶,池上康夫,松井秀治:部分及び合成重心係数を用いた座標測定方式による合成重心の算出. 体育の科学 24：517-522, 1974.
8) 大道　等:バイオメカニクス―増補版. 高文堂出版社, 1991.

20章

剣道選手の技術水準と体力
——武・舞は技か体力か——

　"武と舞の相違点"というテーマを頂いた．"舞と武"（舞が先）ではいけないか，相違点ではなく類似点ではダメなのか，などと迷いつつ筆を進めている．
　『武術と舞踊は密接な関係にあった．戦国武将が幸若舞（こうかまい）を好んだのは有名である．能と剣道のあいだに密接な関係があるように，ヨーロッパの宮廷舞踊とフェンシングのあいだにも密接な関係があった』[1]を持ち出すまでもなく，「舞」と「武」は同根であり，『始原の「舞踊」がカミゴトであったように，始原の「武術」もまたカミゴトであった』[2]といわれている．
　"昔剣道をやっていて今はダンスをしている"だけの著者に，武と舞を語る資格があるかどうか不明だが，かつて行なった剣道の習熟過程に関する研究報告[3]を紹介しながら，武舞の体力と技術について論じてみたい．

1．技か体力か？：女子剣道選手の習熟過程

1）週5回稽古群と週1回稽古群との比較

　剣道における体力やトレーニング効果に関する研究はこれまでいくつかなされている[4-6]．滋野ら[7]は剣道部員を対象に跳躍素振りを用いたトレーニングを行なわせ，最大酸素摂取量の増加したことを報告している．
　また草間ら[8-10]は，大学剣道選手の形態的特徴をモアレ縞写真撮影法から縦断的に検討している．しかしこれらの研究は男子が主であり，女子に関する剣道のトレーニング効果をみたものは数少ない[11]．そこで今回は，女子を対象に剣道の稽古頻度と体力・技術の関係について比較検討した．さらに，2ヵ月間の稽古前後での応用技の試技動作を比較検討し，稽古による技術向上の可能性についても合わせて検討を加えた．

表20-1 対象者の形態的特徴

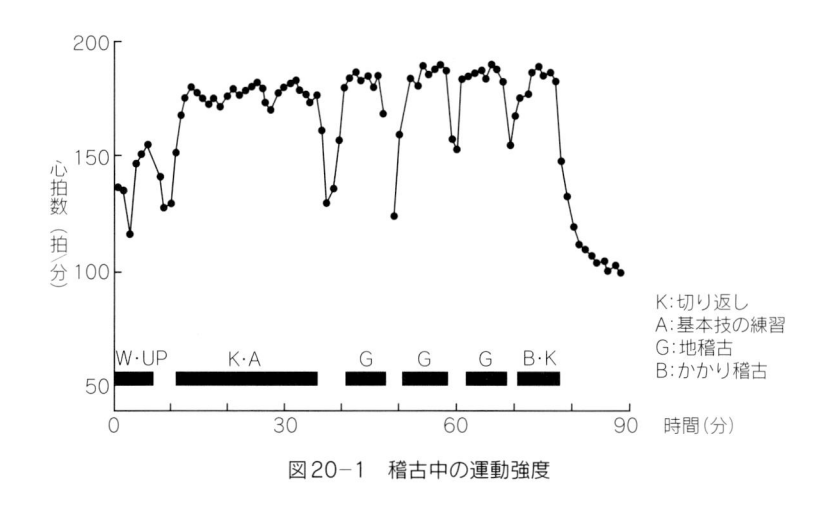

Aグループ			Bグループ		
対象	身長(cm)	体重(kg)	対象	身長(cm)	体重(kg)
I.S	156.3	55.0	Y.M	156.4	54.0
K.U	155.6	54.7	W.A	167.8	59.0
O.S	150.7	44.0	T.A	146.8	43.0
Y.A	157.1	60.0	S.A	155.1	54.0
T.I	156.5	55.0	M.A	151.8	43.0
			F.U	157.6	49.0
M±SD	155.2±2.59	53.7±5.88	M±SD	155.9±7.0	50.3±6.5

図20-1 稽古中の運動強度

K:切り返し
A:基本技の練習
G:地稽古
B:かかり稽古

　被験者は，8～20歳の女子学生11名で，いずれも剣道を行なった経験のない初心者である．1週間の稽古回数により二つのグループ（A，B）に分類した．Aグループは，課外活動として週5回剣道を行なっている者5名であり，Bグループは，正課体育の授業として週1回剣道を行なっている者6名である．このうちAグループは，これまで球技や陸上競技などのトレーニング経験を有しているが，競技会等への出場経験はない．また現在は，剣道の稽古以外特別な運動は行なっていない．またBグループは，正課体育以外にこれまでなんらかのスポーツトレーニングを行なった経験がなく，現在もまた行なっていない．
　被験者の形態的特徴は表20-1に示した．

2）1回90分間の稽古，2ヵ月後に体力測定

　稽古内容は，A，B両グループともに，同一の内容で行なわせた．準備体操から素振り（10～15分），切り返しと基本技（30分），地稽古（30分），掛かり稽古と切り返し（10分）などからなり，稽古時間は約90分であった．

　稽古中の運動強度をみるために，稽古中の心拍数を連続モニターした（図20-1）．稽古の継続期間は，A，B両グループとも2ヵ月間である．測定時期は，稽古開始直後と稽古開始から2ヵ月後の計2回であり，測定項目は，以下のとおりである．

(1) 形態面

　前腕囲，伸展上腕囲，屈曲上腕囲をマルチン法により測定した．また皮脂厚を栄研式皮脂厚計により測定した．

(2) 機能面

　筋力は，握力と背筋力の測定を行なった．瞬発力は，垂直とびの測定を行なった．また柔軟性は，立位体前屈と伏臥上体そらしの測定を行なった．これらの測定にあたっては，文部省スポーツテスト法によった．敏捷性は，サイドステップと反応時間の測定を行なった．

　全身反応時間の測定は，全身反応時間測定台（竹井機器）を用いた．被験者には，跳躍台上に膝を軽く曲げた姿勢で立位させ，刺激に応じて両足が台から完全に離れるように跳躍させた．検者は，被験者に「用意」の合図を与えてから1～5秒間に刺激発生スイッチを押すようにし，5回の測定値から上下の値を除外し，3回の測定の平均値を全身反応時間とした．なお，光刺激は黄色ランプを用い，被験者の前方1.5 m，高さ1.5 mの所に設定した．また音刺激は，500 Hzを使用した．局所反応時間は，単純反応時間と選択反応時間の両方を測定した．単純反応時間の際の光および音刺激は，それぞれ赤色ランプ，500 Hz音を使用した．さらに，選択反応時間の際の光刺激には，それぞれ赤色，黄色，緑色ランプを用い，また音刺激には500，1,000，3,000 Hzをそれぞれ用いた．

　呼吸機能は，肺活量の測定を行ない，湿式肺活量計（K.Y.S.肺活量計）を用いた．

　さらに全身持久力の指標として，ステップテストを行なわせた．その際の台高は35 cmであり，運動時間は5分間である．なお，心拍数は，Cardiactelemeter（三栄）を用いて胸部誘導により測定した．また，踏台昇降運動後の心拍数から

判定指数を算出したが，これは全身持久性の能力を表わすものであり，次の式から求められる[12].

$$判定指数 = \frac{運動継続時間（秒）\times 100}{2 \times (①' + ②' + ③')}$$

①'は，運動終了後1分〜1分30秒まで，②'は2分〜2分30秒まで，③'は3分〜3分30秒までの心拍数を表わしている．

(3) 技術面

稽古頻度の高いAグループのK.U 1名に対し，応用技術としての小手面技を課し，その際に試技者の動作を真横より8mmカメラによる撮影を行なった．2ヵ月間の稽古前後の動作の比較は，次の観点より検討した．

①右手首を基点として，小手打ちと面打ちにおける竹刀先端の軌跡をそれぞれトレースし，比較検討した．

②左足首を基点とし，小手打撃動作直前と面打撃動作直前における右膝の踏み込み状態を比較検討した．

3) 稽古によって向上した体力と技術は？

表20-2は，2ヵ月間の稽古前後の体力測定値（平均値±標準偏差）を示したものである．

(1) 形態面

前腕囲は，Aグループにおいて，それぞれ24.0 ± 1.1 cm（稽古前），24.1 ± 1.2 cm（稽古後）（右），23.3 ± 0.8 cm（稽古前），23.7 ± 1.1 cm（稽古後）（左）であり，左右とも顕著な差はみられなかった．しかしBグループでは，それぞれ22.4 ± 1.1 cm（稽古前），23.0 ± 1.5 cm（稽古後）（右），21.8 ± 0.9 cm（稽古前），22.4 ± 1.3 cm（稽古後）（左）であり，稽古前後の値には，左右とも統計的に有意な増加（$p < 0.05$）が認められた．

皮脂厚は，A，B両グループとも稽古前後の値に顕著な変化はみられなかった．また伸展上腕囲も，A，B両グループともに，稽古前後に顕著な差はみられなかった．

屈曲上腕囲は，Aグループにおいて，それぞれ28.4 ± 1.5 cm（稽古前），28.6 ± 1.4 cm（稽古後）（右），26.5 ± 1.2 cm（稽古前），27.3 ± 1.4 cm（稽古後）

表20-2　稽古前後の体力測定値の比較

		Aグループ			Bグループ		
		1回目	2回目	差	1回目	2回目	差
形態	前腕囲 (cm)	右24.1±1.1 左23.3±0.8	24.1±1.2 23.7±1.1	+0.1 +0.4	22.4±1.1 21.8±0.9	23.0±1.5 22.4±1.3	+0.6* +0.6*
	脂肪厚 (mm)	腕12.4±2.5 背13.0±3.5	12.0±2.6 12.8±3.3	−0.4 −0.2	14.4±4.6 11.2±2.5	10.8±1.2 10.5±2.7	−3.6 −0.7
	伸展上腕囲 (cm)	右26.2±1.4 左24.5±1.0	24.8±1.1 24.2±0.6	−1.4 −0.3	22.8±2.4 22.5±2.8	22.9±1.8 22.1±3.4	+0.1 −0.4
	屈曲上腕囲 (cm)	右28.4±1.5 左26.5±1.2	28.6±1.4 27.3±1.4	+0.2 +0.8*	25.6±2.5 24.8±2.6	25.1±2.6 24.3±2.8	−0.5 −0.5
機能	握力 (kg)	右30.1±5.6 左26.3±5.2	31.1±5.3 28.9±3.8	+1.0 +2.6*	24.8±2.8 24.1±3.4	27.5±1.2 24.7±1.5	+2.7* +0.6
	背筋力 (kg)	100.5±11.2	109.5±5.4	+9.0	93.4±20.1	93.3±13.4	−0.1
	立位体前屈 (cm)	18.6±5.0	18.8±5.4	+0.2	19.2±7.7	18.9±6.7	−0.3
	伏臥上体そらし (cm)	58.1±9.3	58.6±7.7	+0.5	55.0±9.4	58.8±8.0	+3.8*
	垂直とび (cm)	41.1±3.6	44.1±2.9	+3.0	42.9±2.0	43.1±2.8	+0.2
	全身反応時間 (sec)	光0.363±0.01 音0.385±0.04	0.349±0.03 0.340±0.06	−0.014 −0.045	0.373±0.30 0.395±0.20	0.340±0.04 0.369±0.06	−0.033 −0.026
	局所反応時間 (sec)	光0.242±0.04 音0.231±0.05	0.209±0.03 0.218±0.05	−0.033 −0.013	0.217±0.04 0.217±0.03	0.207±0.03 0.203±0.04	−0.010 −0.014
	選択反応時間 (sec)	光0.515±0.14 音0.561±0.08	0.492±0.05 0.562±0.10	−0.023 +0.001	0.522±0.10 0.535±0.05	0.481±0.05 0.570±0.10	−0.041 +0.035
	肺活量 (cc)	3,295±182	3,295±266	0	2,845±423	2,750±351	−95
	サイドステップ (times)	33.8±2.2	37.3±2.1	+3.5	34.5±1.9	37.2±0.4	+2.7*
	判定指数	97.1±10.7	107.4±13.6	+10.3*	85.3±9.0	84.9±5.9	−0.4

値は平均値と標準偏差を表す　*p<0.05

（左）であり，左上腕囲に顕著な増大を示した．しかしBグループでは，左右とも稽古前後に顕著な変化はみられなかった．

(2) 機能面

握力は，Aグループにおいて，それぞれ 30.1 ± 5.6 kg（稽古前），31.1 ± 5.3 kg（稽古後）（右），26.3 ± 5.2 kg（稽古前），28.9 ± 3.8 kg（稽古後）（左）であり，左右ともに稽古後に増加傾向を示した．特に左手において顕著な差（$p < 0.05$）が認められた．またBグループにおいても，それぞれ 24.8 ± 2.8 kg（稽古前），27.5 ± 1.2 kg（稽古後）（右），24.1 ± 3.4 kg（稽古前），24.7 ± 1.5 kg（稽古後）（左）であり，稽古後に増加傾向がみられた．特に右手において顕著な増加が認められた（$p < 0.05$）．

背筋力は，A，B両グループともに，稽古前後に顕著な差はみられなかった．

立位体前屈も，A，B両グループともに稽古前後の値に顕著な差はみられなかった．

伏臥上体そらしは，Aグループにおいて，それぞれ 58.1 ± 9.3 cm（稽古前），58.6 ± 7.7 cm（稽古後）であり，稽古前後の値に顕著な差はみられなかった．しかしBグループでは，それぞれ 55.0 ± 9.4 cm（稽古前），58.8 ± 8.0 cm（稽古後）であり，稽古前後の値に顕著な差が認められた（$p < 0.05$）．

垂直とびは，A，B両グループとも稽古前後の値に顕著な差はみられなかった．

全身反応時間は，光刺激，音刺激においてA，B両グループとも稽古前後の値に顕著な差はみられなかった．

局所反応時間も，光刺激，音刺激においてA，B両グループとも稽古前後の値に顕著な差はみられなかった．

選択反応時間も同様に，光刺激，音刺激において稽古前後の値に顕著な変化はみられなかった．

また肺活量も，A，B両グループにおいて稽古前後の値に顕著な差はみられなかった．

サイドステップは，Aグループにおいて，それぞれ 33.8 ± 2.2 回（稽古前），37.3 ± 2.1 回（稽古後）であり，稽古前後の値に顕著な差はみられなかった．Bグループは，それぞれ 34.5 ± 1.9 回（稽古前），37.2 ± 0.4 回（稽古後）であり，稽古後の値に顕著な増加（$p < 0.05$）が認められた．判定指数は，Aグループに

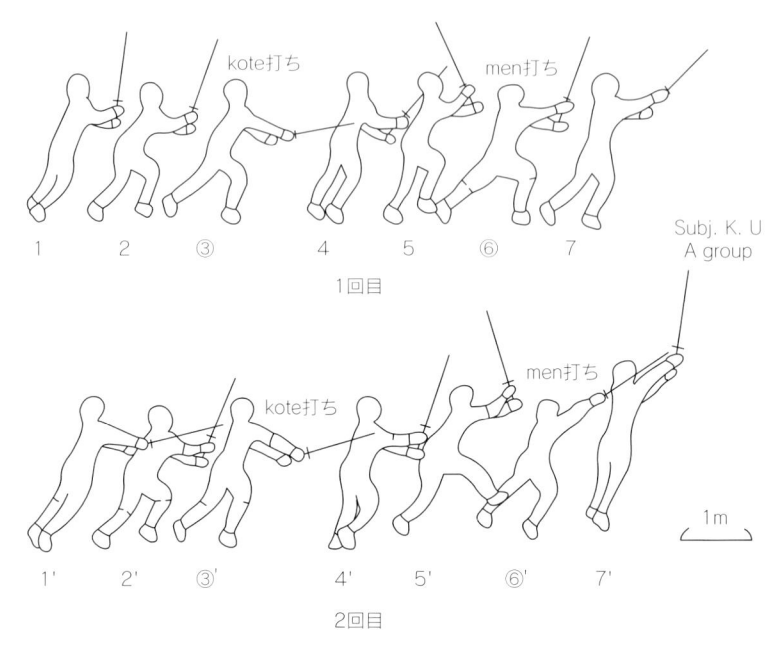

図20-2 応用技(小手—面技における打撃動作の比較)
　　1と1'：小手打ちのために左足を引き寄せたところ
　　2と2'：右膝の最高点(小手打ち時)
　　③と③'：小手打ち
　　4と4'：面打ちのために左足を引き寄せたところ
　　5と5'：右膝の最高点(面打ち時)
　　⑥と⑥'：面打ち
　　7と7'：面打ち後，左足を引き寄せたところ

図20-3　構え，そして出ばな
(左：後に実業団チャンピオン，右：後に国際武道大学の教員となる女子選手の大学1年時の稽古風景)

A　小手打ち　　　　　　　B　面打ち

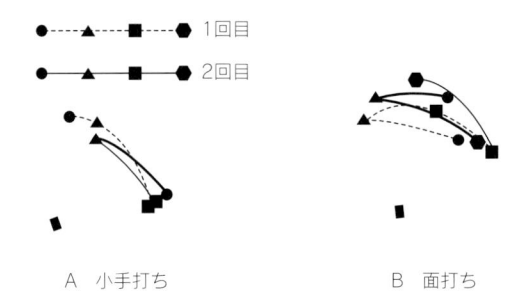

図20-4　小手―面試技動作における市内先端の軌跡
（右手首を基点とした稽古前後の比較）

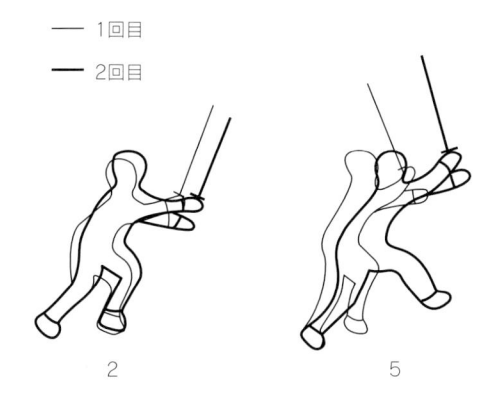

2　　　　　　　　　5

図20-5　小手打ち直前(2)と面打ち直前(5)のそれぞれの動作における
稽古前後の比較（左足首を基点として）

おいて，それぞれ97.1 ± 10.7（稽古前），107.4 ± 13.6（稽古後）であり，稽古前後の値に顕著な変化が認められた．しかしBグループでは，それぞれ85.3 ± 9.0（稽古前），84.9 ± 5.9（稽古後）であり，稽古前後の値に顕著な差はみられなかった．

(3) 技術面

小手面打ちにおける稽古前後の打撃動作を，週5回稽古群（Aグループ）の1名を対象に先述した観点より検討した結果，次のことが明らかになった．

1. 小手打ちは，図20-4にみられるように，定性的には1回目より2回目の方が，振りかぶり動作が小さくなった．
2. 面打ちは，打撃直前の踏み込み時に，右足がより高く上がり，踏み込む

距離も増大した（図20-5の5）．

4）週5回の稽古では，握力（左）や全身持久力が向上

草間ら[8,9]は，剣道の稽古による形態の変化を男子学生を対象に，形態計測やモアレ縞写真撮影から検討している．それによると，1年間の稽古で，周径と皮脂厚に変化がみられ，上腕最大囲や前腕最大囲は左右とも明らかに増加したが，皮脂厚は減少したと報告している．

本研究においても，Bグループの前腕囲（左右）とAグループの屈曲上腕囲（左）に顕著な増加が認められた．しかし，皮脂厚には，いずれのグループも稽古前後の値に顕著な差がみられず，2ヵ月という短期間の稽古と，女子学生を対象にしたために，変化が明らかではなかったものと考えられる．

また林ら[13]は，剣道の有段者では，右手より左手のほうが大きな握力を発揮すると報告している．本研究でも，稽古頻度の高いAグループでは，左手に顕著な握力の増大がみられた．これは，左手による正しい竹刀操作によってもたらされたトレーニング効果であると考えられる．しかし，稽古頻度の低いBグループでは，逆に右手の握力が増大し，左手の握力には，有意な増大を認めなかった．このことは，Bグループでは，正しい竹刀操作が習得されないまま稽古の継続が行なわれた可能性も推察される．

伏臥上体そらしは，稽古頻度の高いAグループでは顕著な変化が認められなかったが，稽古頻度の低いBグループでは，顕著な差が認められた．これは，以前に特別なトレーニングを行なったことのないBグループでは，稽古開始時の伏臥上体そらしの値が低く，そのため，剣道によるトレーニング効果が，顕著に表れたものと推察される．

反応時間に関する研究は，これまで数多く行なわれ[14-17]，その初期の代表的なものに浅見[18]の研究がある．浅見は，全身反応時間を，神経機構（反応開始時間）と筋肉機構（筋収縮時間）に分け，その両面から，年齢別発達過程を検討している．その結果，全身反応時間は，反応開始時間との相関が高く，さらに全身反応時間は，男女の身体的発達の特性にそった発達過程をたどると報告している．また大崎ら[16]は，動的基本姿勢（スポーツ選手に共通な姿勢）と，柔・剣道の構えからのそれぞれの全身選択反応時間を測定し，両者を比較検討している．その結果，動的基本姿勢と競技場面の構えからのそれぞれの反応時間との間に

は，高い相関が得られたと報告している．

　本研究で行なった全身反応時間は，光や音の刺激に対しその場で反応する単純反応時間である．したがって，前述のような剣道の構えとの関連や，移動方向への反応については明らかではない．しかし，いずれの稽古頻度のグループにおいても，全身反応時間の顕著な短縮はみなかった．

　ところで三橋[19]は，剣道の特性について，竹刀を使用し，近距離で打突し合う競技のため体力面よりも技術面が強く要求されるとしながらも，体力的要因を強いてあげれば，敏捷性と巧緻性を特に必要とすると述べている．本研究では，A，B両グループともに，敏捷性の指標であるサイドステップの向上がみられ，特にBグループでは顕著な向上が認められた．すなわち，過去に特別な運動を行なっていなかったBグループでは，剣道の特性である敏捷性に顕著な効果が表れたものと考えられる．

　女子学生の全身持久力について中嶋ら[20]は，4週間の階段昇降トレーニングによる効果を，トレーニング頻度（1週間に4日間行なうグループと，1週間に3日間行なうグループ）との関係から検討している．その結果，最大酸素摂取量は，1週間に4日間トレーニングしたグループでは，有意に増加したと報告している．

　本研究では，全身持久性の指標として，ステップテストを行なった．その結果，稽古頻度の高いAグループでは，全身持久性の有意な向上がみられた．しかし，稽古頻度の低いBグループでは，判定指数の改善はみられなかった．このことは，全身持久性のためには，週1回の稽古ではその効果が少ないことを示唆しているものと思われる．

5）技術面でも，週5回群に顕著な変化

　三橋[19]は，小手—面などの連続技について，次のように述べている．『打ったとき左足を早く引き寄せて，次の打・突を敏速に行うようにする．（中略）はじめは，二つの打突とも．正確に行い，習熟するにつれて，先の打ちを小さく，その反動を利用して敏捷に行うようにする』また平田[21]も熟練するとコンパクトに竹刀を振り上げ振り下ろすようになると報告している．本研究の小手打ちが稽古後により小さな振りかぶりで行なわれるようになったことは，2ヵ月間の稽古により，技術の向上がみられたものと考えられる．

また坪井[22]は，二段正面打撃動作における未鍛練者と鍛練者の比較を行ない，『右下肢（特に右足）は，第2の正面打撃のときにより振り上げられて前進し，左足は主に全身の押し出しと，引きつけの働きをしているのがみられる』と述べている．

本実験においても，面打ち動作では稽古後の動作のほうが右足の振り上げが高く，面打ち動作の改善が示唆された．すなわちこのことは，比較的難しいと思われる小手—面打ちのような応用技においても，2ヵ月間の稽古による技術の向上の可能性を示唆するものであろう．

2．武と舞：技か体力か，それとも？

1）心身のトレーニングとしての稽古

これまで述べたように，剣道の稽古を2ヵ月間行なったことにより，体力面におけるいくつかの測定項目に向上がみられた．しかし，週5回群と週1回群との稽古頻度による比較では，特に明らかな違いはみられなかった．また，小手—面技からみた技術面では，小手打ちが小さな振りかぶりで行なわれるようになったことや，面打ち動作の右足の振り上げが高くなったことなど，向上の可能性が認められた．

このように剣道の初心者にとっては，体力の向上より技術面の習得が先になされることが示唆された．前林[23]は武道の伝統的トレーニング法に関して，『中国や日本では，純粋に西洋的な意味での身体訓練は原則として存在しない．基本的に人間の活動は心身の活動として捉えられており，したがってトレーニングも，心身のトレーニングとして捉えられていた』としながらも『近世における武芸で

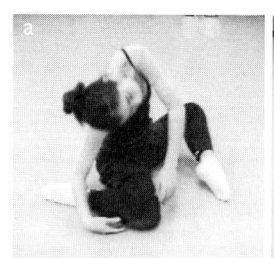

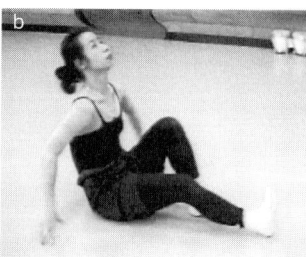

図20-6　1年間ドイツに学んだモダンダンサーのフロアーレッスン

は，型の稽古が技術の習得方法であると同時に体力トレーニングの手段でもあった．型の稽古は，定まった一連の動作を繰り返し行なうため，それ自体に持久力や筋力，巧緻性などの体力を高める効果がある』と述べている．たとえば剣術の木刀による鍛練は，手の内と足腰の強化が主たる目的とされる．このようように武道では，基本的な技術練習を繰り返すうちに必要な体力が自然に備わるような稽古になっているが，西洋のバレエやモダンダンスのメソッドもまた同様のようである．プリエ（クラシックバレエ）やコントラクション・リリース（モダンダンス）を繰り返し行なうことで，ジャンプにつながる腱の強さや体幹をダイナミックに動かす筋を鍛える．こうして考えると，武舞において技術と体力は切っても切り離せないもののように思われる．ましてや"気"とか"呼吸"についてい考え出すと，問題はますます複雑になってくる．

図20-7　舞と武の心「構え」に差はない！？

2) 技や体力を超える何か

『武道では，「気」を重視し，気のコントロールによる心理状態の安定だけではなく，身体運動の質をも気の問題として捉える』[23)]となると，単に各種スポーツにおける筋力アップのトレーニングとは性格を異にする世界である．舞踊や武道の名人達は，技と体力を不可分なものととらえ，研究者達はこれを分析をしようとする，いたちごっこなのだ．

いずれにしても，宮本武蔵が「構ありても構はなき（有構無構）」[24)]という時，ダンサーや演技者が舞台に立っただけで輝き周囲にオーラを放つ時，われわれはそこに技術も体力をも超えた何かが確かに存在することを認めざるを得ないのである．

［佐藤みどり］

● 文 献

1) 三浦雅士：身体の零度—何が近代を成立させたか—．講談社選書メチエ31，講談社，p.209．1994．
2) 稲垣正浩ほか：図説スポーツの歴史—「世界スポーツ史」へのアプローチ．大修館書店，p.101，1996．
3) 佐藤みどり，小森園正雄：女子剣道における稽古頻度とその習熟過程に関する研究．武道学研究18（3）：30-38，1986．
4) 井上哲朗，恵土孝吉：経験年数からみた剣道競技者の形態—大学生男子について．国際武道大学研究紀要6：73-75，1990．
5) 井上哲朗，恵土孝吉：剣道競技者の基礎体力要素についての研究．武道学研究24（3）：55-61，1992．
6) 渡辺正敏，大崎雄介，恵土孝吉：縦断的にみた剣道競技者の体力．武道学研究19（2）：155-157，1986．
7) 滋野雅治，山本博男：有酸素的作業能からみた剣道のトレーニング効果．日本体育学会第31回大会号，p.446，1980．
8) 草間益良夫，高橋 彬：剣道選手の形態学特徴とその変化について．武道学研究11（2）：7-8，1978．
9) 草間益良夫，高橋 彬：剣道選手の形態学的特徴とその変化について　その2．武道学研究12（1）：147-49，1980．
10) 草間益良夫，高橋 彬，進藤正雄：剣道選手の形態学的特徴と，中段における足の構えとの関連性について．武道学研究13（2）：183-185，1981．
11) 渡辺由陽，巽 申直，服部恒明：女子剣道選手の体力と練習時のエネルギー消費量について．武道学研究22（2）：147-148．1989．
12) 名取礼二，小川義雄，横堀 栄ほか：最新体力測定法．同文書院，p.177，1970．
13) 林 邦夫，堀山健治，山本高司：剣道打撃動作時の指力の分析．体育学研究26：1149-1160，1981．
14) 東 正雄，安田 保：運動による反応時間の短縮．体育学研究11：86-93，1966．
15) 磯川正教，三宅紀子，中西光雄ほか：全身反応時間に関する研究—その発達曲線および体力要因との関連—．東京都立大学体育学研究10：17-22，1985．
16) 大崎多久満，浅見高明，多円 繁ほか：柔，剣道の構えと，全身選択反応時間について．武道学研究14（2）：88-89．1981．
17) 横山泰行，湯浅達郎：移動距離と空間方向を同時に考慮した全身反応時間．体育学研究24：109-116，1979．
18) 浅見高明：全身反応時間の発達過程に関する研究．体育学研究8：367，1963．

19) 三橋秀三：剣道(3版)．pp.80-104, 大修館書店, 1973.
20) 中嶋英昭, 永井信雄：女子学生の体力分析―運動経験, ローレル指数, 体育実技授業による体力変化について―．体育学研究 23：229-239, 1978.
21) 平田佳弘, 植原吉朗, 香田郡秀ほか：剣道熟練者の技能差に関する一考察―小手打ちにおける動作分析の検討―．武道学研究 22：141-142, 1989.
22) 坪井三郎：剣道の科学―現代剣道講座第3巻―．p.79, 百泉書店, 1971.
23) 前林清和：武道の伝統的トレーニング法と新しい知のあり方．体育の科学 46：188-197, 1996.
24) 魚住孝至：宮本武蔵における修行．国際武道大学研究紀要, pp.173-191, 1985.
25) 藤牧利昭, 川口利夫, 平塚照夫：剣道けいこ時の心拍数．武道学研究 10：118-119, 1978.
26) 丹羽　昇：剣道時の心拍数．武道学研究 3：136, 1971.
27) 丹羽　昇：剣道のエネルギー代謝―大学生女子の場合―．武道学研究 5：34, 1973.
28) 丹羽　昇, 大沢啓蔵：剣道のエネルギー代謝―女子の場合―．武道学研究 7：64-65, 1975.
29) 丹羽　昇：女子剣道における練習巾の呼吸機能について．武道学研究 8：27-31, 1976.
30) 丹羽　昇：剣道中高年者の試合稽古における運動強度について．武道学研究 12（2）：29-34, 1980.

21章

剣道選手の筋力・筋パワー特性

1. 剣道競技の運動特性

　剣道競技は，竹刀を媒介して行なわれ，直接相手に力が伝わらない競技であるがゆえに，高齢者でも競技を行なうことが可能である．したがって，どちらかといえば，体力要素に比べて技術要素の重みの方が大きい競技であるといえる．

　しかしその一方で，剣道具（重量約8～10kg）を装着し，瞬時に相手の間合いに踏み込んで，定められた打突部位を打突し，その後，踏み込んだ際に前傾した姿勢を立て直して有効打突となる．

　このような剣道の運動特性を考慮すれば，相手の間合いに踏み込むための脚の筋，竹刀を動かすための腕の筋，姿勢を維持するための体幹の筋などの筋力および筋パワーの重要性が示唆される．

　そこで本章では，剣道の競技力優秀な大学選手の筋力および筋パワーの特性について検討する．

2. 筋力と筋パワー

　いろいろな負荷に対して，筋を最大に収縮させた場合，筋の発生する力と速度は，負荷の大きさによって変化する．すなわち，重いものを持ちあげようとすれば，力は大きくなるが，速く動かすことはできない．逆に軽いものを持ちあげるときは，速く動かすことはできるが，大きな力を発揮することはできない．

　このように，筋収縮の力と速度の間には法則性があり，これを力─速度関係（force-velocity relationship）と呼んでいる．筋パワーとは，筋の収縮力と収縮スピードとの積（力×速度），または筋活動によってなされた仕事量を所要時間で

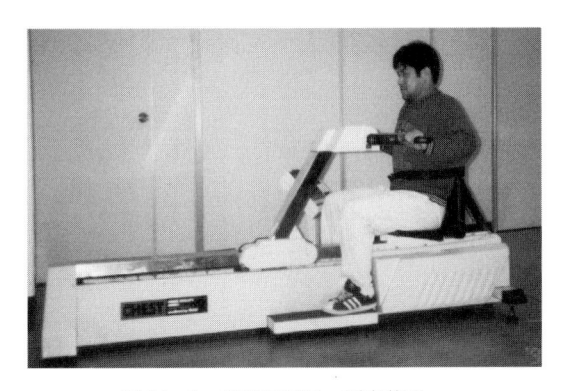

図21-1　腕伸展パワー測定装置

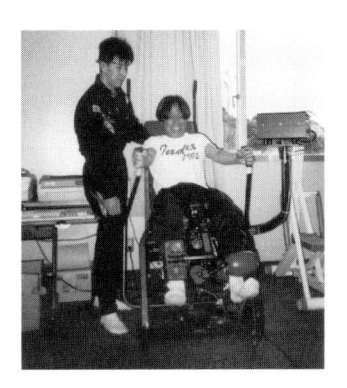

図21-2　体幹伸展・屈曲力測定装置

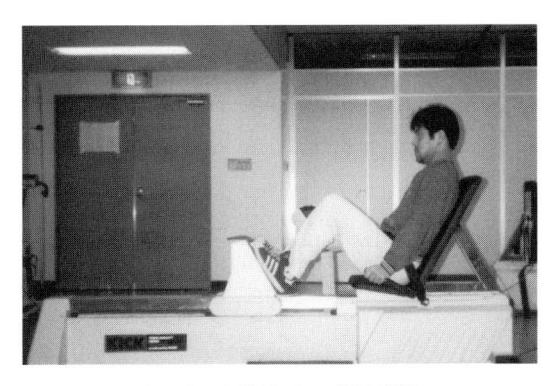

図21-3　脚伸展パワー測定装置

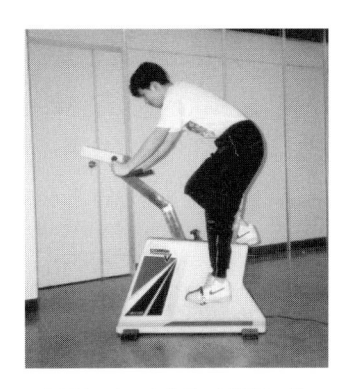

図21-4　自転車ペダリングパワー測定装置

除すこと（仕事量÷時間）によって求められる．単位はワット（W）である．

　これまで筋力測定といえば，普通に行なわれてきたのは握力や背筋力の測定である．しかし，握力や背筋力などの部分的で静的な筋力をもって，単純にスポーツ選手の筋の能力を評価することはむずかしい．

　スポーツ選手の筋の能力を評価する場合には，いろいろな部分の筋力を測定し，評価する必要がある．しかも実際の運動における筋収縮の多くは，静的（static）ではなくて動的（dynamic）であり，時々刻々と変化することが多い．

　したがって，最近では，スポーツ選手の筋力を測定する場合には，動的な筋力（筋パワー）を測定することが多く，また，それらを測定するための装置も開発されている．

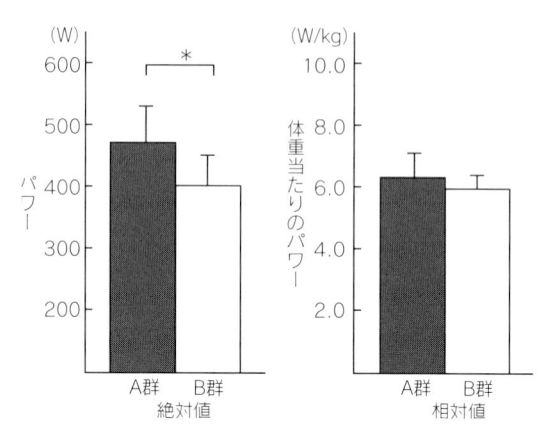

図21-5　A群とB群の腕伸展パワーの比較
＊：p＜0.05

　図21-1は等速性腕伸展パワー測定装置，図21-2は体幹伸展・屈曲力測定装置，図21-3は等速性脚伸展パワー測定装置，図21-4は自転車ペダリングパワー測定装置である．

3．大学剣道優秀選手の筋パワー特性

　競技力優秀な大学生剣道選手（A群：学生剣道大会最多優勝校のレギュラー選手）と一般的な大学剣道競技者（B群）を対象として，写真の測定装置を用いて，腕伸展パワー，体幹の伸展・屈曲力，脚伸展パワー，および自転車ペダリングパワーの測定を行なった．

　なお，測定値は，記録された測定値そのものである絶対値と，筋力が体重と相関関係にあることから，体重あたりの相対値の2種類を算出した．その測定結果を図21-5～9に示した．＊印のついた項目において統計学上の有意差が認められたものである．

　腕伸展パワー（図21-5）では，絶対値において優秀選手（A群）の方が有意に高値を示した．剣道において，腕の伸展パワーは竹刀を動かすために重要である．測定に使用した機器は，腕の伸筋群と肩関節の屈筋である大胸筋群を加えた筋パワーが測定される．

　この筋パワーは，剣道競技においては，体当たりのときに相手を崩したり，い

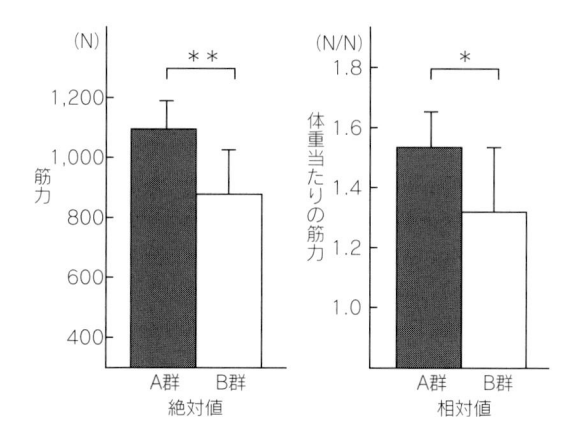

図21-6　A群とB群の体幹の伸展力（背筋力）の比較
** : p＜0.01, * : p＜0.05

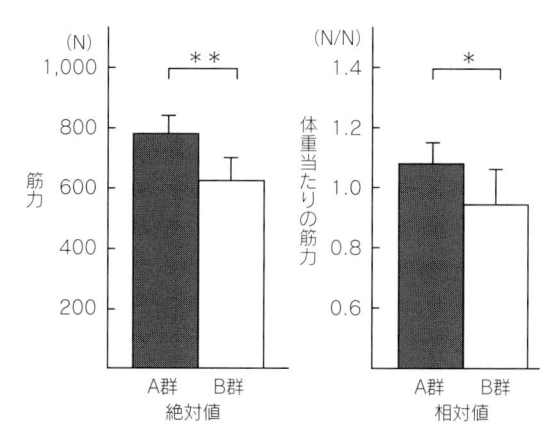

図21-7　A群とB群の体幹の屈曲力（腹筋力）の比較
** : p＜0.01, * : p＜0.05

なしたりする際や，竹刀を振るときに用いられる筋パワーに深い関係があり，剣道優秀選手はこの筋パワーに優れていた．

なお，体重当たりの相対値では有意差はみられなかったが，競技では同じ重量の竹刀を用いることから，絶対値としてどれだけの筋パワーがあるかということの方が重要である．

体幹の伸展力（図21-6）では，優秀選手（A群）の方が有意に高値を示した．剣道において背筋は，打突時の上体の安定性を保つために重要な役割を果たして

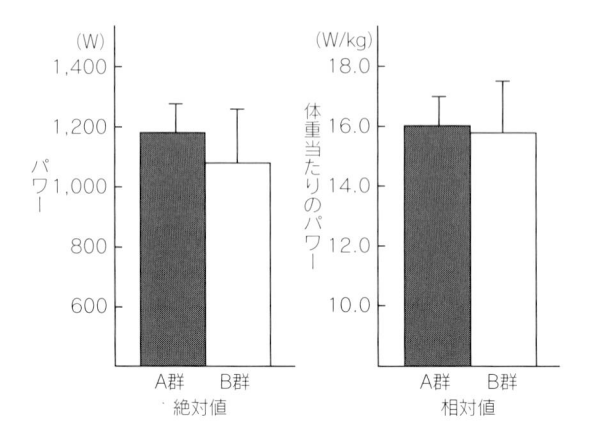

図21-8　A群とB群の脚伸展パワーの比較

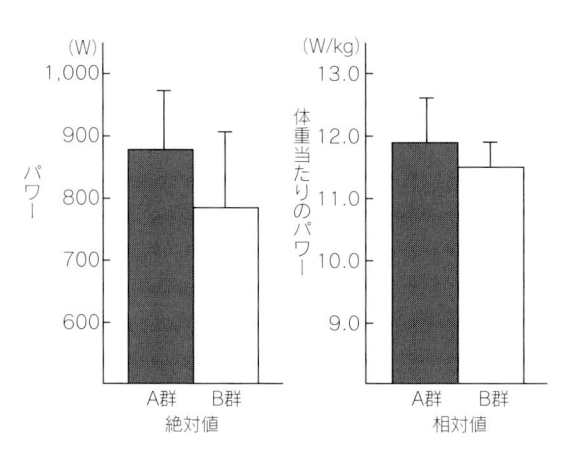

図21-9　A群とB群の自転車ペダリングパワーの比較

いる．これまでにも，面打突時間，あるいは打突可能距離と有意な相関関係が認められており，背筋力の高いものほど遠間から素早く面が打てるとされている．

　これは，面を打突する際に上体を前傾させると同時に，上体が前に倒れないように体幹を伸展させ，さらに打突後に前傾した上体を素早く引き起こすことによって，はじめて「一本」の有効打突が成立するが，この打突時の安定，および打突後の上体の引き起こしの際に背筋が重要なかかわりを持っているからである．

　体幹の屈曲力（図21-7）についても，優秀選手（A群）の方が有意に高値を示

した．腹筋は，背筋と同様に体幹を支える筋である．剣道においては，体当たりの場面において，相手の力に対し，体幹の安定性を保つ筋として重要である．全日本選手権者の体幹の屈曲パワーが優れていたという報告もあることから，剣道競技における体幹の屈曲パワーの重要性が示唆される．

　下肢の筋パワーの測定項目である脚伸展パワー（図21-8），および自転車ペダリングパワー（図21-9）においては，統計上の有意差は認められなかった．しかし，優秀選手（A群）の方が高値を示していた．

　脚伸展パワーについては，剣道の打突動作と少なからず関連があると考えられる．剣道における打突時の運動の特徴を考えてみると，左脚は打突のための踏み切りを行なうという役割を持ち，右脚は打突後に前傾した体勢を立て直すという役割を持っている．今回の測定では両脚同時の筋パワーを測定しているため，片脚ずつの筋パワーを測定した場合には，違う結果が出る可能性もある．

4．剣道におけるトレーニング

　剣道の競技力優秀な選手は，一般的な剣道競技者よりも高い筋力および筋パワーを有している．このことから，これらの筋力および筋パワーを向上させれば，競技力向上を図ることができるはずである．これらの筋パワーを効果的に体得するためには，合理的なトレーニングが必要であることはいうまでもない．

　剣道は，幼少年者から高齢者に至るまで試合や練習ができることから，どちらかといえば技術的要素を重要視し，道場での稽古を大切にする．そのこと自体はたいへん重要なことである．一方，練習や試合において，せっかくの好機に繰り出した技が打突力が弱く一本にならないといったことは，誰もが経験することである．

　より高度な技術を体得するためには，技術を支える体力，とりわけ剣道技術と直結した筋力および筋パワーの養成も大切である．

　そのためには，十分な道場での稽古も必要であるが，道場で稽古する時間の少ない人や，もともと筋力や筋パワーの弱い人などは，道場以外でのトレーニングをすることによって，剣道に必要な筋力および筋パワーを効果的に体得できるし，筋力および筋パワーをつけることによって，けがの予防にもつながる．

［井上　哲朗］

22章

武道と体力科学

1. 格闘技としてのラグビー

　著者は，国際武道大学ラグビー部のコーチとして，「勝つ」ための指導および体力論についての研究を行なっている．ラグビーは当然，西洋スポーツなのであるが，いわゆる「格闘技」の要素を多く持つ．「二人の者が接触ないし近接する距離で向かい合い，素手あるいは武器（に相当する用具）を手にもって，相手に断続的ないし継続的に衝突して，一定のルールのもとに攻防の勝敗を決する身体運動」が格闘技の定義である[1]．

　敵味方合わせて30人の男が，たった一つのボールを獲得するために，武器（道具・防具）を何も持たずに生身の身体で戦いを繰り広げる「球技ラグビー」は，まさしく「格闘技ラグビー」といったほうが適当であろう．

　著者の研究の主眼は，格闘技の定義にも示してある「断続的・継続的な身体運動」にある．言葉を置き換えると，「ラグビー選手のパワー（断続的）・スタミナ（継続的）」について研究を行なっているのである．

　しかし，コーチとしてグラウンドで選手を指導する際には，現段階の運動生理学が教える，いわゆる「パワー」「スタミナ」といった漠然とした大ざっぱな概念では，著者が今抱え込んでいる問題を解決することができない．

　問題①　最大努力の運動（ハイパワー）を80分間繰り返すラグビーは，「パワー」「スタミナ」のどちらが重要か？
　問題②　それを高めるトレーニング法とは？

　これらの問題を抱えながらも，「経験・勘」にたよりながら具体的なメニューを処方しているのが現状である．

　著者が抱えている問題点は，決してラグビーだけの問題ではないと考える．た

とえば柔道・剣道・弓道などのいわゆる「武道」にも共通する問題点であり，真剣に「勝つため」のトレーニング処方を考えるコーチの永遠のテーマでもある．

2. 教えて下さい：
ラグビー19歳以下日本代表の英国遠征に参加して

　著者は1999年の3月，ラグビー発祥の地，英国ウェールズで開催されたユースレベルU19（19歳以下）の世界一を決めるWOLRD JUNIOR CHAMPION SHIPに日本チームのフィットネスコーチとして参加する機会を得た．フィットネスコーチの主な役割は，いわゆる競技力を「心・技・体」とするならば，「体」の部分を担当することになる．「体」すなわち体力をコンディショニングすることである．

　しかし，代表チームは毎日練習することではなく，3泊4日の強化合宿を4回行なうだけで大会に臨む．その少ない期間でコーチ陣は，さまざまなことを練習に繰り入れ，「チーム」をつくり上げなければならない．つまりその練習の大半は「戦術・技術の徹底」，特に，「心・技・体の"技"」に重点が置かれた．そのため"体"は合宿の間に，選手が自主トレーニングによって高めるという方法をとらざるを得なかった．よって，著者の仕事として最も重要なことは，合宿期間中にトレーニング法を「座学の知識として」選手に伝え，理解できるように説明することにあった．

　「足を速くしたい」という願いを真顔で著者にぶつけてくる主力選手がいた．フィットネスコーチのポジションが当たり前のこととして常備されていない日本のラグビー界．選手はここぞとばかりに聞いてくるのである．さらに「外国人に負けないパワーをつけるためには……」「試合の後半までバテないためのスタミナをつけるには……」などのトレーニング法についての矢継早の質問が続く．トレーニングを処方せねばならぬ者の告白としては矛盾するようであるが，今までそれらの問いに対して満足のいく解答をしたことがない．その理由の一つに，ラグビーに限らないのかも知れないが，多くのスポーツは「パワー」と「スタミナ」といった相反するものをともに必要とすることが多いということがあげられる．本論の結論を最初に述べることになるが，「パワー」「スタミナ」といった漠然とした大ざっぱな概念では，著者が今抱え込んでいる問題を解決することができな

図22-1 ハイパワー持久性の評価仮説：ラグビーに必要なパワーの位置づけ

評価指数Pstd (Power steady), Pini (Power initial), Pbal (Power ballistic) の測定法は本文参照。マルガリア(1978)，宮下(1993)より著者改変

1秒以下または数秒の短時間最大運動(Pbal, Pini) が間欠的(intermittent) に1時間程度持続する試合の攻防ではATP-CP系と解糖系，あるいは酸化系のいずれが競技力の重要因子であるか未知のままである(図中- - ▶ で示した部分)。

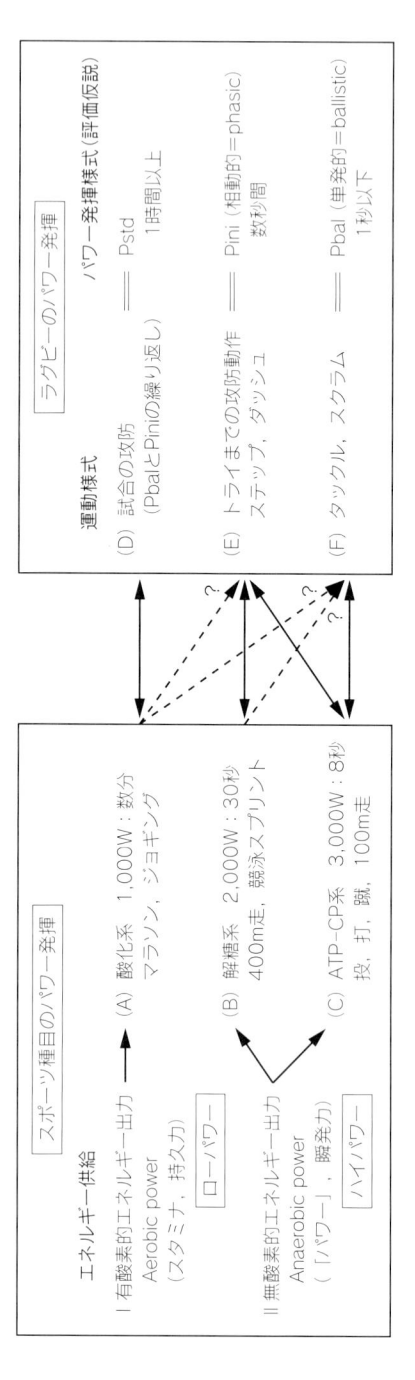

エネルギー供給

I 有酸素的エネルギー出力 → (A) 酸化系 1,000W：数分
　　Aerobic power 　　　　　　　マラソン，ジョギング
　　(スタミナ，持久力)　　　　　　　　　　　　　　　　[ロー・パワー]

II 無酸素的エネルギー出力 → (B) 解糖系 2,000W：30秒
　　Anaerobic power　　　　　　　400m走，競泳スプリント
　　(パワー，瞬発力)
　　　　　　　　　　　　　　→ (C) ATP-CP系 3,000W：8秒
　　　　　　　　　　　　　　　　　投，打，蹴，100m走
　　　　　　　　　　　　　　　　　　　　　　　　　　　[ハイ・パワー]

ラグビーのパワー発揮

運動様式　　　　　　　　　　　パワー発揮様式(評価仮説)

(D) 試合の攻防　　　　　　　＝ Pstd　　1時間以上
　　(PbalとPiniの繰り返し)

(E) トライまでの攻防動作　　＝ Pini (相動的＝phasic)
　　ステップ，ダッシュ　　　　　　数秒間

(F) タックル，スクラム　　　＝ Pbal (単発的＝ballistic)
　　　　　　　　　　　　　　　　1秒以下

い．少なくとも選手達に有効な答え方ができないと思っているのである．

3．3種のエネルギー供給機構：ユース選手に必要な知識だろうか？

　例えば，タックルにきた選手をはねのけ突進する選手は，「強い選手＝パワーがある選手」といわれる．一般的にパワーとは瞬間的に発揮される力を意味する．しかし，試合の後半までバテずに走り回る選手，すなわち「スタミナがある選手」を「パワーがある選手」といっても運動生理学的には決して間違いではない．パワーは必ずしも瞬発的な運動を示すものではなく，持久的な運動あるいはその中間的な運動にわたって身体が出すエネルギー量のことについてもいうからである（ローパワー）．このことは，「運動生理学を学んだ者にとっては当たり前」のことのように思うが，いわゆる普通の高校生や大学生のラグビー選手にこの様なことをいっても「ピンとこない」のが当たり前なのである．

　お世辞にも，勉強熱心な学生だったとはいえない著者が，高校生や大学生の選手を前に，大学時代のテキストを必死で調べ直して，「そのエネルギー供給機構は，①ATP-CP系，②解糖系，③酸化系の3種に分類されて……」と，スポーツのパワー発揮の詳細を説明したところで何の意味があるのだろうか？

　コーチとしてトレーニングメニューを考案する時は，多少なりとも科学的な根拠を参考にして組み立てるが，その根拠の生化学的な知識などを板書したところで，選手にとってはほとんど無意味なのである．

4．運動生理学的体力論

　図22-1は，前節で述べた著者が抱えている問題点を整理するために，従来の運動生理学が教えるいわゆるエネルギー供給機構の3種と，実際のラグビーの動きとの関連についての疑問ダイアグラムである．

　図22-1の左側には，運動生理学が教える「パワー」「スタミナ」のエネルギー供給機構と，それに伴うスポーツ種目のパワー発揮を示した．右側には，ラグビーの実際の試合で発揮される各プレーの動作を三つに分類した．それを結ぶ「実線」と「破線」は，著者の疑問・悩みを解決していくために，図と「睨めっこ」して書き入れたのである．

図22-2　相手の妨害をさけて10秒程度は持続できる疾走能力

図22-3　1〜2秒間で正否が決する格闘技的瞬発パワーの発揮能力

　図22-1の左側から説明する．俗に「パワー」「スタミナ」と分類されるように，大きくは2種類のエネルギー供給系に分類される．ヒトが運動する際のエネルギー源は，毎日3食の食事から得ている．自動車のエネルギー源である「ガソリン」が，ヒトでは「食物」に相当するわけである．それを動かす「エンジン」が「筋肉」に対応する．

　ヒトが運動する際には，すべてATP（アデノシン3リン酸）という物質によって筋収縮を行なう．だが，このATPの総量には限りがあるため，運動を持続していくためにはそれを再合成していかなければならない．その再合成の際に使われるエネルギー供給方法が，酸素を使って再合成する有酸素性エネルギー出力（いわゆるスタミナ）と，酸素を使わないで体内にある物質を使って再合成する

無酸素性エネルギー出力（いわゆるパワー）の大きく2種類に分類される．

　数時間，一定の強度で息を荒げて多量の「酸素」を体内に取り入れながら運動を持続しつづけるマラソンやジョギングが，有酸素性エネルギー出力の代表例である．「有酸素」というのは，食物から得られた栄養素の酸化により得られるエネルギーによってATPを再合成する仕組みである．

　一方，100m走や「投」げる，「打」つ，「跳」ぶ，などの爆発的な短時間の運動は，「無酸素」の状態で行なうものである．この場合ATPの再合成には，CP（クレアチンリン酸）という物質が使われる．

　しかし，これらの爆発的な高強度のエネルギーは長時間持続するわけではなく，研究者の試算によれば，約10秒前後で使い果たしてしまう（ATP-CP系）．それ以上運動を続けていく場合は，食物が消化・吸収され，筋肉のなかに蓄積しているグリコーゲンという糖質がATP再合成に用いられる．

　その糖が分解されエネルギーになっていく過程（解糖）の副産物として，乳酸という物質が発生する．解糖によって筋肉が活動できる時間は，約30秒前後と試算されている（解糖系）．このように，無酸素系出力は約10秒間の運動と約30秒間の運動の2種類に分類され，それを足した約40秒間が無酸素性エネルギー出力の限界といえる．

　では，そこで右側のラグビーのパワー発揮と左側のスポーツ種目のパワー発揮を比較・対照してみることにする．ラグビーの試合時間の「80分間」だけに注目すると，有酸素的エネルギー出力の酸化系に属すると考えられる．

　しかし，80分間だからといって，マラソンのような低強度の運動を連続的に発揮するもの（図22-2）ではない．「タックル・スクラム・ダッシュ・ジャンプ」といった「1秒以下」，あるいは「数秒の」短時間最大運動（ハイパワー）（図22-3）を1時間程度，休息をはさんで何度も反復するようなスタミナが必要なのである．

　すなわち，試合の局面で必要とされるパワーは，無酸素的エネルギー出力のハイパワーを間欠的（インターミッテント：intermittent）に繰り返しているのである．さらに，それを試合終了時まで発揮するためには，「パワーのスタミナ」＝ハイパワー持久性が必要とされる．

　著者の最大の悩みは，「1秒以下」あるいは「数秒」の短時間最大運動が，間欠的に1時間程度持続するラグビーのような球技の攻防では，ATP-CP系と解糖

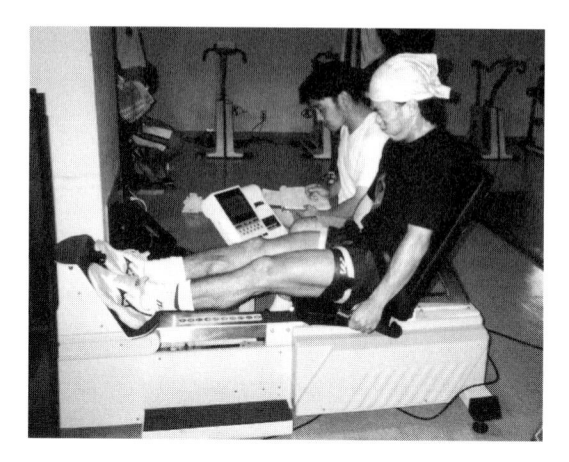

図22-4 Pbalの測定（竹井機器工業社製，キックフォース）

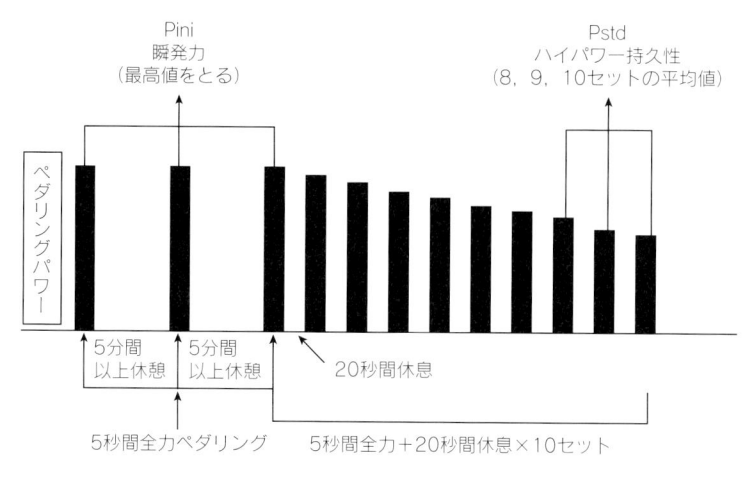

Pini
瞬発力
（最高値をとる）

Pstd
ハイパワー持久性
（8, 9, 10セットの平均値）

ペダリングパワー

5分間以上休息　5分間以上休息　20秒間休息

5秒間全力ペダリング　5秒間全力＋20秒間休息×10セット

図22-5 PiniおよびPstdのプロトコール
（宮崎善幸：ラグビーユース選手に説明する運動科学―「パワー・スタミナ」概念の限界と可能性―．体育の科学 49：730, 1999）

系，あるいは酸化系のどれが競技力の向上の重要因子であるかは，実際のグラウンドで科学的指導をする者にとっては未知のままであるということである．

5. ハイパワー持久性の重要性

　ハイパワー持久性が必要とされるのは，ラグビーに限らず他の球技，そして武道にも同様のことがいえる．柔道・剣道・弓道その他の武道において，「技」一つ一つをとってみると，すべてハイパワー「瞬発的」な動きである．柔道の背負い投げを試みる際の爆発的な動き．剣道で「面」を打ち込む際の素早い踏み込みと竹刀の振りおろし．弓道で的をめがけて弓を引く際の二の腕の力瘤．それぞれの試合中・稽古中の「動き」「技」を想像していただければおわかりになるだろう．実際の試合では，それを試合時間内に何回となく繰り返し発揮する．しかも，トーナメントの勝ち抜き戦ならば，1日に何回も繰り返すのである．

　そこで考える．柔道をはじめとするどの競技でも，「パワー」「スタミナ」と概念的には規定することができるが，実際の試合でのパワー発揮の強度を厳密に規定できないのが実情である．今後は，柔道をはじめとする武道選手の有効なトレーニング法を立案していくためにも，測定法および評価法を検討していく必要がある．

　柔道のような運動にインターミッテント（間欠的）運動という名称を与えたからといって，それを向上させるトレーニングメニューは，監督・コーチの経験と勘に頼らざるをえない．それぞれの競技の「動作・運動時間・休息時間・主働筋」を考慮し，どれだけ実戦に即したトレーニングメニューを組み，いかに創意・工夫するかがコーチの腕のみせどころである．

　なお，付言すれば，鉄人ザトペックが考案したとされるインターバル・トレーニングは，今述べたインターミッテント（間欠的）なハイパワー・トレーニングの好例である．

6. 瞬発力は3種に分類できるのでは？

1) Pbal，Pini，Pstd を測る

　図22-1の右側に示したラグビーの各局面の単位動作である（E）のステップ，ダッシュや（F）のタックルやスクラムは持続時間や強度からみると従来の分類でいえばハイパワーに属する．これらを今ここでは Pstd（Power steqdy），Pini（Power initial），Pbal（Power ballistic）なる3種の評価概念があり得ると考える．

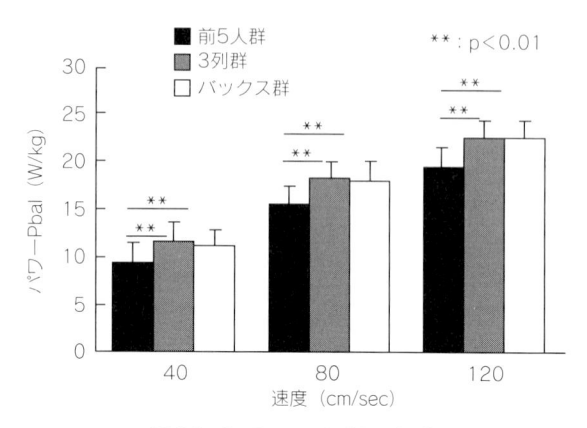

図22-6　Pbalの3群間の比較

(宮崎善幸:ラグビーユース選手に説明する運動科学―「パワー・スタミナ」概念の限界と可能性―. 体育の科学 49：730, 1999)

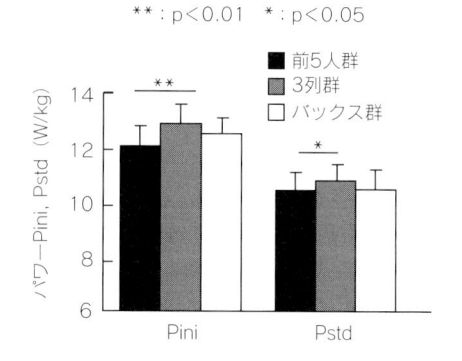

図22-7　PiniとPstdの3群間の比較

(宮崎善幸:ラグビーユース選手に説明する運動科学―「パワー・スタミナ」概念の限界と可能性―. 体育の科学 49：731, 1999)

ラグビーの試合の攻防では，Pbal および Pini を間欠的に発揮するハイパワー持久性の Pstd が要求される．このように同じ ATP-PC 系でも 3 種の異なったパワーが存在するのである．

　そこで 3 種のパワーを評価するために二つの機種を用いて測定を行なった．図 22-4 が Pbal の単発的なパワーの測定で用いた脚伸展パワー測定装置（竹井機器工業社製，キックフォース）である．膝関節 90 度の位置から速度 40，80，120 cm/sec で休息を挟んで 5 回以上下肢伸展動作を行なった際の，機械的な発揮

パワーの最高値をPbalとした．

一方，図22-5は，PiniとPstdを同時に評価することができる山本ら[2]が発案したプロトコルである．自転車エルゴメータ（コンビ社製，パワーマックスV）を用いて，被験者の体重7.5％の負荷で5秒間の全力ペダリングを休息をはさんで3回行なった時に得られた機械的な発揮パワーの最高値をPiniとした．また，Piniと同様の機種と負荷を用い，5秒間の全力ペダリングを20秒間の休息をはさんで10セット行なった時の8, 9, 10セットに得られたパワーの平均値をPstdとした．山本らはPiniは一連の測定での最大値を採用することからPmaxと命名した．

次に，いわゆる「現場」における競技力向上の一助とするために，ささやかなかつての著者の研究結果を紹介する．

2) 第3列：FW, BKのいずれよりもハイパワーをもつポジション

ラグビーはポジションが多く，それぞれ役割が異なる．FW（フォワード）のプロップなどは，試合中，スクラムやラインアウトなどのセットプレーに徹し，1試合中1回もボールを持つことなく試合が終了することは珍しくない．それに比べ，BK（バックス）のウイングなどはFWが必死に出したボールを，ステップやパスで華麗に抜き去り，トライをとるのが仕事である．そこで，10あるポジションをセットプレーの核となり「押す」といったプレーが中心となる前5人群，それとは対照的に「走る」ことが中心のBK群，さらに双方の能力が要求されるFWの第3列を3列群として分類し，ポジションとPbal, Pini, Pstdの3種のパワーとの関係を検討した．なお，この被験者は関東大学リーグ戦2部に所属する体育大学ラグビー選手33名を対象とした．

図22-6がPbalの測定結果である．Pbalでは，すべての速度において，スタートダッシュや素早い方向変換などが要求される3列群，BK群が前5人群に対して16～24％高値を示す結果であった．

一方，図22-7のPiniとPstdの結果では，3列群が最も高い値を示し，前5人群との間に有意な差がみられた．前5人群と3列群はともにFWであるが，「押す」といったプレーが中心の前5人群に対して，3列群は，BKに要求される「走る」とFWの「押す」といったプレーが共に要求されるポジションである．すなわちFWとBKの中間的な能力をもつ3列群が他のFWよりもPbalに優れ，か

つPiniおよびPstdにおいても，BK群に劣ることがないという知見を得た．

7.「心技体」の精神

いわゆる競技力を「心技体」とするならば，ここまで「体：体力」について話を進めてきた．「心技体」は三位一体であり，どれか一つ欠けても競技力は低下するだろうし，「体」に働きかけて「心」が向上することはご承知のとおりである．「心技体」は"ばらばら"に存在するわけではなく，すべての要素が重なり合って競技力として発揮されるのである．

ここでは，いまだ「未知」であるゆえに証明できない「心」：精神論について，著者のコーチとしての考えをまとめてみたい．

著者の指導はすべて「勝つ」ために行なっている．この世界，結果がすべてである．結果がでなければやってきたことは認められない．ある意味，自分たちが「やっている」ことは間違いではないことを証明するために行なっている．練習内容は，"ラグビー"の競技の特性をふまえ，「技術」「体力」を向上させるためのメニューを，試行錯誤しながら練習に落とし込む．

体力を高めるためのトレーニングとしてもいろいろ考え，実施するわけだが，大抵のトレーニングは「非常にきつい」ものである．ラグビー経験者ならわかるだろうが，「当たって，走って，寝て，起きて」を1試合80分間続けると，体がぼろぼろになる．試合の次の日の朝は全身筋肉痛で，起きあがるのもつらい．

そんなハードな試合で力を発揮させるには，トレーニングでは「試合の1.5〜2倍」の負荷をかける（かなり経験と勘だけ）．

その目的は「体力」を高め，試合で発揮させることはもちろんなのだが，それは副産物にすぎないと思い始めている．それ以外の効果を期待しているものがある．それは，「非常にきつい」トレーニングをやっていく過程で養われると信じる「精神」である．

「精神論」とか「根性論」は古いとか時代遅れといわれ，「科学的指導」を求める声も少なくない．しかし，科学を少しかじった著者からしてみれば，「勝負の世界」に科学の入る隙間の狭いこと．ゲーム中に苦しい状況に立たされたり，プレッシャーのかかったなかで自分のプレーを発揮できるか否かは，「体・技」を高めたからこそ得られる「心」が多く影響していることは，否定できない事実で

ある．

「心」は，難解であるがゆえに「非科学的」，つまり「科学的に解明不可能」とされることが大半を占める．グラウンドで発揮される臨機応変にその場の状況に合わせてプレーする，いわゆる「現場」と，実験室での設定されたある条件と限られた被験者で行なう「研究」との間には，深い未知数のギャップが存在する．

トレーニングメニューを考案するときは，多少なりとも「科学的な根拠」を参考にして組み立てるが，その「根拠」がすべてとは思わないし，最終的には，自分自身のなかに存在する「根拠」を信じて考え，実行に移す．

体力が向上したから勝てるのか？　それは別問題であるし，「科学」のような絶対的で普遍的な，これをやったら「絶対勝てる」なんて指導書の販売は永遠にないであろう．

そして，思う——究極のラグビーのエネルギー源はやはり精神力に潜む根性であり，一方で芸術的としかいいようのない試合前のパス練習における skill であって，科学のメスのはいるスキ間は何と狭いことか！　と．

「勝った」コーチだけが示せる「科学的」な根拠を求めて——本章を終える．

[宮崎　善幸]

● 文　献

1) 大道　等：格技と武道(2) —武と格の概念と字義—．教職研修 334：88-91，2000．
2) 山本正嘉ほか：自転車エルゴメーターの間欠的な全力運動時の発揮パワーによる無酸素性，有酸素性作業能力の間接評価テスト．トレーニング科学 7 (1)：37-44，1995．
3) 宮崎善幸：ラグビーユース選手に説明する運動科学—「パワー・スタミナ」概念の限界と可能性—．体育の科学 49：727-732，1999．
4) 大道　等：武道科学事始め．p.107，杏林書院，1994．
5) 大道　等：速く走る・長く走ることの生理学．教職研修 314：125-129，1988．
6) ロドルフォ・マルガリア(金子公宥訳)：身体運動のエネルギー．ベースボール・マガジン社，p.53，1978．
7) 宮下充正：トレーニングの科学的基礎．ブックハウスHD，p.42，1993．

第 5 部

現代 Humanity への道

23 章　剣道論考　——人間錬磨の「道」を探る——
24 章　柔道選手の不安傾向
　　　　——競技の心理特性——
25 章　身体活動は教育手段か目的自体か
26 章　武道の傷害と予防
27 章　武道とヒューマニズム

23章

剣道論考
──人間錬磨の「道」を探る──

　教育現場に携わっている教師の指導上の直接的な課題は，剣道を通して（または，剣道の），何を（学習内容），どのような生徒の活動により（学習活動），どのような手順で（学習指導過程），教師がどのように教育し（指導の要点や教師の支援など），そして，その学習効果をどのように評価するのか，ということにおおむね集約される．

　学習活動や学習指導過程，指導の要点や教師の支援，さらに評価論については，学校や生徒の実態をふまえて，教育現場に携わっているベテラン教師の経験や工夫などに委ねられることになろう．

　本章では，剣道を取り巻く諸特質の中心的な内容として考えている「剣道の大意」「剣道の技法と心法」「技（剣道は技なくしては成立しない）」「教習構造と型」「礼」などについて試論する．

1. 剣道の大意

　剣道とは"剣"の"道"である．現代剣道は竹刀を持って打ち合うが，その起源は侍の「剣」による斬り合いであり，真剣勝負による命のやりとりや，息の根の止め合いであった．そこには"斬るか斬られるか""生きるか死ぬか"という，人生一度限りの，やり直しができない，後戻りができない生死の課題があった．

　一方，「道」とは，まず"首"を置く（書く）．首は"首を賭ける"など，人が生きていくことを表す．また，道の"辶"（シンニュウ）は，点を出発点として紆余曲折しながら果てしなく続いていくことを意味する．すなわち，道とは人の生き方やあり方を追求していくことである．

　以上のことから，剣道すなわち"剣"の"道"とは，仮に，侍が体験したであろ

う"斬るか斬られるか""生きるか死ぬか"という切羽詰まった極限状態における生死の課題を想定し，剣を竹刀に持ち換えて防具をつけ，相剋関係にある相手との瞬間瞬間の攻め合いや技のやりとりを通して，自己の《思考→判断→意思の決定→行動》の仕方という，生き方やあり方を追求していくことであると考えられる．

このように切羽詰まった極限状態における生死の課題を想定し，技の錬磨と心気の修養との相即によって，人間性を開発・深化していくところに，現代剣道の特徴がある．つまり，剣道は，時代の流れや社会状況の変化のなかで，さまざまな分野の思想と作用し合いながら，真剣勝負を処する闘争手段であった「術」から，人間錬磨の「道」にまで昇華された日本の文化である．

2．剣道の技法と心法

真剣勝負を擬似化し，これを現在において実施している一つに「日本剣道形」がある．日本剣道形は，攻防の理合と刀剣操作の原理を，一定の約束と順序に従って勝敗を決するものである．侍はおよそ九歩の間合で剣を抜いて構え，ここから相手に接近して（攻めて）斬り合ったとされているが，日本剣道形も同様に，まず，およそ九歩の立間合で構え，この場間から形を錬り始める．

（想像することすら僭越であるが）侍が構えてから斬り合うまでの空間における心理状態とは，はたしてどのようなものであっただろうか．「驚・懼・疑・惑」の迷いを断ち切り，安定した心理状態でなければ，状勢を適確に判断し正確な技を遣うことなどはできなかったであろう．

侍がおよそ九歩の間合で構え，相手に接近して斬り合ったという真実は，竹刀打ちの剣術が修錬されるようになると，「触刃の間合」から「交刃の間合」まで攻め込み，ここから技を遣うという考え方に錬りあげられ，一般化し定着するようになった．

こうした技法と心法上の質的変化を受け，竹刀打ちの剣道において「不敗之位」から正々堂々として勝ちを取ること，すなわち「水灔刀之位」に移ることを，根岸信五郎範士は"剣道における立ち合いの正規である"と説き，湯野正憲範士も"立間合の正門である"とし，"ここが剣道としての意味あるところ"と教えている．

「水瀁刀之位（すいえんとうのくらい）」とは，お互いの剣先と剣先が斜め十字形に交叉している「打ち間」である．これはたいへん危ないところ，ちょうど水が入った茶碗を刀の上に置くような心理状態で，"水が零れ落ちるか落ちないか"すなわち"打つか打たれるか"の気の満ちた緊迫した場面である．水の入った茶碗を刀の上に置くことなどは，現実には不可能であろう．しかし，"水が零れ落ちるか落ちないか"すなわち"打つか打たれるか"という切羽詰まった極限状態にあって，どう自己の心を整理して相手と向かい合い，どのようにして安定した心理状態を持続するかが課題となってくる．さらに，ここから適確な判断や正確な技の発動が求められることになる．

このように，現代剣道の内実には，侍がおよそ九歩の間合で構え，相手に接近して斬り合ったという技法と心法上の真実が根拠となっているのである．

以上のような考え方を根本にして，これを具現しようとする技法と心法の展開は，《構え→攻め合い→打突の機会の見極めと技の選択→有効打突→残心》という一連の経過で考えられ，このなかで主目的となるのは「気剣体一致の有効打突」である．

3. 技

1）技の捉え方

剣道の指導書では，技を「しかけ技」と「応じ技」の二つの系統に分類し，しかけ技と応じ技のおのおのをさらに細かい技に分類している．この捉え方は，どちらが先に技をしかけて，どちらが後で応じたかという，相対関係の現象結果を先（さき）と後（あと）に分類したにすぎない．また，「払い技」「すり上げ技」「返し技」などの「技」とは，相対関係における体さばきや竹刀操作の「払う」「すり上げる」「返す」という手法や対応の仕方を意味している．

技を「しかけ」と「応じ」に分類することは間違いではない．しかし，気で先（せん）をとって攻めている途中で，相手の変化や相手の出様（でよう）によって技が発動されることを考えれば，相対関係の現象結果や手法・対応の仕方だけではなく，内面的な心気の働きをも考慮しながら技を考える必要がある．

2）打突の機会の見極めと技の選択

単純な竹刀一振りの打ちであっても，相対関係での自己の心のあり方，気のやりとり，攻め合い，間合の調整，打突の機会の見極めと技の選択など，おのおのの課題を超えたうえでの一つのまとまりある発現を「技」として考えることができる．このような技の捉え方に基づいて，相対関係のやりとりと時間経過に沿って整理すると，順次①から⑦のようになる．

①相手の動かないところを打つ→相手を出させない，さがらせない，身動きできない，ところまで完全に制圧して打つ．
　・"蛇が蛙を睨む"ような技で，高度な内容を必要とし，たいへん難しい．

②相手の構えの崩れや変化を打つ→攻めながら相手の構えの崩れや変化を求めて打つ．
　・相手の構えの変化を捉えて打突する技（一本打ちの技，連続技，払い技など）

③相手が"打とう"とする兆しを打つ→相手が"打とう"と発意したところ，気の起こり，動く気配や兆しなどを捉えて打つ．
　・出ばな技（出頭技）

《ここまでが上等の技とされ，これ以降は後手にまわってしまう》

④相手の技の初動を打つ→気の起こりは形の起こりとなって剣先と手元に現れる．この初動を見極めてそのまま踏み込んで打つ．
　・切り落とし技

⑤相手の技の途中を打つ→相手の打突行動の途中にある不安定なところを打つ．
　・抜き技・すり上げ技

⑥相手の技の終末局面を打つ→相手の技がきまろうとする刹那を（相手が"打てた！"と思う刹那まで引き込んで）返して打つ．
　・返し技

⑦相手の技が尽きたところを打つ→相手の技の気勢・剣勢・体勢が尽きたところを確かに外して打つ．
　・打ち落とし技

以上のように，剣道の技は単に体さばきや竹刀操作の手法や対応の仕方にとど

まらず，自己の心のあり方，お互いの心気のやりとり，間合の取り方，見極め方，機会の移り変わりなどが複雑に絡み合って発動されるのである．

4．教習構造と型

1）師弟同行

　戦後の学校教育は，教師が教材を介して生徒に知識や技能を身につけさせるとともに，生徒のさまざまな能力を開発・向上させるという考え方が強い（育てる側面）．しかし，教師の姿勢や態度，気風や考え方などが直接的・間接的に生徒に影響する場合がある．これは"人が人をつくる""人は人によってつくられる"といわれるように，教師そのものによる生徒への感化である（教える側面）．

　剣道においては，師匠の剣道観や修行の姿，構えや技の遣い方などが有形無形の教材となっている．道元が教えた「師弟同行」のとおり，剣道の師匠は，弟子の前を歩いて（弟子に背中を見せて）道を拓いて行く立場にあり，ともに修行を志す者同士でもある．このような剣道に見られる「師弟同行」の考え方は，弟子の人間的成長に影響するとされている．いうまでもなく，そこには教師の人格的内容と専門的な研鑽が厳しく要求されることになる．

2）型

　スポーツにおける運動技術の指導では，学習者の興味や欲求に即して，学習内容をやさしい内容からむずかしい内容へ，単純な内容から複雑な内容へと段階的に発展させることが強調される．

　一方，武道や芸道などは「型の文化」といってよいほど，その様式や精髄は型によって伝承されてきた．剣道の名人や達人は，長い間の体験や工夫によって一定の様式である型をつくり出し，これを流派の特徴とした．型は無駄な枝葉を切り捨て，技法のエキスを圧縮した様式であり，厳しい修行によって生み出された精髄が込められている結晶である．

　そして，弟子は師匠の教える型を，そのまま素直に，忠実に，真剣に模倣しながら，窮屈な型のなかに自己をたたき込み，型を反復・鍛錬する過程で内面的な意識をも深化させ，終いには型を自己のものとしていった．その結果として，型の原理・法則を会得し，師匠の信念や精神をも汲み取っていったのである．

3) 運動技術の定型化と教習構造

運動技術の定型化は，運動の個別性や発展性の原理を無視し，課題解決のための思考方法や実践方法を形式化するものであるとして，現代のコーチング科学や保健体育科教育の立場から批判的に見られることが多い．

一刀流の悟道の階梯に「守・破・離」という教えがある．型がいかに重要で尊ぶべきものであっても，型に拘泥していたのでは技の発展性はない．弟子は師匠から教えられた型を基盤にしながらも，その型を活用し，終いには自己の個性的な技として表現しなければならない．「守・破・離」は，型から入り（守），型を自己のものとして活用し（破），最終的には型を離れて自由無礙な働きをする（離）という教習構造を示したものである．

このように，剣道の教習構造には，束縛・受動的・没個性的である型の反復・鍛錬が，自由・能動的・個性的な技の体得へと発展していく特性がある．

知識や技能を習得する過程で大切なことは，教材や指導法もさることながら，何よりも教育される人間が，知識や技能が自分のなかに取り入れやすくなることである．つまり，教える人間が習得させるべき内容を，あたかも物が鏡に映るように，水が砂に浸み入るようにしてやることである．

反復・鍛錬によって運動技術を定型化するという剣道の教習構造は，非合理的で没個性的であるように見える．しかし，その内実には，技や技術を身体的に自覚するための効率的・効果的な機能が備わっているのである．"基本を重視する"といわれるゆえんでもある．

今ここで，生き方やあり方の手本として，「道を伝える」大人が，子どもに"型を教える"ことと，子どもが，大人から"型を習う"という，日本の伝統的な教習構造を見直す必要がありはしないか……．

5．礼

『論語』に"勇而無‿礼則乱（勇にして礼なければ則ち乱す）"とある．「礼」は社会の秩序を維持するために必要な，人としての守るべき道徳的な規範であり，それは相手の存在や立場を認める心や，相手に対する尊敬の心を形に現すものである．このような社会道徳上の概念に加えて，剣道では礼の形式や丁寧さにたいへん厳格である．剣道では"礼に始まり礼に終わる"とよくいわれるが，これは

稽古の始めと終わりに礼をするという意味だけではなく，"終始，礼をもってする"という考え方である．

一方，スポーツでは，勝ったときにガッツポーズをしたり，ゲーム終了時にお互いの健闘を称え合う意味で握手をする．勝利の喜びをガッツポーズによって発揚したり，お互いの健闘を称え合うだけであれば，剣道のように礼を厳格に扱う必要はない．それではなぜ，剣道では礼を厳格に扱うのか……．

"人を惜しむ"ということがある．剣道では，相手の人格を尊重し，相手を侮らないで勝敗を競わなければならないとされるが，その根底には，相手と向かい合って自己の"威儀を正す"という姿勢が求められる．相手とは単に勝敗を競い合う対敵関係にあるだけでなく，ともに剣道を学び合う同志であり，自己の向上にとってなくてはならないパートナーである，という考え方が剣道の礼の根本にある．

さらに，剣道の礼は相手にだけ向けられるものではない．自己の内面にも向けなければならない．

剣道の現象形態を見ると，対敵関係にある相手に対して攻撃的であったり否定的行為であったりする．しかし，これはあくまでも技のやりとりを手立てにした，剣道を修錬する方法である．

剣道では，激しい闘いによって心気が興奮しているときであっても，正確な礼の形式や丁寧な礼が厳格に求められる．正確な礼の形式や丁寧な礼を実践することで，自己の心身に拘束を加えながら，「心気の興奮を鎮静させる」「心気を整える」「感情を抑制して納める」ことになるのである．こうした剣道における「礼」の考え方や実践が，自己のあり方や生き方を考える手立てとなり，人間性の開発や深化に延長されていくのである．

[大矢　稔]

24章

柔道選手の不安傾向
──競技の心理特性──

　スポーツ選手の競技力は，一般に各選手個人の精神力，技術，体力いわゆる心・技・体の総合能力を意味すると考えられている．そして，選手はこれらがベストコンディションで，競技場面おいて発揮できることが理想的である．しかし，選手のなかには高度な競技力を持ちながら，実際の競技場面でそれを十分に発揮できない者も多い．この原因については，種々の要因が考えられるが，多くの場合選手への過度の期待（国・社会・職場・学校・チーム・マスコミ等）が心理的重圧となり，その精神的負担が普段の実力を十分に発揮できない原因といわれることが多い．

　われわれも現在学生を指導していて，心理的な重圧からの混乱のためか，試合で選手の持っている実力が発揮されない場面をしばしば経験している．また，自分の経験からも精神的プレシャーが競技に大きなウエイトを占めることを実感している．

　このように，試合は体力，技能を競うと同時に精神力を競う場であると考えられる．したがって，スポーツの競技場面で選手が自己の持つ技能を最大限に発揮し成功をおさめるには，高度の基礎体力（身体機能）や技能を身につけると同時に精神的な状態をも最適にしなければならない．

　日本でスポーツ場面における心理的問題の研究が行なわれるようになったのは昭和25年，日本体育学会が発足してからといえる．しかし，わが国では伝統的に精神力は精神主義的に捉える傾向にあり，選手の精神面の強化はハードトレーニングによって身につくといった考え方（いわゆる根性主義）や，また，監督・コーチの体験（いわゆる経験主義）に基づいて教育する手法が多く，さらに指導者が科学的なメンタルトレーニング法を身につけておくといったことが位置づけられていなかった．特に柔道界はこういった傾向が強かったように思われる．

全日本柔道連盟は 1977（昭和 52）年，国際強化委員会科学研究部を設置し，本格的に競技力向上を図る組織的な研究活動を始め，強化選手の身体的・心理的特性の解明に力を注いだ．その方法はイメージトレーニング，リラクセーション，クーリングダウン，サイキングアップ等が紹介されている．しかし，実際に指導現場で応用されることは少なくあまり関心は持たれなかった．

この状況を一遍させたのは，ロサンゼルスオリンピックでアメリカ選手の大活躍の秘密に心理学サポートがあったことを伝える報道であった．その心理的サポートとは，過緊張や運動技能の混乱を伴う「あがり」現象のコントロールや試合までのコンディショニング，さらに意欲・闘志・忍耐・自信の養成，最高能力を発揮するためのメンタルトレーニング，競技観・人生観の深化など多様な心理学理論の援助の結果であるという（1984 年 8 月 10 日，読売新聞）．以来，柔道界も選手強化の現場で心理的サポートの重要性が認識されるようになった．そこで日本でも 1987（昭和 62）年から特別強化スタッフ制度が発足し，これによりロサンゼルスオリンピックでアメリカが試みたスポーツ科学援助を参考に，ソウルオリンピックの 1 年前にスポーツカウンセラーが位置づけられ，TSMI（体協競技意欲検査）や競技行動調査表による選手心理の分析，自律訓練法やリラクセーション等のメンタルトレーニングの助言や指導が行なわれた．しかし，その効果はすぐに出るものではなく，ソウルオリンピックの日本柔道は惨敗を喫した．勿論その敗因につては種々あるが，身体的・心理的面での科学的トレーニングの取り組みの遅れが大きな要因としてあげられよう．

これらの反省より，柔道界は懸命に強化に取り込み徐々にそれなりの成果を上げつつあるが，今後ますます科学的トレーニングの取り入れ方が重要になる．

これまでの柔道選手に対する研究は，競技面での心理的要素に関しては飯田[1]，遠藤[2]，船越[3-7]，松本[8,9]，高岡[10]，高妻[11,12]，武内[13,14]の研究が報告されているものの比較的少ないと思われる．

そこで本研究は，競技面での心理的要素として，選手が競技時に感じる「あがり」のメカニズムを不安と自信ではないかとの仮説から，その心理要素を明らかにし，柔道選手に対して適切なメンタルトレーニング法作成の一助とするため，大学男女柔道選手の心理特性や相違性を調査した．さらに実際の選手が不安やあがり等にも関連のみられる自信についてと基礎体力の関連を 1997-98 年の 2 回実施し自信の変容との関連についても検討した．

1. 先行研究

　大学柔道選手の競技における不安度および自信の性差を検討するため，アメリカのスポーツ心理学研究で幅広く活用されているState-Trait Anxiety Inventory（STAI），Sport Competition Anxiety Test（SCAT），Sport Self Confidence Inventory（SSCI）の3種類の質問紙を使用して大学男女柔道選手を対象に不安と自信に関する調査を1997-98年の2回実施し，自信の変容を10項目完全に測定された24名を対象に分析した．自信得点は12質問項目，1～9点法により合計点を算出しH-Scoreに換算し部員個々人の自信度の変容と面接結果より向上，低下の原因についても検討し，以下のような結論が得られた．

　（1）男女両者間において有意な差が認められた．男子選手に比べ女子選手の方が競技直前の不安が顕著に高く，さらに，競技時の不安においても，女子選手は男子選手と比較してより高い不安を感じていることが明らかになった．

　（2）スポーツに対する自信において、女子選手は男子選手に比べ低いことがわかった．

　（3）柔道における経験年数も心理的要因「不安と自信」に関連しているのではないかと推測された結果より，少なくとも本研究で調査した心理的要因，「不安と自信」において大学男女柔道選手間に顕著な性差が存在すると確認された．

　（4）自信の変容と基礎体力測定結果との推移をみると自信得点の上昇した選手は24名中16名で低下した選手は8名で，基礎体力の向上した選手は24名中16名であった．

　（5）反面自信得点の低下した選手でも基礎体力の向上した選手は8名中7名で，95kg超級の選手を例にとるとこの選手はH-Scoreも12.05上昇しC.V.値より体力全般のバランスも安定していた．

　（6）アメリカ人強化選手を対象にした先行研究[8,9]で，4種類の心理評価尺度の調査結果では，体力が優れた選手の方が劣っている選手に比べ不安や怒り，疲労度が低く自信，緊張，活力の度合いが高くより効果的な対処法を用いていると報告している．今回は不慮の怪我，被験者も少ないことから相関等による分析には言及しないが優秀選手群は自信度の変容と関係なく向上していることは自己の達成動機水準にも関連していると思われる．

　（7）学生自身の計画的自己管理が必要ではあるが，指導者として指導助言でき

る体制が必要であると思われる．

以下に，本研究で調査した心理的要因，「不安と自信」において柔道競技には存在するかを確認したい．

2．研究対象

1）被験者

本研究の対象となった被験者は，国際大会および全日本学生柔道優勝大会，全日本学生柔道体重別選手権大会出場を含む本学大学男子柔道部員が 139 名，国際大会および全日本学生女子柔道優勝大会，全日本学生女子柔道体重別選手権大会出場を含む女子部員 41 名，計 180 名とした．さらに 2 年間にわたる基礎体力テストと質問を実施した部員を 24 名も加わった．男女年齢は 18 歳から 22 歳，男女段位は初段から三段，男子経験年数は平均 9.76 年，標準偏差 3.04 年，女子経験年数は平均 7.83 年，標準偏差 2.96 年であった．大学柔道選手として十分な経験をもっているといえる．また，被験者に対して実験の趣旨を説明し参加の同意を得た．

2）質問項目および測定方法

質問項目（質問紙）は，ベーリーにより作成した SSCI の日本語版を用いた．これは，アメリカでスポーツ心理学研究のために開発され，わが国においても幅広く活用されている，State-Trait Anxiety Inventory（STAI），Sport Competition Anxiety Test（SCAT），Sport Self Confidence Inventory（SSCI）の 3 種類テストである．

STAI はわが国でもその有意性が確認されるに従い，日本語版標準化の試みが次々に行なわれ，遠藤ら（1976）による日本語版 STAI，清水ら（1976, 1981）による大学生用日本語版 STAI，岸本ら（1982, 1983, 1986）よる日本語版 STAI，中里（1982）による日本大学版 STAI がある．また大村（1985）による日本大学版 STAI-Ⅱ は SEQ-SRAI 項目に対する独自の日本語訳を持ちながら，信頼性，妥当性ともに満たしたとして公表されている．

表24-1 基礎体力測定項目

要素	測定項目
1. 長育	①身長 (cm)
2. 幅量育	①体重 (kg) ②体脂肪率 (%)
3. 静的筋力	①背筋力 (kg) ②肩腕力 (kg)
4. 敏捷性	①反復横跳び (times)
5. 瞬発力	①垂直跳び (cm)
6. 無気的持久性	①400m走 (sec)
7. 柔軟性	①伏臥上体反らし (cm)
8. 動的平衡性	①Bassバランステスト (point)

3) 分析方法

　性差間については相関算出法により分析し，一要因分散分析法（One Way ANOVA）により質問項目に対する比較を行なった．自信の変容と基礎体力については，表24-1で示したように基礎体力8要素10項目について各体重区分，計729名を対象にトンプソンの棄却検定，度数分布表より平均値のまわりの3次および4次の積率を標準偏差で基準化した歪度，尖度の正規性の検定，さらに各体重区分，項目別五段階評価尺度のおける度数分布の正規性の検定を再度試み妥当性をも検討した項目を用いた．さらに1997-98年の2回実施した自信得点は12質問項目，1～9点法により合計点を算出し，基礎体力総合点は単位の異なる項目間の比較も可能となるよう H-Score に得点換算し選手個々人を評価した．また，その評価を選手にフィードバックしたうえで個人から柔道の活躍状況，柔道に対する姿勢・意欲，試合における勝敗，生活環境，人間関係，学校生活，怪我等々について昨年と同様に個人面接し，部員個々人の自信度の変容と面接結果より向上，低下の原因についても検討した．

3．調査成績

　STAIでは男子選手と女子選手間において有意な差が認められた（男子 M = 53.245，女子 M = 57.366，$p < 0.0012$）．女子選手が男子選手に比べ競技直前の不安度が顕著に高いことが解った．SCATは，男子選手と女子選手間において有意な差が認められた（男子 M = 22.245，女子 M = 23.902，$p < 0.0133$）．ここでも女子選手が男子選手に比べ競技時の不安も顕著に高いことが解った．SSCIは，男子選手と女子選手間において有意な差が認められた（男子 M = 4.795，女

表24-2 自信度の変容と基礎体力の推移

No	変移	選手別	年齢	段位	経験年数	背筋力	肩腕力	静的筋力	反復横跳	垂直跳	400m走	伏臥上体	Bassバランス	体力一般	標準偏差	C.V.
1	→	○○	20	2	8	38.34	71.87	55.11	28.82	46.36	50.00	62.71	28.16	45.19	14.056	0.311
			21	2	9	42.96	71.87	57.42	49.58	46.29	50.00	72.64	67.49	57.24	10.707	0.187
2	←		21	2	9	42.96	59.84	51.4	58.40	31.88	50.00	50.79	47.82	48.40	8.838	0.183
			22	2	10	26.77	52.28	39.53	40.69	50.50	38.01	58.74	55.74	47.19	8.974	0.190
3	→	○○	20	3	10	47.97	5.07	52.02	48.98	43.23	54.97	43.41	27.27	44.98	9.844	0.219
			21	3	11	53.72	34.48	44.10	57.96	60.59	59.77	28.81	60.90	52.02	13.031	0.251
4	←		20	3	8	36.48	40.83	38.66	48.98	29.73	42.96	53.15	44.09	42.93	8.184	0.191
			21	3	9	53.72	43.37	48.55	57.96	49.02	62.17	56.39	44.09	53.03	6.859	0.129
5	←		20	3	6	26.14	63.70	44.92	60.95	74.09	69.38	73.43	60.90	63.95	10.978	0.172
			21	3	7	42.23	45.91	44.07	69.92	58.66	62.17	69.37	60.90	60.85	9.412	0.155
6	←		20	2	8	49.12	72.59	60.86	37.02	41.30	40.32	45.04	30.07	42.44	10.337	0.244
			21	2	9	31.39	73.89	52.88	34.03	22.02	30.96	51.52	31.47	37.15	12.354	0.333
7	←	○	19	2	7	42.23	58.61	50.42	96.85	31.66	42.96	46.66	30.07	49.77	24.450	0.491
			20	2	8	41.08	37.02	39.05	51.97	50.94	73.94	36.92	52.49	50.89	13.194	0.259
8	←	○○	19	3	12	61.65	53.46	57.56	34.69	21.38	68.28	42.64	56.45	46.83	17.207	0.367
			20	3	13	59.27	52.23	55.75	54.32	42.20	66.35	44.47	50.97	52.34	8.700	0.166
9	←	○	19	3	8	56.30	48.53	52.42	54.32	39.89	50.25	63.58	34.52	49.16	10.456	0.213
			20	3	9	44.40	32.51	38.46	67.40	39.89	69.57	66.31	29.04	51.78	17.930	0.346
10	←	○	19	2	9	53.48	64.55	50.02	57.59	30.63	27.73	50.84	12.59	38.23	17.310	0.453
			20	2	10	27.75	38.67	33.21	47.78	51.46	50.25	49.93	40.00	45.44	7.269	0.160
11	←		19	3	15	50.35	59.63	54.99	41.23	46.83	43.82	29.90	29.04	40.97	10.040	0.245
			20	3	16	38.46	59.63	49.05	60.86	35.26	47.04	39.91	45.48	46.27	8.758	0.189
12	→		18	2	6	31.03	24.24	27.64	36.05	40.11	47.33	50.99	44.22	41.06	8.414	0.205
			19	2	7	36.39	38.86	37.63	36.05	33.48	24.27	52.49	44.22	38.02	9.608	0.253

T-Score

13	←		20 21	2 2	9 10	39.61 49.79	41.79 38.86	40.70 44.33	47.41 47.41	20.21 29.06	17.68 44.04	53.98 52.49	29.31 49.81	34.88 44.52	14.817 8.236	0.425 0.185
14	←		21 22	3 3	7 8	46.04 68.18	56.42 54.96	51.23 59.07	38.32 49.68	35.69 48.96	44.04 57.21	60.72 56.23	33.04 61.00	43.84 55.36	10.518 4.959	0.240 0.090
15	→		19 20	2 2	4 5	33.71 41.75	28.85 31.11	31.28 36.43	42.86 45.43	62.23 60.02	37.45 50.63	47.99 47.99	12.53 66.59	39.06 51.13	16.721 10.740	0.428 0.210
16	←	○	19 20	2 2	7 8	37.28 30.25	16.82 39.99	27.05 35.12	30.87 47.74	36.15 33.96	54.29 43.29	52.73 30.85	36.46 64.24	39.59 42.53	11.346 12.360	0.287 0.291
17	←		20 21	2 2	9 10	30.25 33.77	46.61 41.64	38.43 37.71	54.49 54.49	29.57 36.15	54.49 46.23	57.77 47.68	58.69 47.57	48.87 44.97	12.002 6.882	0.246 0.153
18	←		19 20	2 2	4 5	54.84 33.77	36.68 44.13	45.76 38.95	64.61 57.86	64.68 44.93	43.29 44.76	30.85 24.12	53.13 42.02	50.39 42.11	13.173 10.924	0.261 0.259
19	←		20 21	2 2	8 9	57.57 54.03	31.06 56.87	44.32 55.45	55.87 67.87	27.98 25.70	47.34 21.57	56.32 64.14	58.05 47.82	48.31 47.09	11.370 19.502	0.235 0.414
20	←	○○	19 20	2 2	14 15	58.28 52.62	56.87 50.91	57.58 51.77	52.88 76.86	41.61 71.16	60.22 60.22	71.96 36.76	37.59 63.16	53.64 59.99	12.628 14.329	0.235 0.239
21	←		19 20	2 2	14 15	29.27 15.12	60.84 23.11	45.06 19.12	49.88 37.89	30.25 50.70	43.47 47.34	64.14 71.96	52.93 58.05	47.62 47.51	11.240 17.987	0.236 0.379
22	←		19 20	2 2	12 13	41.30 43.42	56.87 40.98	49.09 42.20	61.87 52.88	64.34 66.61	78.75 51.63	60.23 46.54	63.16 58.05	62.91 52.99	9.511 8.614	0.151 0.163
23	→		20 21	2 2	5 6	43.42 40.59	58.85 47.93	51.14 44.26	40.89 34.89	43.89 48.43	51.63 68.81	53.38 44.58	63.16 63.16	50.68 50.69	7.824 12.785	0.154 0.252
24	→		20 21	2 2	6 7	64.64 57.57	60.84 50.91	62.74 54.24	37.89 67.89	46.16 43.89	68.81 64.52	46.54 71.95	37.59 63.16	49.96 51.9	12.988 10.226	0.260 0.197

第 5 部　現代 Humanity への道

子 M = 3.862, p ＜ 0.0001）. 男子選手が女子選手に比べ自信は高いことがわかった.

以上の結果から, 本研究で調査された心理的要因（不安と自信）において, 女子選手は男子選手に比較して競技直前や競技時の不安が顕著に高く, また, 競技に対する自信は低いことが明らかになった. このことにより, 男子選手と女子選手の間には顕著な性差が存在すると確認された. この男子選手と女子選手の性差を考察すると, まず両者の柔道経験年数が考えられる. 男女選手の経験年数を比較すると1％水準で有意な差が見られた. しかしながら, 先行研究[15]において女性はもともと競争事態には不安が高く, 自信も低いという知見もあり, 今後の課題として,「あがり」やその他の精神的な要因も考慮し, その他の心理的テストを調査して柔道の競技力に重要な心理的要素を明らかにし, 柔道選手のための適切かつ効果的なメンタルトレーニングのあり方を模索することが重要な課題であると思われる.

表24-2に, 自信の変容と基礎体力測定結果の推移を示した. 自信得点の上昇した選手は24名中16名で低下した選手は8名で基礎体力の向上した選手は24名中16名であった.（怪我で治療中のものを含む）, なかには試合に敗れ劣等意識より意欲の消極さが窺える選手もみられた. 反面自信得点の低下した選手でも基礎体力の向上した選手は8名中7名で, 95kg超級の選手を例にとるとこの選手はH-Scoreも12.05上昇しC.V.値より体力全般のバランスも安定していた. 彼のように全国レベルの選手は9名中8名の向上がみられた. 松本ら（武内, 中島, 若山, 飯田）は「柔道選手における自信度と精神の相関」と題しアメリカ人強化選手を対象に本研究で用いた測定項目と4種類の心理評価尺度の調査結果, 体力が優れた選手の方が劣っている選手に比べ不安や怒り, 疲労度が低く自信, 緊張, 活力の度合いが高くより効果的な対処法を用いていると報告している. 今回は不慮の怪我, 被験者も少ないことから相関等による分析には言及しないが優秀選手群は自信度の変容と関係なく向上していることは自己の達成動機水準にも関連していると思われる. 低水準の選手は失敗すると能力不足に帰属させ, 高水準の選手は原因を努力不足に帰属させる傾向がみられ, 今後被験者をより多く, これらの問題も検討し柔道の競技力の一助になればと思っている. 自信度の変容の推移をみると向上した部員は22名（内選手8名）, 低下した部員は13名（内選手5名）であった.

向上した部員群は以下の結果が得られた（表24-3）．①怪我を全快試合に出場勝つ，②上級生になり余裕，③1年間稽古，合宿をやり抜いた，④生活全般安定，⑤試合に出場勝った等々であった．低下した部員群は以下の結果が得られた（表24-4）．①周囲が強く4年間選手になれないと思った，②上級生になり試合に出場できず残念，③試合に勝てない，④練習中の怪我に対する恐怖心，⑤肘関節を怪我し稽古できず焦る等々であった．

向上した選手群は以下の結果が得られた（表24-5）．①怪我完治意欲的，②大学の全国大会代表選手に，③全国大会に勝つ自信，④今年は全国個人戦優勝を狙う等々であった．

低下した選手群は以下の結果が得られた（表24-6）．①怪我，②コーチ間との悩み，③試合の失敗経験であった等々であったが，現在はこの悩みを克服し，稽古に励んでいる．

4．自信の消長

大学の中心選手として活躍している．部員群の自信度の変化は平均51.2から54.5，選手群の平均57.8から65.5と向上し，選手群の方が向上傾向を示した．以上の考察より自信度の変容について以下の原因が挙げられる．

1）試合成績：試合に出場できない，失敗経験
2）周囲（指導者，部員）に対しての劣等意識
3）指導者（監督，コーチ）との関係：受容能力
4）柔道の資質の限界：身体的（基礎体力），技術面
5）生活環境による影響：大学生活（学業），友人関係，経済
6）上記の1）から5）との関連にもよる，努力，やる意欲の放棄：やる気の低下，放棄，現実からの逃避
7）怪我：特に長期間治療，後遺症，再度の怪我が自信度との変容（低下）に関連していると思われる．

K．ポーターらは1984年ロサンゼルスオリンピックの前，メンタルトレーニングを行なうことについて調査し共通の技能として，①自己と己の身体能力についての総合的信念，②パフォーマンス，技術，作戦を改善するため失敗を完全に分析する，③敗北を忘れ，次の試合では新たな挑戦する能力，④試合で1回や2

232

表24-3 自信度の変容の推移（向上した部員群）

No	自信度	変移	学年	階級	選手	出場大会名	成績	柔道に関しての自信	怪我について	学業	その他
1	28	←	2	95kg超	No	No	No	1年生時に入院し、ほとんど練習もできず、先輩から怒られる。このままではいけないと思ったが、出てもうるさいと上級生が卒業し、気が楽になった。生活全般が安定し、章の先輩からも呼ばれなくなった。	肩や腰の怪我の影響ではほとんど練習をしていない。	No	No
	47		3	95kg超	No	No	No		No		
2	24	←	1	78kg	No	No	No	先輩が強く、自分の技が通じなかった。上級生になり、1年間やり抜いたことが自信になった。	No	No	内向的性格
	36		2	78kg	No	No	No		No	No	内向的性格
3	69	←	2	71kg	No	No	No	上級生や選手が多くてあまり自分から率先して練習ができなかった。上級生になって部内試合で自分なりに良い成績を収め自信がついた。ようやく大学のスタイルの練習に慣れた。	一けした怪我が多かった。	No	No
	82		3	71kg	No	No	No		No	No	
4	48	←	2	86kg	No	No	No	練習についていくのがやっとで、それ以外には気が回らなかった。練習に慣れたことと、後輩ができ自分が相手を投げるようになった。	No	No	No
	74		3	86kg	No	No	No		No	No	
5	41	←	3	86kg	No	No	No	卒業してしまったので直接聞いてはいない（著者が見ていた限りでは練習、トレーニングとまじめに行なっていたが、試合では勝つことができなかったそれを自信がなかったのではないか）	No	No	No
	55		4	86kg	No	No	No	卒業してしまったので直接聞いてはいない（著者が見ていた限りでは4年間（教職実習、就職活動、卒論で練習量が減り柔道をしたいという気持ちが自信を多く上げたのではないか）それと12月のトレーニングは自由参加だった。	No	No	No
6	61	←	2	78kg	No	No	No	怪我が多く十分な練習ができず修行行わなかった。	腰や膝の怪我で練習があまりできなかった。	No	No
	89		3	78kg	No	No	No	上級生になり練習量が多くできた。また先生から乱取時のように基立ちとしつこうに指名されたことがうれしかった。そのお陰で日本定期戦のメンバーに選ばれた。	No	No	No
7	54	←	1	78kg	No	No	No	自分で思っていたより周りのレベルが高かった。	No	No	No
	66		2	78kg	No	No	No	2年生になり練習、トレーニングも慣れたこと。また同校の先輩（全日本学生78kg級2位）の付き人としてトレーニング、練習をともにしたことが、自分自身にとって自信がつき役立ったと思う。	No	No	No

第 5 部　現代 Humanity への道　　233

8	74	←	1	78kg	No	No	No	入学し勝負を考えずにとにかくがむしゃらに頑張った。	No	No	
	100		2	78kg	No	No	No	2年生になり、試合に出たいという意欲が増した。自分自身大学で通用できる自信ができてきた。下級生に強い選手が入学したので、それに負けたくないという気持ちが強くなり練習に励んだ。	No	No	多少ホームシックがあった。
9	49	←	1	65kg	No	No	No	入学して、先輩に歯が立たなくて力の違いを感じした。自分の柔道が全然通用しなかった。	No	No	
	59		2	65kg	No	No	No	2年生になり、先生に組み手や技を習い、自信が出てきた。先生や先輩から目を掛けてもらったことが嬉しかった。	No	No	
10	51	←	2	65kg	No	No	No	2年生時でも、まだ周囲に先輩が多くいることが多少プレッシャーだった。	No	No	
	66		3	65kg	No	No	No	上級生に上がるに従い自信ができてきた。部内試合でも多少勝てるようになった。	No	No	
11	53	←	1	60kg	No	No	No	入学時は自分の技が相手に掛からなかった。	No	No	
	76		2	60kg	No	No	No	2年生になり、先生から大外刈でしっかり刈るように指導され、それで自分の柔道に自信になり、自分の柔道に対して自信ができた。	No	No	
12	48	←	1	60kg	No	No	No	入学時は、なにもわからず一生懸命頑張った。よく投げられたがむしゃらについていった。	No	No	
	66		2	60kg	No	No	No	上級生になって、だいぶ柔道部の練習に慣れ、自信が出てきた。	No	No	腰の怪我で1ヵ月練習ができなかった。

表24-4 自信度の変容の推移（低下した部員群）

No	自信度	変移	学年	階級	選手	出場大会名	成績	柔道に関しての自信	怪我について	学業	その他
1	65	→	2	71kg	No	No	No	2年生のほうがまだ長いので、選手になれるのではないかという期待があった。			地元で高校の時から交際していた。彼女の支えがあった。
	43		3	71kg	No	No	No	上級生になり、気持ち的には強かったのだが、後からに感じ多少あせった。失恋がやる気がなくなった一番の原因。			彼女に失恋しやる気がなく気力がかなり下がぎみになった。
2	60	→	1	71kg	No	No	No	怪我で半年近く練習ができなかったので、見取り稽古だけで気持ちだけは自信があり、また早く練習がしたかった。練習を見ていてくやしかった。	入学してまもなく肩を脱臼して手術し半年近く練習を休んだ	No	
	43		2	71kg	No	No	No	怪我が治り、実際練習を始めたが、思ったより回りの選手が強かった。練習をやってみて多少自信をなくした。	No	No	
3	45	→	2	71kg	No	No	No	部内試合では先輩に勝ったことが自信。	No	No	No
	26		3	71kg	No	No	No	強い1年生が入学して、やってみて本当に強くて2年間練習した自信が一気に壊された。	No	No	No
4	82	→	2	60kg	No	No	No	2年生になり4年生まで時間があるので、選手になれるのでは、試合に出られるのではないかといった。自信と期待はあった。	2年生の11月に交通事故で入院した	No	No
	52		3	60kg	No	No	No	3年生になり残り少なくなり、試合にでられないのではないか、勝てないのではないかといった気持ちがいつも胸につかえていた。自分自身で柔道の先が見えたような気がした。	No	No	No
5	28	→	1	65kg	No	No	No	1年生時は人数が多くて、あまり練習ができなかった。	No	No	内向的性格
	19		2	65kg	No	No	No	2年生により練習はできるようになったが、選手になれないような気がした。	No	No	内向的性格
6	14	→	2	65kg	No	No	No	高校時代から実績がないが大学に入学し、どちらかというと柔道を続けているだけであるので試合に対しての自信がなかった。試合には出たい気持ちはあるが、試合数がなく自信がつかなかった。	No	No	内向的性格
	12		3	65kg	No	No	No	勝とうとする気持はあるが行動として現れない。周りも強かった。	No	No	内向的性格

								内向的性格
7	32	1	60kg	No	No	No	入学時は、練習して選手になろうと頑張った。かむしゃらにやっていたので、試合に負けてもあまり気にならなかった。	No	No
	15	→ 2	60kg	No	No	No	2年生になり、地元で国体予選に多少自信を持って出場したが1回戦負けで、試合に怖さを感じた。	No	No
8	65	1	60kg	No	No	No	入学前は、自分が一番強いと思って入学したが、中間くらいの実力だと実感した。	No	No
	53	→ 2	60kg	No	No	No	2年生になり、地元で国体予選に多少自信を持って出場しあまり勝つことができなかった、試合の怖さを感じた。	肘を怪我し多少練習を休んだ	No	No

表24-5　自信度の変容の推移（向上した選手群）

No	自信度	変移	学年	階級	選手	出場大会名	成績	柔道に関しての自信	怪我について	学業	その他
1	50	↑	2	95kg	No	全国体育系大会	出場	怪我をして練習を再開したけれど、果たしてできるか、また怪我前の状態に戻れるかが不安であった。	1年生の2月に膝前十字靭帯手術、2年の8月までリハビリ等で練習できず。	No	No
	83	↑	3	95kg	Yes	関東学生体重別大会　関東学生優勝大会	出場　出場	上級生になり気持ちの面での頑張りや、選手になり試合に出場したことや、膝の怪我が完治したことなどが自信につながった。	No	No	No
2	73	↑	1	95kg	Yes	千葉県学生優勝大会　千葉県学生体重別	優勝　優勝	1年生の時は試合に出たが、練習についていくのが大変だった。	No	No	No
	88	↑	2	95kg	Yes	関東学生体重別大会　全国体育系大会　関東ソードゲーム国際	出場　出場　2位	2年生になり、夏の強化合宿をやり抜いたという満足感があり自信がついた。関東学生の代表として、95kg級の自覚ができた。	No	No	彼女ができ多少の心の支えになった。
3	31	↑	1	60kg	No	No	No	入学して先輩達と練習をしてみて、自分の実力のなさを痛感した。4年間強化されないと思った。	No	No	No
	60	↑	2	60kg	Yes	全国体育大会　全国体育系大会　関東ジュニア	4位　出場　出場	三重県の国体予選で勝っていき、調子をつかんで自信が出せた。	No	No	No
4	50	↑	1	60kg	Yes	正力国際学生大会　全日本学生体重別　講道館杯日本体重別　全日本ジュニア	3位　3位　3位　2位	とりあえずがむしゃらにやったことが、よい結果につながったと思う。気持ちの上では無我夢中で戦ったという感じ、まだ自分自身に自信がなかった。	No	1年生時に運動したことがとても多い授業	No
	76	↑	2	60kg	Yes	全日本学生体重別　関東学生体重別　講道館杯日本体重別	優勝　出場	昨年の成績から、とても自信がつき優勝をねらっていった。	No	No	No
5	48	↑	2	78kg	Yes	関東ジュニア	出場	部内試合で負けて、試合に出場できなかった。試合に出ても怪我がつきまとっていた。怪我で集中した練習ができなかった。	試合の前になると限って怪我をしてしまう。	No	No
	67	↑	3	78kg	Yes	全日本学生優勝大会　全日本学生体重別　産東学生体重別　関東学生優勝大会	出場　出場　出場　2位	試合に出て自信が出たが、特に団体戦の選手に選ばれたことが自信となった。	ちょっとした怪我は、あったが試合前はなかった。	No	No

第5部　現代 Humanity への道

6	69	1	65kg	No	No	No	入学して、自分の柔道が通用する気がして、頑張ってやれる自信があった。（自信過剰気味）	No	No	No
	83	←	65kg	Yes	千葉県学生体重別	3位	千葉県学生に出場し頑張って、もっと自信がわいた。	No	No	No
7	49	1	86kg	Yes	全国体育系大会	出場	入学時は、先輩についていけるか不安だった。なんかついて行くのがやっとだった。	No	No	No
	63	←	86kg	No	No	No	1年生の終わりに、全国体育系大会の選手として出場したことが自信になった。2年生になり先輩方と練習してもらえたことも自分を認められたという自信になった。	No	No	No
	68	2	86kg	No	No	No	先輩が強くて、また同級生が強くて勝てなかった。	1年生時に首から突っ込み頸椎を痛めて十分な練習ができなかった。それから腰も痛めた。	No	No
8	84	3	86kg	Yes	全国体育系大会	出場	部内試合に勝ってから自信がでた。全国体育系大会で先生から誉められて自信がでた。	No	先輩から励まされ、アドバイスされて頑張ろうという気になった。	No

表24-6 自信度の推移（低下した選手群）

No	自信度	変移	学年	階級	選手	出場大会名	成績	柔道に関しての自信	怪我について	学業	その他
1	67	→	1	95kg超	Yes	千葉県学生優勝大会	優勝	名門高校から来て、習ってきた柔道が正しいと思っていた。それが自信につながった。	No	No	No
1	48	→	2	95kg超	Yes	全国体育系大会/関東学生体重別大会/全日本学生優勝大会	出場/出場/出場	2年生になり大学柔道に慣れたが、先生から自分の柔道は強くなるようにうまくいかない。そのことで悩んでいる。	膝を怪我したりしたが、あまり影響していない。	No	No
2	76		1	95kg超	Yes	全日本学生選手権大会/全国体育系大会	出場/出場	怪我をしていて練習があまりできなかったので、早く柔道をやりたいという気持ちが強かった。試合に出場後も試合の内容がよく自信があった。	入学前に肩の手術で8月まで練習ができなかった。	No	No
2	57	→	1	95kg超	Yes	全国体育系大会/全国体育大会/関東学生体重別大会/関東学生優勝大会	出場/出場/出場2位	試合に出場したが成績に結びつかず、また試合で負け続けたことか自信をなくした。	No	留年しはじめ精神的に落ち込んだ。	No
3	67		1	86kg	Yes	千葉学生個人	優勝	千葉県学生で優勝したので、とても自信があった。	1年生の2月に膝を怪我した。	No	No
3	57	→	2	86kg	Yes	関東ジュニア	出場	半年間も怪我で練習ができなかったので、怪我に対しての恐怖感から柔道に対しての自信が無くなったような気がする。	1年生の終わりから2年生の7月まで練習ができなかった。	No	No
4	54		2	78kg	Yes	千葉学生優勝大会	優勝	トレーニング・練習等で一生懸命やっていた。これが認められて試合に出場できたと思われたい。	No	No	No
4	29	→	3	78kg	No	No	No	上級生になり自分では頑張っていたつもりです。試合に出ることができず、残念だった。	No	No	No
5	79		2	65kg	No	No	No	柔道に対しての姿勢が前向きだった。自分をアピールしたかった。自分を選手にほってほしいという気持ちが強かった。	No	No	No
5	33	→	3	65kg	Yes	全国体育系大会/関東学生体重別大会	出場/出場	3年生になり関東大会の選手になった。また初出場の関東大会で相手に技で投げられて負けてから、不意識と試合前になると自分が相手を投げるより投げられたくないという気持ちが強くなった。	試合前になるとか小さい怪我が多かった。	No	No

回負けても，⑤決して敗北者とは考えないこと等々をあげている．事例をみても自信度が1回の失敗で大きく変容する．またR.N.シンガーも競争場面では体力，技能のトレーニングだけでなく動機づけ，態度，要求水準，達成要求などの問題が重要で精神的態度がスポーツの成果を支える重要な要因であると述べている．学生自身の計画的自己管理が必要ではあるが，指導者として指導助言できる体制が必要であると思われる．

　20世紀の後半より日本は「国際化時代」の到来といわれ，新しい世紀を迎えた現在多岐の分野でまさしく「国際化時代」が進行している．国際化時代の今日，国際社会との関係を無視しては国として立ち行かないことは周知のことである．しかし，世界には厳然として「異なった文化（異文化）」が存在し，この異文化の理解なくして政治・経済をはじめ種々の活動は難しくなる．したがって，異文化の理解や異文化への適応（国際適応）能力の育成は今後あらゆる分野で課題になり，「異文化」を超えるための心理特性を理解することは益々重要になると思われる．柔道も今日，世界に普及・発展し国際化した．この柔道の国際化は柔道を次第に競技運動的に取り扱うようになり，世界の中でその競技力が益々注目されるようになっている．しかし，その一方で柔道の競技スポーツとしての発展は，道の思想に原点を置き心を練る人間形成に役立つ柔道が姿を消し勝利主義，いわゆる技術中心の柔道になったとの批判も多く聞かれる．こうした柔道を取り巻くさまざまな議論のなかには，この国際化時代を生きていく若い人達の教育に柔道は本当に有効に機能しているのか，また柔道は本当に人格形成に役立つのかといったものもあり，柔道指導者とりわけ学校教育のなかで柔道指導に携わる学校柔道指導者の責務は大きいと思われる．

［若山　英央］

●文　献
1) 飯田穎男：松浦義行編，スポーツの科学，pp.131-142，朝倉書店，1985.
2) 遠藤純男，飯田穎男，武内政幸ほか：柔道選手のあがりの因子分析研究．秋田経済法科大学経済学部紀要6：37-43，1987.
3) 船越正康：柔道とスポーツの接点．柔道59：29-8，1988.
4) 船越正康：ソウルオリンピックとメンタルサポート—柔道の場合—．コーチング・クリニック3 (1)：31-33，1989.
5) 船越正康：柔道とメンタルトレーニング．柔道64：48-51，1993.

6) 船越正康：柔道に関する勝利達成条件研究(1)―質問票の作成と基礎分析―．武道学研究 27：65，1994．
7) 船越正康：柔道における武道とスポーツ．柔道 67：70-72，1996．
8) David 松本，武内政幸，中島豸木：日米柔道選手における心理的相違．武道学研究 27：61，1995．
9) Matsumoto D., Takeuchi M., Takeuchi S.：THE NEED FOR LEADER SHIP AND SCIENCE IN JUDO-THE PROBLEM OF COLOR JUDOGI. Research Journal of Budo 29（3）：44-36，1997．
10) 高岡英夫：アガリを克服する―武道の伝統に見るアガリの克服の考え方と方法―．トレーニングジャーナル 143：20-3，1991．
11) 高妻容一：スポーツ心理学の武道への応用．武道学研究 22（1）：56-57，1988．
12) 高妻容一，岡田龍司：メンタルトレーニングの柔道選手への応用．武道学研究 第25回大会号，p.55，1992．
13) 武内政幸，石塚繁美，波多野伸ほか：本学運動部学生の"あがり"の因子分析的研究．大東文化大学体育センター研究報告 2：1-13，1989．
14) 武内政幸，小森富士登，中島豸木ほか：大学柔道選手と剣道選手の心理的相違．大東文化大学紀要 36：199-214，1998．
15) Thelma S. Horn: ADVANCES IN SPORT PSYCHOLOGY. Human Kinetics Publishers, pp.143-160, 1992.
16) 猪俣公宏：競技におけるメンタルトレーニング．福島県スポーツ医科学研究会会報 3：1，1992．
17) R.マートン（猪俣公宏監訳）：メンタルトレーニング．大修館書店，1991．
18) 佐々木武人，柏崎克彦，藤堂良明ほか：現代柔道論．大修館書店，1993．
19) 若山英央，武内政幸，柏崎克彦ほか：男女柔道選手の不安度と自信度の相違―国際武道大学柔道部員を対象として―．武道学研究 第30回大会号，p.32，1997．

25章
身体活動は教育手段か目的自体か

1. 期待される人間像を求めて

　平成 12 年 12 月 23 日の『朝日新聞』朝刊の一面トップ記事は,「教育基本法見直し」として,教育改革国民会議の最終報告がなされ,森首相はこれを受けて新年明けの通常国会は「教育改革国会」と位置づける意向であると報じている.同紙は「奉仕活動」に関して多くの紙幅を割いている.

　著者が注意をそそられた点は,二つ.第一は,社会面に同国民会議のメンバー諸氏自身の「奉仕体験の有無」に関する質問に対して,「自分はないが……」次世代には必要という論旨が行間に垣間みられる回答のあること,第二は「奉仕活動を通しての人格陶冶」と「奉仕活動自体の教育」の二面同居が招来するであろう矛盾点.

　これらは,体育授業における教師が,過去からたぶん未来永久に直面するであろう問題と根は一つであり,著者にはある種の混乱と現場の戸惑いが予想された.

2. 親が自分にはなかったことを子に願う

　戦争に明け暮れた時代に生きた者が,次世代に平和を願うことはきわめて当を得たことである.自分が大学に行けなかったから子に大学進学を期待することも,世の理解を得られるであろうし,それに起因する親子の確執・葛藤が多くの問題を引き起こしていることも周知である.大学中退を申し出る子の「自分が知らない大学のことにわかったようなことをいわないでくれ.そんなに大学出たいなら自分が行けばよい」という愚痴にそれは代表される.

二線級の選手であったコーチが一流選手を育てようと厳しい訓練を要求する際，自分よりも記録の低いコーチに選手が愚痴をこぼす内容も大体想像はつく．冬のマラソン大会の全員完走をめざすための体育授業に生徒がいいそうなことは，「先生，そのビール腹出して，自分も一緒に走ってください．僕がタバコ吸ってるからすぐバテるんだっていいますけど，先生ならタバコやめてから僕を怒ってください」．

　「楽しい体育」が重要なのであるそうだ．根拠のない厳しい運動を課し，根性を叩き直す，という枕詞で始まる「ツライ体育」は拒否される．もっともだと思う．しかし，著者が7年ほど経験した体育授業で，機会あるごとにいったものである．「私が経験したタイク授業は，イヤデ・ツライものばかりだった，ラクデ・タノシイ方がいいと何度も思った．だからこそ，つまらなくて辛いグラウンド3周走る授業をやります．なぜなら，私は楽しい体育を知らない．辛いタイクは知ってるつもりだ．知らないことを伝達したその結果に責任を持てる自信がない．守旧派という非難も受けよう．教育というのは保守的なものである．そのよいところに私はしがみついている臆病者です」．

　自分が経験したことのない奉仕活動を生徒に要求する第一世代教師は勇敢な改革者であることを，今期待されている．

3．身体活動は目的か手段か？

　小学校の体育授業で，鉄棒逆あがりが教材にしばしば選ばれる．体操部出身の体育主専攻の先生と，体育は苦手の妊娠中の女性教師とがその指導に当たった場合，どちらが生徒の「できないことができるようになる」ことの達成率が高いかは不明である．

　この問いに，「もちろん後者である」というベテラン校長先生の個人的発言に接したことがある．体育大学の存在そのものへの揶揄として謙虚に受けとめねばならないが，むしろ問題なのは，鉄棒ができない教師が鉄棒の授業をしてよいか，という点である．

　戦後の新教育制度ではスポーツ教師を多く生んだ，という指摘がある．たとえば鉄棒を生徒の前で模範できるだけの教師を指している．大車輪を演技できてもそれを教えることができない，なぜ学校でそれをやらねばならないか，できない

者はどのように考え，それに対処する努力が必要なのかを説論できない．大車輪ができる者，できるようになった者が優をもらう．

とすると，スポーツ教師でない体育教師と自称するところの鉄棒のできない先生は，その説論，つまり「鉄棒を通しての教育」論を展開する．その説論に飽きた生徒側は，説教ではなく「鉄棒自体」を教えてくれ，と再びスポーツ教師のもとに走るという悪循環が成立する．

このような，体育授業の大半の教材であるスポーツ種目「それ自体」を《目的》とする指導と，「それを通した」ところのスポーツを《手段》とする教育理念に重点を置く指導の二つの立場が拮抗してきた．そして，日本の文部省が平成になって示した大学教育の体育必修解除は，どちらに重点を移したかは自明であろう．

21世紀に求められることになる奉仕活動は，「それを通した」何かを求めるのか，奉仕活動「それ自体」の達成を求めているのか，どちらであろう．両方である，という回答が返ってくるに違いないが，その《目的と手段》の二面性のあることは概念的に峻別されるべきであって，体育教育の経験には一日の長があることを蛇足と知りつつ付言したい．その体験のない教師が前節に指摘した現場で生徒と立ち向かう確執において，目的と手段の混同がいたずらな混乱を招かぬことを願う．

4．タイクとタイイク

漢字の書き取りテストに追われている小学2年の娘に，国語より「たいく」の時間の方が好きかと尋ねたら，タイクではないタイイクだ，と反問されて苦笑いした．私たちが慣れ親しんだタイク，いや体育は知育・徳育・体育の一つとされているから「身体教育」と言い換えると意味がはっきりする．そして，旧くは「體育」と書いた．すると，体育教師は骨の好ましい成長を看守るべきであるとも解釈できる．

体育教師の悩みは深い．たとえば，特別自らが努力したわけでもないのに，近頃の学童は身長も伸びた．そのうえ，座高を身長で割った比率，つまり胴の長さは17歳女子で，戦前は57%であったのが最近は53%となり，ほぼアメリカ人と同じプロポーションになってしまった．逆に，戦争でも起こると思春期の学童が身長・体重ともに甚大な被害を蒙り，第2次大戦の場合，それを回復するのに個

人も集団も約10年かかった．その意味では「骨を造る」のは体育教師や親などではなく，別の大きな流れなのである．少なくとも現在は，「体力を造り」「動きを造る」余裕がある．

しかし，骨肉を育む任務は永遠であって，その努力は骨より筋肉の方に成果が豊富であった．筋肉についてならば経験的な知恵が科学的知見として比較的よく体系化されているが，骨については未だしなのである．ひ弱で骨折しやすい子どもが，栄養のほかに体育の授業中でどのような工夫をすれば頑丈になるのか，などという問題は難問中の難問である．

5．体育授業の時代的変遷

大学を卒業する者は小学校以来合計14年間の体育授業が必修であったが，平成になってからは各大学の自主判断で選択科目にしてもよくなった．現高校生の立場に限るならば，今までの体育授業がストレスと辛さでしかなかった者は歓迎するであろうし，くつろぎ・楽しさの時間としてきた者も選択科目の道が残されているから反対はしないだろう．

さて，その辛さのシンボルともいうべきウサギ跳びは，学校の体育授業や課外活動で，ここ10年急激に姿を消している．下腿の骨が折れはしないまでも，「疲労骨折」といってただちに運動を休止すべき病理が発生しやすく，発育期の学童には好ましくないからである．

また従来は，授業中はもちろんクラブでも運動中は水を飲むと叱られたのに，近頃では驚くべきことに逆に水を飲め，といわれる場合が増えている．スポーツ・ドリンクの商業主義からだけでなく，生理学的にも過度の飲水制限はよくない．木綿おむつ・歩行器・肝油が過去のものとなり，歯磨き体操，ブルマー，トレパンも学校から消えた．ジョギング，ストレッチング，エアロビなどがフラフープやダッコチャンと同じ運命を辿ろうとは想えぬが，名前と内容はこれから変遷し得る．

6．ガマンの風景

日本人が場所と姿勢を選ばずに眠れることは，母親の背でオンブ紐に縛られて

垂直に育児されることと関連する，と『菊と刀』の著者 R. ベネディクトは指摘した．水平なダッコで育てられる西洋人が公衆の面前で居眠りをする風景は確かに少ない．日本人が座位で眠れることは行儀のよし悪しを越えて，日本の育児文化が生んだ特技なのかもしれない．一方で旧軍隊では，うたた寝の罰則が断眠なる「修養」であった．徹夜行軍では摂水・摂食の禁欲と不眠不休が美徳であり，軍隊に限らず集団行動の際は，飲み・食べたい，休み・眠りたいなどの言動は悪徳であった．体力をただ消耗させ，かつ睡眠と食餌を奪うことが鍛錬効果をあげると考えたり，風邪気味をあえて薄着で治そうとする風土はけっして過去の日本だけのものではない．

　性欲・食欲・睡眠欲・飲水欲は本能の根幹であるが，それらの中枢は，脳生理学的には「辺縁系」といって，大脳表層のうち奥深く閉じ込められた部分（大脳古皮質など）と間脳の視床下部に続く一連の神経組織である．ストレスとはここにかかるものであり，心身症はこの辺縁系の異状が主犯である．日本人のいわゆるガマンの「根性主義」は，徳育としてなされる「辺縁系の抑圧」を母胎としている．そこでは集団欲を満足させることが例外的に許された．群れをつくるこの社会的本能も辺縁系に中枢がある．くつろぎの文化とは「大脳辺縁系にルネサンスを起こすこと」である．しかし，歴史が繰り返し警告していることは，それが自堕落な世紀末の退廃と紙一重なことである．

7．武術から武道へ

　剣道のことを旧くは剣術といい（明治初期は撃剣とも），柔道は柔術，弓道は弓術，といった．嘉納治五郎が柔「道」と使ってから，ほかの武術も徐々に武道となった（近年は空手とはいわず空手道と呼ぶ）．術それ自体の習得と伝授よりも，術の獲得経過を「通して」，人間の「道」を希求するのが武道ということになっている．「スポーツ教師」なる表現法に習えば，武術教師はおらず武道教師しかいない，というのが言葉の本質である．近代から現代にかけての武概念の変遷を見る限り，武道教育は「武術それ自体」の習得が一義的教育目標ではなく，武術を「教育手段」として認識しているわけである．身体活動を通しての人格陶冶が武道の本質である，と帰結せざるを得ない．

　とすると，武術の経験がなかったり技術水準が低くても，武道教師は存在し得

る．しかし現実には，武術訓練をくり返した者だけが一定の術理に到達できる，という信念が常識的で，演武のできない武道教師は現在いないであろう．日本人は，武道術理なり武道倫理は武道・武術体験を通してしか獲得できないと考える，ないし信じているのが一般的である．

8. 武道専攻学生の教師として

著者と武道との出会いは30歳になるまで皆無であって，その初めは国際武道大学設立の教員予定者に内定した1982年春のことであった．以来，この自分自身がはたして「武道関係者」であるかと自問すること再三に及ぶが，82年に外野席から内野席に移ったとはいえ，ベンチ入りしていないことだけは確実である．開学20年に至ったわが大学の映えある「武道館」の畳に，いまだ足を踏み入れていないのは著者の良心であると信じている．しかし，その位置はベンチ裏のロッカールームの風景を見ることができて，また演武者たちの肉声が汗の乾かぬ間に聞こえてくる距離である．同時にその位置は，彼らを思うならば，その感情量に応じた愚痴を反対方向から彼らに肉声で跳ね返せる距離にあって，それには汗をともなうという点で，そのかかわり方に著者は誇りを覚えるときがある．

一方，著者自身は高校時代受け身に終始した柔道授業を2年間経験して，剣道の胴着をつけたことはない．教育実習参観で学生の剣道指導を見たとき，身震いにも近い感動を覚えたものである――日本人であるのにこんなすばらしい剣道稽古を経験していないなんて，と自分を恥じる気持ちにもなったほどである．しかし，前節でも触れたとおり「自分が経験していないこと」を次世代に「みんなやりましょう，皆にやらせましょう」と発言するには勇気が必要であり，著者はその点臆病である．少なくとも著者は，剣術を学んだ先にある何かを目標とするよりも，剣術そのものを学びたいからだし，やりたいならば自分ひとりでやればよい，という思考退嬰を起こしてしまっているからである．

9. 武道的と武道家的

「日本的なるもの」と「日本人的なるもの」が異なることはよく指摘されることである．同様に，「武道的なるもの」と「武道家的なるもの」とは異なるようであ

る．海外旅行に出て散見することは，日本人的としか形容のしようがない特異的な団体行動様式があって，それはけっして日本的ではない．国際武道大学の剣道場からあふれる剣道部学生のかかり稽古で発せられる形而下的「金切り声」状の怒声を，決して武道的とは形而上的に形容しないであろう．

　武道専攻学生に対して，教師としていっても仕方のない愚痴の形で感情の破裂を示すことしばしばである．対人に愚痴をこぼすということは，対人のなかに自分を見出したときだと思う．対人に異なりを見出した時，少なくとも著者は感情量があふれることはない．武道側の応援団内野席でことの理非にかかわらず武道に味方する声援を大声で送るようになってきた頃から，著者は武道に憎しみを持つようになってきた．不思議に嫌いにはならなかった．それは，肉親への愛と憎しみが全く同量で共存するのに似て，このアンビバラントな感情こそが著者の武道に対する現在の心境である．「彼らに対する」あるいは「武道に対する」という形をとってあふれる著者の感情は，ほかならぬ日本人である自分へのものであった．

　昭和64年の正月，親日家の英国の教授が著者に，武道大学教員である以上，天皇信奉者かと尋ねた．著者はその問いに笑顔で横に大きく首を振った．しかし，自己の営為が日本人であること，日本的であることに大きく規定されていることを認識するのに時間は要しなかった．だいぶ説明不足な飛躍になるが，武術に嗜みのない自分にも，外国人にとっては「日本的」と「武道的」の両側面が同居していると認識されているようなのだ．

　武の教育を考える際，その「教育目標の道なる目的」と「教育手段としての武術」の概念規定を行なうことが重要であるが，国際的視野をも参考にすると「日本人であること」がその規定の仕方に大きな影響を与えるようである．

〔大道　　等〕

26章

武道の傷害と予防

1. 大学合気道部員の傷害発生状況

　合気道の練習は二人一組で行なう形の稽古である．競技としての試合を行なわないことから，傷害も少なく安全であると考えられている．現に著者がスポーツ医学の講義を受けたドクターからは「合気道には傷害はないはずだ」といわれていた．確かに試合や乱取りなどで投げられまいとしている相手を投げたり，無理な体勢で踏ん張ったりというようなことがないわけであるからこの先生のいうことはもっともである．

　しかし，この見方には稽古の量と突発的な事故という捉え方が欠けている．大学の部活動などでは，ほぼ毎日2〜3時間の稽古が行なわれ，夏期，春期には強化合宿が行なわれている．よって年間の稽古量は一般の道場よりは多くなり，必然的に傷害が発生しやすくなる．

1）大学部活動での傷害調査

　大学の合気道部にアンケート調査を行ない，稽古で起こりうる傷害と，それに関連する稽古の環境の実態を調べた．対象者として，日常的に合気道の稽古を行なっている大学合気道部6校の男女177名に調査用紙を郵送し，141名の有効回答を回収した（有効回答数79.7％）．内容は日頃の稽古内容やその頻度，体力トレーニングなどのコンディショニングに関する事項，過去1〜4年間の受傷歴，受傷後の処置，リハビリテーション，治療後の状態などである（表26−1）．

　表26−1には集計データの一部をまとめてある．大学合気道部では他の武道種目と同じように傷害の発生が認められる．

　傷害の発生学年が大学生低学年に傾くのは，合気道ばかりでなく他の武道種目

表26-1 傷害に関するアンケートの結果

傷害の発生		傷害の処置		傷害予防	
傷害の発生学年は		受傷直後の処置について		準備運動を行なっているか	
1年生	53.4%	病院へ行った	26.0%	行なっている	91.9%
2年生	21.6%	安静にした	25.4%	行なっていない	6.5%
3年生	7.8%	冷却をした	24.9%	整理運動を行なっているか	
無回答	17.2%	そのまま練習を行なった	13.3%	行なっている	36.8%
発生状況は		応急処置などの知識はどこから得ているか		行なっていない	40.2%
稽古中	58.2%			時々行なう	20.5%
遠征・合宿中	15.4%	所属団体で行なわれた方法をそのまま行なっている	41.1%	体力トレーニングは行なっているか	
体力トレーニング中	12.1%			行なっている	41.6%
演武中	4.4%	何もしていない	30.5%	行なっていない	24.8%
傷害の部位について				時々行なう	22.4%
腰	18.6%			体力トレーニングの内容は	
前腕（手首，指も含む）	17.8%			ランニング	27.1%
膝	16.3%			素振りや数稽古	25.8%
下腿（足首，指も含む）	15.5%			徒手で行なうもの（腕立て伏せ，腹筋運動）	19.9%
肘	11.6%				
上腕（肩も含む）	10.1%			フリーウェイト	4.5%
傷害の種類について				体力測定を行なっているか	
関節炎	19.0%			行なっていない	57.4%
靭帯損傷	15.7%			行なっている	1.4%
打撲	14.0%			未回答	41.4%
腰痛症	8.3%			体力トレーニングの方法はどこで知ったか	
傷害の原因について					
過度の練習	16.5%			所属団体で行なわれていたもの	53.6%
不注意	16.5%				
疲労	11.2%			講習会で習ったもの	24.6%
乱暴な練習	11.2%			独学	15.9%
				専門家にアドバイスを受けた	5.8%

でも同じ傾向にある．これは一つには受験期の体力低下により，入学後自分より体力のある大学生と稽古をともにすることによって傷害が発生することなどが考えられる．

　また，傷害の発生の半数以上が日常の稽古中に起きていることは興味深いところである．実はこれも他の武道種目において同様な傾向があり，稽古実施上注意の必要がある．

　発生の部位は，腰および四肢の関節に多い傾向にあった．上肢の傷害は技の繰り返しによる疲労から起こるものと，関節に無理な力を加えて痛めたことなどが考えられる．腰部については相手を投げようとしたときの腰椎捻挫や受身を多く

とることによっての打撲であると思われる．下肢については体重を支えることにより起こる，他の競技と同じような膝関節を中心とした傷害がある．また今回の調査では，骨折や手術が必要な靭帯断裂のような大きな傷害はむしろ少なく，疲労が蓄積し，炎症などから痛みを生じているようなケースが多く，またその他は突発的な傷害という結果を得た．

傷害が起きてしまった場合の処置について聞いたところ，正しい知識を得る機会が少なく，各団体で模索している状態のようである．またデータは示していないが傷害の治癒から稽古への復帰に至るところで，傷害の部位に不安感を抱いている学生がいることもわかった．

稽古に対してのコンディショニングについて聞いたところ，準備体操（ウォーミングアップ），整理体操（クーリングダウン），体力トレーニングなどの内容を見直す必要性が感じられる．例えば体力トレーニングでは技術力向上や体力増進のために行なっているようだが，効果の評価になるような測定はほとんどされていない．

これらの結果からおおよその現状をつかむことができた．さて，どのようにすれば良いかと言うことだが，検討されるべきは次の3点である．

(1) 傷害の予防

調査した大学では指導者が定期的（週1回など）に来て指導し，それ以外の日常の稽古は学生で運営している．またほとんどの学生が大学に入学してから合気道を始めている．学生が稽古を行なう上で注意しなければいけないことは，個々の体力水準と技術水準を常に注意すべきであるということである．なかでも下級生の指導には気を付けなければならない．

さらに練習の技の構成などを計画する上で，同じ身体個所に負担がかからないようにするなどの配慮が必要である．また危険な技などはさせないようにすることも重要である．

もう一つには傷害の予防としての体力トレーニングという概念が必要であると思われる．現在のスポーツ医科学では筋力トレーニングなどによる傷害の予防が研究されており，その代表的な例にWBI（Weight Bearing Index）という指標がある．これは体重当たりの脚筋力と運動機能評価や傷害の発生率を研究した結果，各人がどの程度の脚筋力があれば下肢のスポーツ外傷・障害を予防できるのかという目安である．このような根拠のある方法を計画的に体力トレーニングに取り

入れ，実践する必要がある．

（2）受傷後の適切な処置

受傷後の処置，応急処置も場当たり的なやり方で行なわれているように見受けられる．例えば急性外傷時（打撲，捻挫，骨折）にはアイシングなどを行なうことは一般的になりつつあるが，これも正確な知識がないと，かえって症状を悪化させる．つまりこのようなスポーツ傷害に対しての知識が必要であると思われる．

（3）コンディションの管理

部活動では主将，副将，主務のような役職を設けるが，これらに加えてトレーナーという役職をおき，部員のコンディションの管理を行なう必要がある．

トレーナーはスポーツドクター，指導者との協力の下に部員の健康管理を中心に応急処置，コンディショニング，リコンディショニング，外傷後のアスレティックリハビリテーション，トレーニングなどを行なう．現在は（財）日本体育協会の資格があるが，いきなりそのレベルでなくてもそれに準ずる役職として配置する努力が必要である．一つの例だが，国際武道大学では十数年前より学生トレーナーシステムを導入しており，各クラブに部員兼任の学生トレーナーを配置，運営することで部員のコンディションの管理に大きな効果を上げている．

（4）今後の期待

今回調査した学生は合気道を上達するために日々の稽古を行なっている．技術を上達させるための望ましい稽古環境として，傷害をできるだけ少なくし，また不幸にも傷害を負ってしまった場合には速やかに稽古に復帰できるようにしてやることが望ましいといえる．合気道の学生連盟では年数回講習会を開いているが，今後そのような機会に技術講習だけではなく，身体の管理，傷害の予防，処置などの知識を得る機会を作ることなどが期待される．

2．中学武道授業の安全対策

中学校の武道では，剣道と柔道，そして相撲が学習指導要領に示されているが，地域の特性を生かしたり，学校独自で取り上げているものを含めると，学習される種目は多岐に渡る．それらの学習の中で，生徒は武道に対してどのような印象を持ち，取り組んでいるのであろうか．中学1年生の女子に学習前のアン

ケートを実施してみると,「恐そう」とか「怪我をしそう」という印象を記述している.

1) 安全な武道を願って

　体育の授業中における障害・死亡の発生件数を見ても,活動人数と従事時間を合わせて考えれば,他の種目と比較して発生率は高い.そこでここでは,どこの学校においても武道の学習が安全に行なわれることを願い,剣道での学習を例にとり,安全面で配慮したい内容について述べたい.

(1) 安全な学習態度の育成

　以前,剣道の授業中に,怪我をしたと報告をしてきた生徒がいた.見ると,右足の親指の爪が捲れ上がり,出血しているではないか.さらに,よく見ると,他の爪も全部長く,よく靴がはけたなと,呆れる位であった.当の本人は,互角稽古中で,どのような状況の中で怪我に至ったのか,よく理解できていないかったのである.この状態で,柔道や相撲の学習中,相手の足を払う技をかけようとしたならば,相手に切り傷を負わせることになるであろう.

　一方,手も小手をつけているからといって安心はできない.小手を打ちにきた相手の竹刀が,打突部位を外れて指先に当たったり,体当たりをしに行った時に,爪が割れることがある.このように相手と直接組み合うことのない剣道においても,爪の手入れを怠ると怪我に結びついてしまうことが多い.

　このような,爪を伸ばしている生徒には,自分が痛い思いをするだけでなく,相手にも怪我を負わせる原因になることを理解させ,手入れを怠らないように努めさせたい.武道における安全教育は,このような爪の手入れから始め,どの生徒にも安全に学習できる良さを,十分味合わせたいものである.

(2) 床の硬さと踏み込み動作

　剣道の学習は,剣道場や武道場などの専用の場所で行なわれることが望ましいが,体育館で行なわざるを得ない学校もあると思われる.床の弾力でいうならば,体育館の方が硬いため,踏み込んだときの衝撃が大きく,足に負担がかかってしまう.特に,コンクリートの上に板を張っただけの場合もあり,どの程度の床弾力があるのか確認しておきたい.

　また,それをカバーするために,打突時の踏み込みで,踵をつぶさないよう前方への体重移動（残心の意識化）を生徒に習得させる必要がある.これは,未習

熟者であっても，その体重の 5 倍が，踏み込み足にかかるためである．

(3) 床の表面

　剣道の学習は，素足で行なうため，モップがけ清掃では取りきれない細かい砂の影響も考えなければならない．そのため，ほとんどの剣道場は，雑巾がけを行なっている．毎時間の体育学習で行なうのは難しいが，清掃の時間や，部活動では雑巾がけを徹底したい．さらに，床材が「ささくれ」ていたり，傷がついている場合も，足裏を怪我する原因となるので，確認を怠らないようにしたい．

　特に，体育館などは，バレーボールの支柱を立てるはめ込み部分など，その周囲に傷が多く，床表面をざらつかせてしまう．支柱の準備・片付けにおいて，十分注意させるとともに，床表面がざらついてしまった時は，研磨を行ない，表面を滑らかにしておきたい．さらに，そのはめ込み部分の金属製の蓋なども，段差が生じがちであり，必要に応じラインテープやガムテープで，覆った方がよい．

　さらに，この各球技用に貼ったラインテープも，剥がれかかっているものや，剥がした後の糊が残っている場合は，足が引っかかったり，躓いたりする原因となる．使用後の後始末にも，気を配る必要がある．

(4) 竹刀の手入れ

　剣道は，竹刀を用いて有効打突を競い合うという特性上，その竹刀については，安全なものを用いなければならない．まずは，竹の性質から，衝撃が加わることにより，「割れ」や「ささくれ」が生じてしまうことを忘れてはならない．この「ささくれ」を放置しておくと，面打ちの際，面越しに相手の眼球に飛び込み，大変な怪我を相手に負わせてしまう．そのようなことを防ぐために，面にガードレンズが施されたものもあるが，まだ普及率は高くない．

　それよりも，生徒に竹刀の点検を習慣化させ，手入れを怠らないようにすることが重要である．わずかな「ささくれ」であれば，ハサミやカッター・紙ヤスリで軽くこするだけでも効果がある．そこに竹刀油などで，竹の摩擦を軽減してやると，さらに「ささくれ」が発生しにくくなる．このような煩わしさから，高価なカーボン竹刀を使用している学校もあるが，カーボン竹刀の方が，打突時に痛く感じるため嫌がる生徒も多い．

　次に，先皮については，擦り切れて竹が顔を覗かせている場合など，先の「ささくれ」のように，相手の面金の隙間から，相手を傷付けないよう，早目に交換させなければならない．また，極端に剣先が細くても同様なことがおきるので，

現在，中学生の競技規則において，径は男子が25mm以上，女子が24mm以上となっている．

さらに，弦も竹刀がばらけないために重要である．使用しているうちに，先皮や柄皮は伸びてきて，弦は少しずつ緩んでしまう．これも毎回点検し，絞め直しておく必要がある．学校によっては，個人に竹刀を購入させ，各自で管理できるよう，竹刀の分解の仕方や組み立て方まで指導しているところもある．しかし，十分な単元時間が確保できない場合も多く，そこまでできなくとも，始業時の点検活動を徹底させることが重要である．

(5) 防具の着装

竹刀の打突を受け止める防具の着装については，活動途中で紐が解けてこないよう強く正しい紐の結び方を生徒に習得させることが肝要である．けれども，学習を始めたばかりの生徒にとっては，腰紐を縛り忘れることが多く，面紐と肩紐は，正しく縛りにくく緩みがちである．どうしても上手く縛れない場合は，仲間と結び合いながらも，確実に着装させたい．また，活動中に紐の緩みに気付いたら，すぐに活動を停止し，他の生徒の活動の邪魔にならない場所で，締め直させなければならない．生徒間で，気づいた時，注意し合えるように，その重要性を理解させたい．

(6) 活動面

活動は，広い場所で伸び伸び行ないたいが，活動に十分なスペースが確保できない場合もある．特に，選択種目として設定し，予定より多くの生徒が希望しても，人数調整ができない時など，活動が窮屈にならざるを得ない．

狭いスペースでの学習は，いろいろ工夫されているであろうが，打ち込み稽古やかかり稽古では，隣の生徒と衝突しやすい．そのため，整列し，打ち込む方向を決め，接触を避ける必要がある．さらに，互角稽古では，移動範囲を決めたり，他の人と接触しそうなった時は，技を出さないなどの約束事を，生徒に決めさせ，徹底させなければならない．面をつけていると，どうしても視野が狭くなってしまう．そのため，鍔競り合いから引き技を出そうとしている時など，身体を左右にさばき，真後ろに人がいない状況を作り出すようにすることが具体的に必要になってくる．

また，活動場所の周囲には，不要物がないように片付ける．けれども，止むを得ず物を置かなければならない場合は，その都度違う場所に置かず，決まった場

所に整頓させ，その場所を生徒が理解していなければならない．

(7) 禁じ技

どの武道種目にも，禁じ技や禁じ手，禁止事項がある．それはその種目の品位を保ち，また，安全に稽古や試合をするためのものである．剣道では，中学生以下に禁じている「突き」などが挙げられるが，禁止されれば余計にやってみたくなる生徒もいる．そのような生徒には，理由を理解させるとともに，武道にとって大切な「礼節」「相手の尊重」を忘れないように，その都度確認していく必要がある．

以上のように，安全に学習するためのポイントは，枚挙に暇がない．生徒の中に「何よりも安全が優先する」という意識を育てる．どの種目の学習にも共通するが，生徒一人ひとりが自分の体調を調え，学習に参加することが求められる．指導者としては，安全な中で伸び伸びと学習できる環境を忘れずに，指導に励まなければならない．

［立木　幸敏・小出　高義］

27章

武道とヒューマニズム

　武道の国際化は時を待たず時代の趨勢である．わが国が国際社会のメンバーとして人類の福祉・安寧に寄与する使命があるとすれば，武道とて世界を拓く人間再生のヒューマニズムに適うことは重要な便法となろう．一方，現代を生きる個人一人ひとりの生涯に有益な知恵としても機能しなければ，武道そのものの存在意義が問われよう．とくに，世界を視野に入れた武道による人間教育には期待してあまりあるものがある．

　本章では，未着手のままになっている武道のヒューマニズムに取り組んだ．人間再生を至上とするヒューマニズムへの関心は高い．が，きわめて西洋色が強い．対する武道は，日本の風土が産んだ武士道を前歴とする限定された境遇にある．その特徴は投死と受容を美徳とする生命燃焼の行動様式を持っている．よって，生身のからだを人間の媒介とするヒューマニズムから武道のヒューマニズムを対象化することには望外の困難が伴う．

　この際，グローバル化した地球社会に生きる武道は，ヒューマニズムを通路に世界精神の創造に参じる使命を自覚しなければならない．本稿がその先導的チャレンジを誘発する機会になることを期待する．

1. 開かれた世界精神としてのヒューマニズム

　ヒューマニズム，あるいは人間性という言葉は，日常語として常にわれわれの身近にある．使用度が高い割にはあいまいな使い方をしている．では，humanistic, humanist, humanism, humanity, humanization, human を示す人道主義，人間性あふれた人，人間性の尊重，人間化，人間らしさ，人間主義で，一番大切なことは何か．それは human nature の nature についての規定である．すな

わちラテン語の natura をどのように見るかである．natura は人間性の性に相当する．〈性〉すなわち natura は，生まれつき，天性，素質，本性上，自然力，自然法則といった人知を超えた動かしがたい人間の本質を意味する．さらに naturalis には，身体の，肉体の，天性の，本有の，という人間存在の根拠が含まれている．当然，human being の being には，natura がかかわっている．

医聖ヒポクラテス（紀元前 460-前 377 ?）は，前提や条件といった先入見を排除して，人体は自然の産物であり最大の贈物なりと絶賛し，分割できないがゆえに「個」という侵すことのない全体に対して，のちに古代ギリシャ人は人格と平等性を意味づけ，ダイモン（守神）の意味を与えた．よって，身体にかかる施術や世話術は神聖にして，人間の一生に比べても学理は永遠という認識に達した．愛自然＝愛身体＝愛術理には，ヒューマニズムが持つ自然への畏敬が込められている．

マルクス（1818-1883）は，青年時代に直立二足歩行を始めた人類史の原点から，終始一貫して人間と自然性の一致点を「人間は直接的には自然存在である．自然存在として，しかも生きている自然存在として，人間は一方では自然的な諸力を，生命力をそなえており，一つの活動的存在である」と規定した．達見である．しかも「すべての人間史の第一前提は，人間個体の生存である……確認される第一の事態は，これら個人の身体組織（Körperliche Organisation）と……自然への……関係である」と．さらに感性は人類史の労作であり，感覚的実践がそのまま理論家になるとの見識を示した．いずれも東西の思想家を震撼させた一文である．ただし体育人は見逃していた．

ヒューマニズムの研究では第一人者である渡辺一夫は，それは人間とどんな関係にあるかと問う意識，more human という心根に人間性を考える一番大切な原点があると述べている．「いま以上にもっと」という発意には，トータルな人間形成への志向性がうかがわれる．

ここで把握しておきたいヒューマニズムを次の七つに絞り込み，これらは徹底し貫き通す実践意志であるとしておきたい．①人間の尊厳性を唯一最高の概念とする．②人類愛という類的概念が存する．③世界を拓く人間再生への意欲がある．④活動的自然性を基底におく．⑤身体組織と感性に基づくトータルな人間性を志向する．⑥批判的・在野的，ラジカルな精神がある．⑦常識を超えた新しい人間のあり方を求める．

2. 武道とヒューマニズム

　ヒューマニズムが個の人格を平等に扱い，人類に共通する人間再生の世界精神を志向するとすれば，わが国固有の武道も当然この世界観に収斂されなければならない．ただし，武道は閉じられた求道心に伝統的な価値を置くとすれば，開放的地平からの再吟味を必要とする．同時にヒューマニズムが西洋色の強いものであるならば，そのなかで日本的なヒューマニズムを考慮した考察がなされて当然である．この場合でも「ヒューマニズムにとって最大の問題は，人類の危機を乗り切り，世界平和をどうやって築いていくかということ」が大前提である．

　渡辺崋山：武士として公的生涯を送りながらも近代西洋思想を受容し，二つの新旧意欲を統合できなかった渡辺崋山（1793-1841）のヒューマニズムは，画人としてはヒポクラテス像（天保11年）を描いている．自殺の理由が幕府による藩主への戒めにあり，西洋文明のまばゆいほどに美しい現実を生きる明朗で活動的な人間観を私的段階に納めた悲劇は，ヒューマニストの一つの型としてあげることができる．

　中江兆民：東洋のルソーといわれ，生涯を野人で通し，権威や秩序に反発し，哲学や道徳に依拠した品位ある日本を主張した中江兆民（1847-1901）は，喉頭ガンの宣告（1901年4月）後，『一年有半』を書いた．

　そのなかで「わが日本，古より今にいたるまで哲学なし．……国に哲学がないのは，ちょうど床の間に掛け物がないようなものであり，国の品位をおとしめることは確実である……すみやかに教育の根本を改革して，死んだ学者より生きた人民を打ちだすことにつとめよ……」と述べ，「教化と科学を盛んに」し，「未来の大発明は化学の進歩・脳の作用・知恵，感情，判断の三つまで化学的につくれるかもしれない」とまで大胆に公言している．

　化学・教化・発明は現代でいえば哲学であり，教育であり，創造である．大日本文明協会が人種改良学（1913）に取り組み，体格・体力，そして長寿に関心を集めたことに対して，一方心の扉を哲学に求めた開放的世界観は傾聴に値する．

　世阿弥：能楽という芸道の世界内という限定はあるものの，能聖世阿弥（1363?-1443?）の『風姿花伝』は，中世という時代を超えて現代的である．とくに稽古論では，年齢と心身の発育・発達に応じた心得・あり方が7歳から50有余年にわたり見事なまでに述べられている．類似して人格の変容を考慮し，

人間的自然に基づく老年論を論じた古代ローマ帝政期のキケロ（紀元前106–前43），近代においてはルソー（1712–78）の『エミール』において年齢の消長に応じた教育論がある．人間の内的自然に注目した人間のあり方を提唱した点では世阿弥も例外ではなかろう．

「この比の稽古」と題して7歳から始まる．要点は「自然として出だす事……心のままにさせまじ」にある．以降，12, 3歳より，17, 8歳，24, 5歳，34, 5歳，44, 5歳，50有余歳の年齢区分で稽古の要諦がいかんなく開陳されている．心身への毀損は認められない．身体を直接態とする芸道の鉄則が述べられている．

また諸芸道における「秘するに大用あるが故に花なり」のなかで，勝負の妙趣が述べられる．「弓矢の道の手立にも，名将の案，計らひにて，思ひの外なる手立にて，強敵にも勝つ事あり．これ，負くる方のためには，珍しき理に化かされて，敗らるるにてはあらずや．これ，一切の（事），諸芸道において，勝負に勝つ理なり」と．

この常規を超えた例外的な勝負観から類推可能ならば，クーベルタン男爵が1908年のロンドン大会の折に演説した勝負と嘉納治五郎の勝負とが重なり合ってくる．クーベルタンは「……一番大切なことは時には征服するよりも美しく負けることにあります」と述べ，大きな考え方に立ち帰り，この考え方がいっそう周到かついっそう寛大な人道を築きあげるオリンピックの理想であるとする．嘉納は「勝つにしても道に順って勝ち，負けるにしても道に順って負けねばならぬ．負けても道に順って負ければ，道に背いて勝ったより価値がある」とする．勝負のなかの闘争性と人間の理想が一致している．

室町時代とはいえ，世阿弥の芸道にみる大用（大事なこと）は勝負についても東西に共通するものを持っている．彼の芸道観にはヒューマニズムの核心を衝くものがある．

嘉納治五郎：近代スポーツの先駆的ヒューマニストをピエール・ド・クーベルタン男爵だとすれば，日本では嘉納治五郎（1860–1938）であろう．クーベルタンはラグビー校のトマス・アーノルド校長の信望者であり，スポーツによるイギリス教育の改革に鋭意を注いだ．このアーノルドを知ろうと渡英し，修士論文にまとめたクーベルタンの熱意は相当なものであった．後に嘉納はクーベルタンの注目の人となり，東洋人として初めてのIOC委員となった．近代オリンピック開始後から11年後のことである．

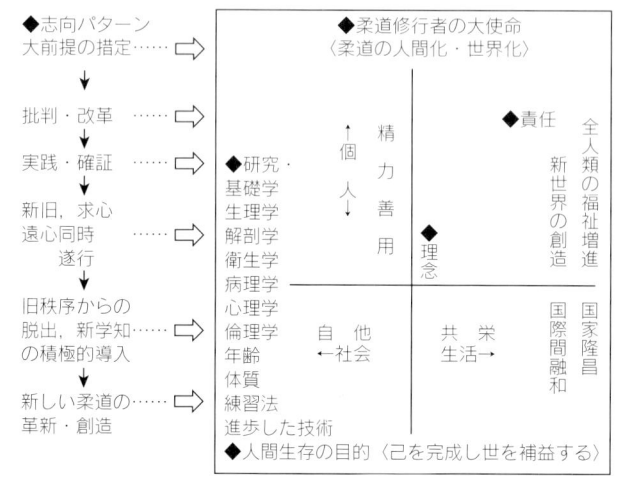

```
                嘉納治五郎による柔道家の品格5要素
              （礼儀作法　生活ぶり　交際ぶり　仕事ぶり　理想）

◆志向パターン                ◆柔道修行者の大使命
大前提の措定 ……⇒          〈柔道の人間化・世界化〉
    ↓
批判・改革 ……⇒                        ◆責任        全
    ↓                              精                人
実践・確認 ……⇒   ◆研究・       ↑ 力                類
                   基礎学       個 善       新        の
新旧, 求心          生理学       人 用       世        福
遠心同時 ……⇒     解剖学       ↓           界        祉
    遂行           衛生学               理   の       増
                   病理学               念   創       進
旧秩序からの                                 造
脱出, 新学知 ……⇒ 心理学                                国    全
の積極的導入       倫理学      自  他    共             家    人
                   年齢       ←        栄             隆    類
                   体質       社  会    生  活         昌    の
新しい柔道の ……⇒  練習法                               国
革新・創造         進歩した技術                         際
                                                       間
                  ◆人間生存の目的〈己を完成し世を補益する〉融
                                                       和

              ●理想：人間一切の行動は理想から割り出される（篠田）
                 図27-1　嘉納治五郎の柔道による世界精神の創造
```

　嘉納の精力善用，自他共栄（作興，大正14年1月号）には，文明開花を契機に西洋の人倫理想（デモクラシー，リベラリズム，ヒューマニズム）を直接体得し，わが国・わが国民の世界におけるあり方に触手する世界理念の表明であった．「武」を平和の字源から説き興し，武術の心得とした（作興，昭和5年7月8日）．革新への意欲をうかがわせる．彼の人生の集結点は第12回オリンピック東京大会の招致で幕を閉じた．精力善用・自他共栄による開かれた武道，創造する武道，身体と人倫の同時修行による普遍的な柔道の建設等々には，スポーツ・ヒューマニティの片鱗がにじみ出ている．

　嘉納の柔道の革新による世界精神の構想は，世界を拓く実践的人間再生の投企行動であり，武道のヒューマニズムを考えるうえで他に遜色がない．図27-1は，世界構想の志向パターンを私なりに図示したものである．柔道家の品格五要素にみられる「理想」はとくに重要である．「◆」印の〈大使命〉〈責任〉〈理念〉，そして〈研究・基礎学〉は骨子となっている．これらの思考を進める〈志向パターン〉を「→」印で示した．しかも全体像にかかわる．

1）ヒューマニスティックな生き方の4類型

　著者は時代や諸個人の背景を捨象して四人の日本的ヒューマニストをあげた．世阿弥は閉じられた芸道世界のなかで人間の全人格を把握しながら，自然的心身の消長に基づく稽古論を展開した．またその勝負観は，芸道の枠を超えて世界的水準に達していた．いわば既成内型のヒューマニストであった．

　渡辺崋山は封建的社会秩序から脱し切れず，新旧秩序の統合ができないままに孤立した世界のなかで，西洋的な身体像を描き続けた．いわば孤独型のヒューマニストであった．

　中江兆民はすこぶる開放的に既成価値を打ち砕いて新しい人間のあり方を終始啓蒙し続けた．いわば開放型のヒューマニストであった．

　嘉納治五郎は柔道の革新と世界精神の創造という大望を東西文化の統一を超えて実践した．いわば新しい生き方のスタイルを求め続けた総合型のヒューマニストであった．

　この4類型は，武道のヒューマニズム化にとって体験的モデルとなろう．

2）武道の革新

　ヒューマニズムはラジカルな革新の実践史である．内的自己修正，既成観念の再検討を要請する．すなわち革新なくしてヒューマニズムの道は拓けない．この意味から，嘉納が示した柔道家に求める五品格のうちに「理想」が入っていることはすこぶる心強い．

　武道の革新は武士道批判から着手すべきであろう．ここでは井原西鶴（1642-93）が武士の気質を描いた武道伝来記の敵討ちに注目してみたい．西鶴は町人の立場から最上級身分の士の人間性を表現している．とくに，もののふ，さむらい，武士道，武道，そして現代武道の基盤をなす「尚武」の本体が，追腹，殉死，仇討，指切，手打，抜打，切殺，自害といった殺伐な人を斬る実践行為で彩られている．忌まわしい振る舞いである．武に対する町民の嘲笑的反武精神をみることができる．したがって，武道の革新の第一歩は尚武性にあるといったのである．

　そこで，革新の5要件を説明してみよう．①武道に切腹・敵討という生命破棄への先祖返り（atavism）があってはならない．②生命否定意識をバネに生命尊重に強く転化（metabolé）しなければならない．③批判要素を契機に昇華

（sublimation）行動に反転させなければならない．④自明となっている既成価値の現代化に努めなくてはならない．

　卑近な例でいうならば，「精力善用・自他共栄」も対象にしたい．なぜならば成立時代と関心意識に違いがあるからである．概念は時代とともに変わるのである．そもそも「精力」は心身の活動力を意味するが，仕事に精力を注ぐというニュアンスを残している．「善用」は〈不善〉〈悪用〉という道徳性の強い言葉であり，1955年頃のレクリエーション・ガイダンスでは余暇善用という労働に対する余暇の意図が強かった．「共栄」はまさに共存と合成して一つの意味をつくるのである．したがって，内容的には自他皆共存という意味でとるほうが現代的ではなかろうか．

　⑤大目的と方法の一致，わざの先々まで目的が生きていること．これらがラジカルな実践原理である．

まとめにかえて

　ヒューマニズムと武道との距離は大きい．しかし武道への現代的意義も大きい．結局，武道の人間化・ヒューマニズムに適う武道をつくり出す必要がある．この意識転換なくして武道のヒューマニズムは開けないであろう．

[篠田　基行]

● 文　献

1) 田中秀央編：羅和辞典．研究社，1966．
2) 篠田基行：スポーツの思想．技術書院，1995．
3) 河野健二編：中江兆民・日本の名著36．中央公論社，1984．
4) 高桑純夫：日本のヒューマニスト．英宝社，1957．
5) 世阿弥（野上豊一朗，西尾　実校訂）：風姿花伝．岩波文庫．1958
6) 嘉納治五郎著作集　第1～3巻．五月書房，1983．
7) 日本ヒューマニスト協会編：現代ヒューマニズム講座[1]～[4]．宝文館，1956～1957．
8) 勝部真長編：日本思想の構造．現代のエスプリ29，至文堂，1970．
9) 式部　久：ヒューマニズムの倫理．勁草書房，1983．

おわりに

大学院：武道・スポーツ研究科

　国際武道大学の大学院は2003年の春に第8期生を迎える．今，6期生が修了しようとしている．彼らは学位として，「修士（武道・スポーツ）」という称号を得る．平成の学位制度では，かつて「体育学修士」と銘記したものが「修士（体育学）」と表記することになっている．旧制度のそれを使えば武大の院生は「武道・スポーツ修士」という表記になる．現行では括弧の2字分が増えて，とても長い．名刺の肩書きに小字で記す必要が出てきたとき，2行で印刷できるだろうか？　いきなり取るに足りないことを言い出す，との印象を恐れずに書く理由は，国際武道大学は「武道研究科」とか「スポーツ研究科」を持っていないということである．

　設立当初の諸般の事情が，中点で結ばれた「○・○」なる連名で一つの研究科名になったのであって，その事情には十分理解と賛同を示していることを，まず断っておきたい．

　さて日本には，武道学科はあっても「武道学部」は存在しない．国際武道大学も「体育学部」である．また，国際武道大学は当初「武道大学」という呼称も有力な候補であったが，「国際」という冠が着く事情についても，一つの説を伝え聞いてはいる．その種の経緯を詮索する意図も本稿には一切無い．

　日本武道学会は確実に存在し，「武道学」も市民権を得ているはずである．素朴な疑問として，武道学部（武道学士）や大学院武道学研究科（武道学修士）さらに武道学博士がなぜ存在しないのであろうか．創ろう，と言い出す人がいないだけなのであろうか．似た事情は「舞踊学」にもある．少なくとも次の例とは同根ではあるまい．つまり，日本外科学会はあるのに，外科学部や外科学博士が無い．あるいはそれを踏まえて，歯学部・薬学部が医から独立していったように，外科学・内科学・眼科学も単独の学部や大学を創ろう，という向きが無いのはなぜだろうか，という問いかけと武道学のそれとは違う点の方が多いであろう．

　武と舞に共通した事情は，日本近代における体育史書をひもとく時，わずかなヒントは得られるものの，やはり不明である．武道学科・体育学科およびその大

学院修士課程の一教員としては「学の成立とは何なのか」「固有の研究分野の確立とは何なのか」「学際領域と既成学問分野の異同」について熟考することのみである．

武と武道科学と日本人であること

　昭和天皇が崩御された昭和64年正月を海外で過ごした経験は，自身の内面において「私と日本と武」の三角形を顕在化させ，さらに「日本の近代化」延長線上の断面として自己がいることを認識させた．それどころか勤務先の国際武道大学設立という現代の同時代にもその断面図は顔を出す．例えば，武道場にこだます る武道学生らの武術訓練が，明治期において否定された，しかも私が専攻したスポーツ医科学を根拠に否定された，という事実は明治の文教政策指導者は，一体どのようなからくりで，剣術・柔術を否定させたというのだろうか．その生理学的根拠は未だに不明であり，東大医学部の答申書の存否も不明である．

　1994年の拙著『武道科学事始め』(杏林書院)を執筆中に，「明治16年のベルツらによる武術報告書はどうも腑に落ちない」という想いを強くした．これを現在スポーツ史を専攻されている，同朋大学の頼住一昭氏に述懐してから，2人の文通や別個の学会発表等が始まった．そして同氏とは国際武道大学武道スポーツ科学研究所における平成9年度プロジェクト研究において「武道医科学の系譜」なる共同研究を遂行することになる．それが国際武道大学関係者を中心にして，直線的ないし平面的に輪が発展して本書となった．編著者をしているわれわれは，汗顔の至りである．先学の諸先生から強いお叱りを覚悟して，正座する次第である．

2003年正月11日　大道識す

［初出一覧］

1章　木下秀明：体育の科学 48：272-278，1998　加筆訂正
2章　頼住一昭：名古屋自由学院短期大学紀要 32：103-110，2000　加筆訂正
3章　大道　等：教職研修 335：88-91，2000
4章　大矢　稔：教職研修 348：94-97，2001
5章　堀毛孝之：教職研修 351：136-139，2001
6章　松尾牧則：教職研修 344：87-91，2001
7章　大道　等，小出高義：教職研修 350：94-97，2001
8章　木村寿一：教職研修 336：108-111，2000
9章　大道　等，堀毛孝之：教職研修 352：98-101，2001
10章　小出高義：平成 12 年度長野県学校体育研究発表会
11章　魚住孝至：教職研修 343：92-95，2001
12章　頼住一昭：体育の科学 48：295-301，1998　加筆訂正
13章　頼住一昭：スポーツ史研究 15：1-10，2002　加筆訂正
14章　Steven Harwood：教職研修 339：92-95，2000
15章　頼住一昭：本書初出
16章　松野義晴，大道　等：教職研修 337：98-101，2000　加筆訂正
17章　若山英央：武道 431：96-103，2002　加筆訂正
18章　平岡政憲，若山英央：教職研修 346：84-87，2001
19章　立木幸敏，広橋義敬：バイオメカニクス研究 1（3）：245-250，1997
20章　佐藤みどり：体育の科学 48：302-310，1998
21章　井上哲朗：教職研修 349：80-83，2001
22章　宮崎善幸：教職研修 340：132-135，2000　加筆訂正
23章　大矢　稔：教職研修 347：98-101，2001
24章　若山英央：武道・スポーツ科学研究所年報 7：169-186，2002　加筆訂正
25章　大道　等：教職研修 342：130-133，2001
26章　1．立木幸敏：武道 414：122-123，2001
　　　2．小出高義：学校体育 53（12）：58-59，2000
27章　篠田基行：教職研修 338：88-91，2000

[編著者紹介]

大道　等（おおみち　ひとし）
　1952年　千葉県に生まれる
　1998年　大正大学大学院文学研究科修士課程修了（比較文化）
　現　在　国際武道大学教授
　（文学修士「明治日本の身体運動論」）

頼住　一昭（よりずみ　かずあき）
　1967年　神奈川県に生まれる
　1992年　愛知教育大学大学院教育学研究科修了
　現　在　同朋大学非常勤講師
　（教育学修士「スウェーデン体操のわが国への受容過程に関する考察」）

[著者紹介　五十音順]

井上　哲朗（いのうえ　てつろう）
　1964年　東京都に生まれる
　1990年　金沢大学大学院教育学研究科修了
　現　在　国際武道大学体育学部助教授
　（教育学修士「剣道選手の体力構成要素」）

魚住　孝至（うおずみ　たかし）
　1953年　兵庫県に生まれる
　1983年　東京大学大学院人文科学研究科博士課程単位取得満期退学
　現　在　国際武道大学教授
　（文学修士）
　主な著書：「宮本武蔵―日本人の道―」ぺりかん社

大矢　稔（おおや　みのる）
　1953年　新潟県に生まれる
　1978年　筑波大学大学院修士課程体育研究科修了
　1978年　筑波大学附属駒場中・高等学校保健体育科教諭
　現　在　国際武道大学教授
　（体育学修士）
　主な著書：「冷暖自知―小森園正雄剣道口述録―」体育とスポーツ出版社

木下　秀明（きのした　ひであき）
　1930年　新潟県に生まれる
　1959年　東京大学大学院人文科学研究科体育学専攻博士課程単位取得退学
　1970年　教育学博士（東京大学）
　1972年　日本大学文理学部教授
　現　在　日本大学大学院講師
　　　　　国際武道大学大学院講師
　（教育学博士「明治期における「体育」概念形成に関する史的研究」）

木村　寿一（きむら　としかず）
　1968年　大阪府に生まれる
　1992年　青年海外協力隊体育隊員（ジンバブエ）
　1999年　国際武道大学大学院武道・スポーツ研究科修了
　現　在　国際武道大学体育学部講師
　（武道・スポーツ学修士「ジンバブエにおける近代化と学校教育」）

小出　高義（こいで　たかよし）
　1964年　長野県に生まれる
　1990年　東京学芸大学大学院修士課程修了
　現　在　長野県犀峡高等学校教諭
　（教育学修士「学校5日制・週休2日制の下における児童・生徒のスポーツ活動の可能性」）

佐藤みどり（さとう　みどり）
　1954年　秋田県に生まれる
　1981年　お茶の水女子大学大学院人文科学研究科修士課程修了
　現　在　国際武道大学教授
　（文学修士「バレーボール，ダンス，剣道におけるリズム特性」）

篠田　基行（しのだ　もとゆき）
　1935年　千葉県に生まれる
　1958年　日本体育大学体育学部卒業
　1965年　日本大学文理学部（哲学専攻）卒業
　1965年　淑徳大学社会福祉学部講師
　現　在　国際武道大学学長
　主な著書：「体育思想史」逍遥書院，「スポーツの思想」技術書院，ほか多数

立木　幸敏（たつぎ　ゆきとし）
　1965年　長野県に生まれる
　1991年　千葉大学大学院教育学研究科修了
　現　在　国際武道大学助教授
　（教育学修士「動作分析による合気道の習熟過程に関する研究」）

Steven Harwood（スティーブン　ハーウッド）
　1962年　イギリスに生まれる
　1993年　ロンドン大学東洋アフリカ研究所日本学科卒業
　2001年　国際武道大学大学院武道・スポーツ研究科修了
　現　在　The School of Low Chester（チェスター法律学校），英国海軍少佐
　（武道・スポーツ学修士「剣道における呼吸法の考察」）

平岡　政憲(ひらおか　まさのり)
　1977年　大阪府に生まれる
　2003年　国際武道大学大学院武道・スポーツ研
　　　　　究科修了
　(武道・スポーツ学修士「武道 スポーツ選手
の筋力」)

堀毛　孝之(ほりけ　たかゆき)
　1976年　兵庫県に生まれる
　2001年　国際武道大学大学院武道・スポーツ研
　　　　　究科修了
　現　在　京都府舞鶴市立由良川中学校常勤講師
　(武道・スポーツ学修士「戦前から戦中におけ
る剣道教授法の変遷とその影響」)

松尾　牧則(まつお　まきのり)
　1962年　山口県に生まれる
　1987年　筑波大学大学院体育研究科修士課程修
　　　　　了
　1992年　清真学園女子短期大学講師
　現　在　国際武道大学体育学部講師
　(体育学修士「大和流弓道の成立とその流派特
性に関する研究」)

松野　義晴(まつの　よしはる)
　1965年　宮城県に生まれる
　1991年　千葉大学大学院教育学研究科修了
　1994年　千葉大学医学部解剖学講座技官
　現　在　千葉大学大学院医学研究院環境生命医
　　　　　学大学院生
　(教育学修士「指導助言が跳躍に及ぼす効果；
垂直跳びに着目して」)

宮崎　善幸(みやざき　よしゆき)
　1974年　埼玉県に生まれる
　1999年　国際武道大学大学院武道・スポーツ研
　　　　　究科修了
　2001年　国際武道大学体育学部助手
　現　在　東京YMCA社会体育・保育専門学校
　　　　　講師
　(武道・スポーツ学修士「ラグビー選手の下肢
筋パワー特性とトレーニング効果」)

若山　英央(わかやま　ひでなか)
　1966年　北海道に生まれる
　1990年　東海大学大学院体育学研究科修士課程
　　　　　修了
　現　在　国際武道大学助教授
　(体育学修士「柔道のルール改正による競技力
の変化に関する研究」)

2003年4月25日　第1版第1刷発行

近代武道の系譜

定価（本体2,600円＋税）　　　　　　　　　　　　　　　　検印省略

編著者	大道　等
	頼住一昭
発行者	太田　博
発行所	株式会社　杏林書院

〒113-0034　東京都文京区湯島4-2-1
Tel　03-3811-4887（代）
Fax　03-3811-9148

© H. Ohmichi, K. Yorizumi　　　http://www.kyorin-shoin.co.jp

ISBN 4-7644-1570-4　C3037　　　　　　　　　　　　　杏林舎／坂本製本
Printed in Japan

- ・本書の複製権・翻訳権・上映権・譲渡権・公衆送信権（送信可能化権を含む）は株式会社杏林書院が保有します．
- ・JCLS ＜(株)日本著作出版権管理システム委託出版物＞
  本書の無断複写は著作権法上での例外を除き禁じられています．複写される場合は，その都度事前に(株)日本著作出版権管理システム（電話03-3817-5670，FAX 03-3815-8199）の許諾を得てください．